2011
国务院发展研究中心研究丛书

服务业发展

制度、政策与实践

Mechanism, Policy and Practice of Service Sector

任兴洲　王　微　主编

DEVELOPMENT RESEARCH CENTER OF THE STATE COUNCIL
DRC
国务院发展研究中心
研究丛书

中国发展出版社

图书在版编目（CIP）数据

服务业发展：制度、政策与实践/任兴洲，王微主编. —北京：中国发展出版社，2011. 8

（国务院发展研究中心研究丛书. 2011）

ISBN 978-7-80234-698-7

Ⅰ. 服… Ⅱ. ①任… ②王… Ⅲ. 服务业—经济发展—研究—中国 Ⅳ. F719

中国版本图书馆 CIP 数据核字（2011）第 136622 号

书　　名： 服务业发展：制度、政策与实践
主　　编： 任兴洲　王　微
出 版 发 行： 中国发展出版社
（北京市西城区百万庄大街 16 号 8 层　100037）
标 准 书 号： ISBN 978-7-80234-698-7
经 销 者： 各地新华书店
印 刷 者： 北京科信印刷有限公司
开　　本： 700×1000mm　1/16
印　　张： 23. 5
字　　数： 310 千字
版　　次： 2011 年 8 月第 1 版
印　　次： 2011 年 8 月第 1 次印刷
定　　价： 48. 00 元

咨 询 电 话：（010）68990692　68990622
购 书 热 线：（010）68990682　68990686
网　　址： http://www. develpress. com. cn
电 子 邮 件： fazhan@ drc. gov. cn

2011

国务院发展研究中心研究丛书

编委会名单

丛书序

为加快实现经济发展方式转变献计献策

当前，我国社会主义现代化事业又到了一个历史关键时期。一方面，经过建国以来60余年特别是改革开放30余年的发展，我国已经成功实现了从低收入国家向上中等收入国家的历史性跨越，现代化建设站在了新的历史起点上。下一个奋斗目标，就是要实现从上中等收入国家向高收入国家的转变，为在本世纪中叶基本实现现代化的宏伟目标打下坚实基础。而另一方面，也必须清醒看到，经过几十年的发展，我国粗放发展模式所积累的矛盾越来越大，发展不全面、不协调和不可持续的问题也越来越突出。这些问题不仅使我们的发展质量大打折扣，与我们的发展宗旨不相适应，也大大制约了发展的可持续性。因此，加快实现经济发展方式转变，为经济社会的长期平稳较快发展奠定基础，不仅是当前及今后一个时期我国经济社会发展的关键举措，也是决定我国现代化事业命运而必须完成的重大历史任务。

从国际视野来看，转变发展方式并不是中国所特有的事情，而是一个国家工业化、现代化过程中都要经历的事情，特别是对于落后国家的赶超式现代化而言更是如此。大量的国际经验说明，在后发国家的现代化过程中，与从低收入向中等收入的发展过程相比，从中等收入向高收入的发展过程风险更大，困难也更多，搞得不好，很容易掉入所谓的“中等收入陷阱”。正因为如此，从当今世界范围来看，曾经成功启动工业化、现代化，并成功实现从低收入向中等收入转变的国家并不少，但真正能够推动现代化进程持续不断进行下去并最终进入高收入国家行列的并不多。不少后发国家在启动现代化进程后，最初的发展势头相当不错，但后来却出现停滞，甚至发生逆转。保障发展持续性的关键，就是要适应发展阶段的变化，及时转变经济发展方式，化解结构矛盾，创新竞争优势，平衡利益关系，维护社会稳定。

十多年来的实践证明，转变经济发展方式是一件知不易行甚难的事情。这是因为，其一：发展方式并不是独立存在和运行的，而是由体制模式和社会环境所内生决定的，有什么样的体制模式和社会环境，就会有什么样的发展方式。换句话说，要转变发展方式，就必须改变在其背后起决定作用的体制模式和社会环境，而这势必涉及到十分复杂的利益关系调整和重构。其二：转变发展方式还必须在短期发展与长期发展、短期利益与长期利益、短期风险与长期风险等等之间做出艰难的选择。所有这些，都决定了转变发展方式任务的艰巨性和复杂性。因此，这一艰难转变的过程中，尤其需要进一步加强相关经验、理论及政策等研究，为决策部门提供高质量决策咨询建议。

作为国务院直属的政策研究和咨询机构，国务院发展研究中心的主要职责就是研究国民经济、社会发展和改革开放中的全局性、综合性、战略性、长期性、前瞻性以及热点、难点问题，为党中央、国务院提供政策建议和咨询意见。近几年来，适应我国发展阶段及主要矛盾、主要任务的变化，国务院发展研究中心把贯彻落实科学发展观、推动转变发展方式作为政策咨询研究工作的重中之重，紧紧围绕调整经济结构、促进科技创新、协调经济发展与自然环境、社会发展及改善民生的关系等重大重点问题开展咨询研究工作。在为党中央国务院提交政策咨询建议的同时，每年也形成一批内容丰富、有深度、有见解的研究报告。这些研究报告的研究领域虽有不同，有的宏观一些，有的中观甚至微观一些，有的偏重理论分析或国内外经验的总结，有的则针对我国经济运行中的某个具体问题开展调查研究，但它们都有一个共同点，那就是紧紧围绕并服务于促进科学发展和推动转变发展方式这一时代的主题。

现在，我们将这些研究报告择优出版，其目的就在于使这些研究成果在为党中央国务院决策服务的同时，也能够为地方政府、相关部门、相关企业、研究机构以及社会各界提供服务，并能够在推动与贯彻落实科学发展观、促进发展方式实质性转变相关的重大问题研究中发挥积极作用。我们诚心期望各级领导同志和广大读者，和我们一起共同对《丛书》这一刚刚出土的新竹关心、培育，提出改进和提高的宝贵意见，以期年复一年，越办越好。

国务院发展研究中心主任 李伟

2011年7月

前　言

Foreword

加快转变经济发展方式，是当前我国经济领域中的一场深刻变革，关系改革开放和社会主义现代化建设全局，亟待在发展内容、动力、路径、机制等方面进行一系列重大乃至全新的调整和转变。而着力促进服务业发展，对于加快发展方式转变以及经济结构战略性调整都具有重要而紧迫的现实意义。“十二五”时期，我国服务业将迎来大有作为的发展机遇期，也将面临诸多挑战。服务业能否实现快速健康发展，很大程度上取决于其发展的体制机制能否实现新突破，发展的制度环境能否得到显著改善。

国务院发展研究中心市场经济研究所长期以来致力于对服务业发展问题的研究，提出了一些有价值的政策咨询建议，形成了较丰富的研究积累。2010 年，我们集中全所骨干研究力量开展了广泛调查研究，重点围绕服务业发展与制度环境的关系，我国服务业发展现状、问题及其影响发展的制度因素，加快推进服务业发展的改革措施和相关政策进行了深入的研究，形成了系列研究成果。

研究中我们发现，服务业加速发展已成为全球经济发展与结构调整的主要趋势。服务业发展水平的提升具有鲜明的阶段性特征，且与市场经济制度的完善程度密切关联。发达国家和部分发展中国家的实践表明，改革已成为促进制度环境完善和服务业加快发展的主要动力，有重点地推进服务业发展的体制机制改革和整体市场经济制度环境的完善，已经成为各国促进服务业发展的共识和主要政策手段。

“十二五”乃至未来更长时期，我国服务业发展需紧紧围绕转变经济发展方式这一主线，以适应经济社会发展需要、契合经济结构加快调整、促进服务业加快转变发展方式和提升发展水平为目标，以“现代化、产业化、市场化、国际化”发展为方向，以深化改革和机制创新为动力，通过加快准入方式的改革、促进服务业监管体制改革与机制创新、完善多元化主体发展的制度安排、有序推进服务业配套改革与支撑体系的制度构建、进一步优化服务领域民营及中小企业发展环境、加大服务业综合改革试点工作力度等方面的努力，逐步解决制约服务业发展的体制机制性障碍，初步建立符合科学发展、充满活力的服务业发展制度环境和体制机制框架。

服务业发展向经济中心城市快速集聚也是国内外服务业发展的主要特征和趋势。近年来，我们对国内部分中心城市的服务业发展进行了专题调查和研究，形成了一些研究成果。在此，我们将服务业发展的系列研究成果一并结集出版，希望引起社会对促进服务业发展的更多关注与思考，也真诚地欢迎读者批评指正。

今后，我们仍将以高度的责任感和使命感，继续加强对我国服务业发展问题的研究，尤其是在服务业体制机制和政策研究方面尽一份绵薄之力。

任兴洲

2011 年 6 月 10 日

目　录

Contents

第一篇　政策篇

第二篇　专题篇

第三篇　实践篇

第一篇

政 策 篇

“十二五”是我国经济发展和全面建设小康社会的关键时期，是深化改革开放、加快推进发展方式转变的攻坚时期。党的十七届五中全会通过的《中共中央关于制定国民经济和社会发展第十二个五年规划的建议》明确提出，经济发展要以科学发展为主题，以加快转变经济发展方式为主线，将实现经济结构战略性调整作为加快转变发展方式的主攻方向。而加快发展服务业无疑是经济结构战略性调整及优化升级的重要内容。“十二五”时期，我国服务业发展将迎来大有作为的发展机遇期，但也面临诸多挑战。服务业能否实现快速健康发展，很大程度上取决于其发展的体制机制能否实现新突破，发展的制度环境能否得到重大改善。本篇是国务院发展研究中心市场经济研究所2010年度重点课题《经济结构优化调整中着力促进服务业发展的制度环境》的总报告。主要内容包括经济结构调整中加快推进服务业发展的战略意义、服务业发展的国际经验、我国服务业发展的主要特征与突出问题、服务业发展面临的制度障碍与约束、促进服务业发展的改革取向与政策措施。课题研究负责人任兴洲，协调人王微，课题组成员包括任兴洲、王微、王青、漆云兰、刘卫民、刘涛、许伟。

第一章

经济结构优化调整中加快服务业发展的战略意义

加快转变经济发展方式，是当前我国经济领域中的一场深刻变革，关系到改革开放和社会主义现代化建设全局，意味着经济发展在内容、动力、路径、机制等方面将面临一系列重大乃至全新的调整和转变，也意味着经济结构优化调整将成为今后相当长的时期内我国经济社会发展的重大战略任务。与以往的经济结构调整不同，加快转变发展方式对经济结构调整优化有着全新的要求，既要着眼于化解过去长期积累的结构性矛盾，又要为经济发展不断迈上新台阶、实现长期平稳较快发展创造条件。从这个意义上看，在实现经济结构调整优化、加快经济发展方式转变过程中，着力促进服务业发展，尽快解决我国经济社会发展中存在的一系列深层次结构矛盾，对促进经济持续协调发展具有更为重要而紧迫的现实意义。

一、着力促进服务业发展有利于实现增长动力结构转换

进入21世纪以来，在全球范围内出现了服务业加速发展的新态势。

根据世界银行统计，截至2008年，全球服务业增加值为37.5万亿美元，占全球生产总值（GDP）的比重达到70%，对全球经济增长的贡献率超过60%，这意味着服务业已经占据全球经济结构的主导地位，成为拉动经济增长的主要动力和全球竞争的前沿领域。目前，虽然我国经济总量已跃升至世界第二位，综合国力大大增强，服务业也取得了长足的发展。但是，经济结构仍不尽合理，基本上仍处于以制造业为主导的发展阶段，制造业的投资和发展仍是经济增长的主要动力，服务业尚未成为经济增长的主导力量，在国际竞争中的地位和优势仍不突出。随着后金融危机时期全球经济格局的加快调整，我国亟须抢抓机遇，大力促进服务业发展，加快提高服务业在国民经济中的地位，促进经济增长的动力结构转型，逐步实现由单纯依靠制造业向制造业、服务业双轮驱动，再到以服务业为主导的结构转换，为经济持续健康发展注入新的动力。

二、着力促进服务业发展有利于要素投入结构优化

从国际经验看，服务业与农业、制造业发展所需要的要素资源存在显著差异，服务业发展虽然也需要土地、设备、基础设施等物质资源或有形资产投入，但更多的是依靠知识、信息、创新创意、人力资源（特别是高素质人力资源）等非物质要素的投入以及这些要素资源的有机组合，其发展的主要内容来自于知识技术密集型的创新服务活动。更为重要的是，日益增长的服务活动已成为农业、制造业发展的重要投入要素和主要创新来源，在逐步改变农业、制造业发展对资源环境的过度依赖和消耗的同时，促进农业、制造业的结构升级和创新发展。因此，加快服务业发展，不仅有利于拓展经济发展的要素投入结构，更加有利于实现经济发展方式的实质性转变，扭转传统经济发

展方式对资源要素的严重依赖，逐步形成依靠创新引领的现代化的全新发展方式。

三、着力促进服务业发展有利于促进产业结构升级

加快服务业发展，对促进经济结构调整和产业结构的优化升级具有直接推动作用：一方面，推动服务业供给总量的增加和供给结构的优化，有助于提高服务业增加值占 GDP 比重和服务业就业比重；另一方面，推动服务业发展可以为制造业、农业等产业提供更多的创新服务和中间要素投入，为我国走新型工业化道路、加快发展现代农业，逐步将经济增长引入三次产业协调拉动的轨道、实现跨越式发展提供重要保障。

四、着力促进服务业发展有利于扩大内需和改善消费结构

一方面，生产性服务业的加快发展有利于减少经济增长对高投资和高资本积累的依赖，增加人力资本积累，从而有利于改变投资率畸高、消费率偏低的局面；另一方面，加快服务业发展还有利于国内消费需求市场空间的扩展和消费需求结构的调整。目前乃至今后一段时期，我国城乡居民的服务性消费会不断扩大，服务消费占整个消费中的比重将持续上升。

加快服务业发展能够促进城乡居民消费水平提升，有利于满足和释放城乡居民日益增长的服务性消费需求，提高人民的生活质量和水平，有利于更高水平小康社会的建设。

五、着力促进服务业发展有利于改善就业结构和收入结构

服务业发展不仅具有较强的就业吸纳能力，而且对不同层次的劳动力提出多样化需求。加快服务业发展可以提高我国全社会就业水平，在城市化加快推进过程中缓解就业压力，并能够在一定程度上促进劳动力综合素质逐步改善，直接促进居民收入提高和收入分配结构的调整，有利于维护社会稳定。

六、着力促进服务业发展有利于区域经济结构调整和助推城市化进程

从发达国家经验看，服务业发展与城市化进程密切相关。特别是大中型城市是服务业发展的主要空间载体，服务业成为大中型城市的主导产业。大中型城市服务业集聚发展和强大服务功能的形成并不是孤立的，而是与周边地区及中小城市实现合理分工、协调发展、资源整合的结果。因此，加快服务业发展及其向城市特别是大中型城市的集聚发展，有利于不同规模城市之间、城市与农村之间实现错位发展和产业布局优化，逐步形成区域经济协调发展的新格局。

七、着力促进服务业发展有利于推动重点领域和关键环节改革

服务业的发展与现代市场经济制度的完善密切相关，也是促进市场

经济制度不断完善和加快创新的内在动力。改革开放30多年来，我国经济体制改革和市场经济的制度建设得到了全面推进，社会主义市场经济体制初步建立，为我国服务业的快速发展提供了基本的体制环境。然而，我国经济社会发展的制度环境还不完善，经济结构的战略性调整面临着一系列体制机制的困扰。服务业要实现加快发展、实现结构转型和升级，就必须突破一些体制的束缚，消除关键环节的制度障碍，谋求体制机制的创新。因此，着力促进服务业发展可以在相当程度上促进我国社会主义市场经济体制的改革和制度完善，为国民经济持续健康发展提供动力。

第二章

在经济结构调整升级中促进服务业发展的国际经验

一、服务业加速发展已成为全球经济发展与结构调整的主要趋势

（一）服务业已上升为全球经济的主导产业

近半个世纪以来，随着经济全球化的不断深化，世界经济结构经历了深刻的变化和调整。服务业①在全球范围内得到了长足的发展，出现了服务业增加值比重逐步上升的趋势。截至 2008 年，全球服务业增加值占全球生产总值（GDP）的比重达到 70%，比 1970 年提高了 17 个百分点（见图 2.1）。

（二）服务业成为全球经济增长的主要动力

从高收入国家来看，服务业对经济增长的贡献率超过 60%，并且呈不断上升态势。其中，美国服务业对 GDP 增长的贡献率由 20 世纪 80

① 根据联合国标准产业分类法（ISIC），按照服务性质和功能特征可将服务业划分为流通服务业、生产性服务业、社会服务业和个人服务业四类，具体包括商业及零售、酒店旅游、交通仓储通信、金融、房地产和租赁、公共行政与国防、教育、医疗及相关社会服务、其他社会社区服务、家庭雇佣服务、国际及跨国组织。

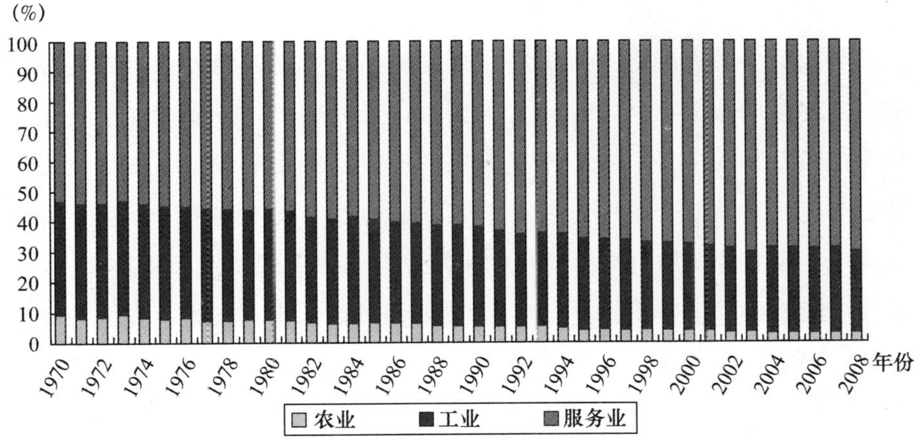

图 2.1　1970～2008 年全球三次产业结构的变动

资料来源：世界银行数据库。

年代的 79.3% 提高到 90 年代的 81.6%，2000～2007 年进一步上升至 83.1%；日本在 1980～1990 年期间服务业对 GDP 增长的贡献率为 63.5%，1990～2000 年猛增至 102.5%，2000～2007 年虽回落到 78.9%，但仍处于较高的水平。在中等收入国家中，服务业对经济增长的贡献率也在波动中趋于提高。以印度、巴西为例，1980～1990 年两国服务业对 GDP 增长的贡献率仅为 30.8%、37.9%，2000～2007 年大幅增加至 56.3%、51.9%（见表 2.1）。

表 2.1　1980～2007 年部分国家服务业对经济增长的贡献率　单位：%

国　家	1980～1990	1990～2000	2000～2007
美　国	79.3	81.6	83.1
日　本	63.5	102.5	78.9
韩　国	22.9	33.1	50.5
新加坡	54.7	53.3	79.4
印　度	30.8	-25.3	56.3
巴　西	37.9	32.4	51.9

资料来源：世界银行数据库。

（三）服务业成为创造就业的主渠道

伴随服务业发展水平的提高，服务业创造就业的能力也得到明显增强，并逐渐成为全社会就业的主要领域。特别是在服务业增加值比重达到50%之后，服务业就业水平呈现出快速提升的发展趋势，服务业占全社会就业比重的上升幅度显著高于服务业增加值比重的上升幅度，并逐步实现与服务业增加值比重同步的发展格局（见图2.2）。2007年，全球高收入国家中，服务业就业比重均已超过65%，其中美国、英国等国家更是接近80%。中等收入水平国家或发展中国家服务业就业比重的上升幅度虽然不及服务业增加值的上升幅度，但截至2007年也超过了60%。

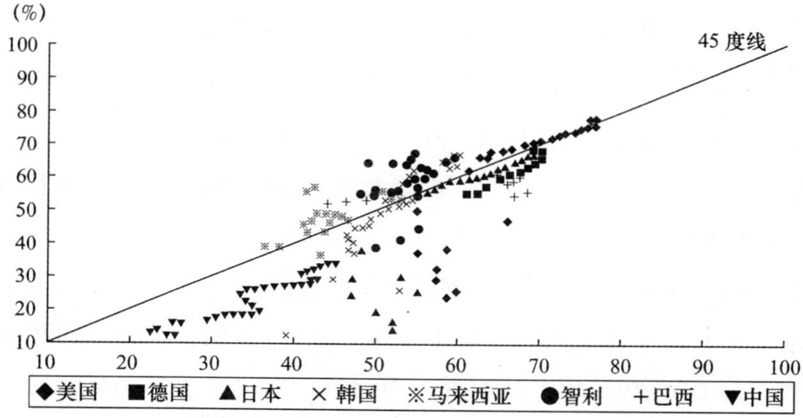

图2.2　部分国家服务业增加值占GDP比重与服务业就业占全社会就业比重的关系

资料来源：美国经济分析局（BEA）、世界银行数据库。

（四）高收入国家的服务经济结构已经形成

相对于农业和工业占主导的经济发展阶段而言，服务经济是以服务活动为主的更高层次的经济发展阶段，是继农业经济、工业经济（或制造经济）之后一种新的社会经济形态。一般而言，服务经济形成的主要标志是经济中从事服务活动的人员及其创造的增加值（即服务业就业规模和服务业增加值）超过农业和工业之和，并在国民经济中占据60%以上的比重。至20世纪80年代中期，高收入国家已基本进入服务经济发展阶段，服务业占据经济结构的主导地位，服务业增加值占

GDP 比重由 1970 年的 55% 持续递增至 1984 年的 60%，2008 年达到 73%（见图 2.3）。其中，美国、英国和法国等国家服务业增加值比重和就业比重更是超过了 75%。与此同时，中等收入国家普遍出现了服务业加快发展的态势，部分国家已出现或接近实现向服务经济的转型，例如，印度服务业增加值比重由 1970 年的 37% 提高到 2008 年的 54%；南非从 55% 提高到 64%；巴西从 49% 提高到 67%；俄罗斯服务业增加值比重则由 1990 年的 35% 提高到 2008 年的 60%。

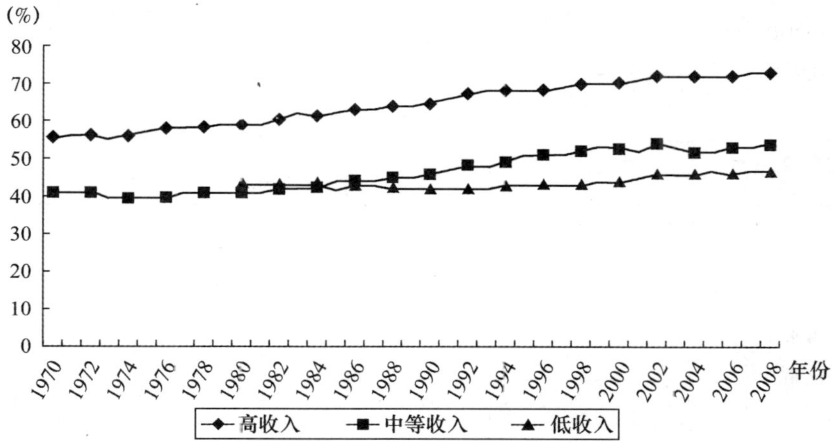

图 2.3　1970～2008 年不同收入水平国家服务业增加值占 GDP 比重的变化

资料来源：世界银行数据库。

（五）服务业结构转型升级持续推进

从高收入国家的发展历程上看，当工业化进入中期阶段之后，服务业发展出现了明显的结构性变化和升级趋势，知识和技术密集型服务业[①]开始兴起和快速发展，生产性服务业和社会服务业占服务业增加值比重不断上升，逐渐取代传统的商品流通服务业，成为服务业乃至国民经济的支柱和主导。1950 年，美国商品流通服务业增加值占 GDP 和整个服务业的比重为 23.7%、41.1%，至 2008 年则分别下降到 19.7%、25.0%；

① 主要包括以金融、信息、研发为代表的生产性服务业和以教育、文化、医疗等为代表的社会服务业。

而同期生产性服务业增加值占 GDP 和整个服务业的比重则由 15.3%、26.6% 持续递增至 33.2%、42.1%，社会服务业增加值占 GDP 和整个服务业的比重也由 12.8%、22.2% 上升到 20.1%、25.5%（见表 2.2）。

表 2.2　　1950～2008 年美国服务业增加值结构变化　　单位：%

	年　份	流通服务业	生产服务业	私人服务业	社会服务业	其　他
占 GDP 比重	1950	23.7	15.3	3.2	12.8	2.6
	1960	22.0	18.8	2.8	15.9	2.9
	1970	21.8	20.0	2.8	19.2	2.6
	1980	21.2	22.5	3.0	18.8	2.2
	1990	19.7	27.7	3.4	20.5	2.4
	2000	20.5	31.3	3.6	19.2	2.3
	2008	19.7	33.2	3.6	20.1	2.3
占服务业比重	1950	41.1	26.6	5.5	22.2	4.6
	1960	35.3	30.1	4.5	25.5	4.6
	1970	32.9	30.1	4.2	28.9	3.9
	1980	31.3	33.3	4.4	27.8	3.2
	1990	26.7	37.6	4.6	27.8	3.3
	2000	26.6	40.7	4.7	25.0	3.0
	2008	25.0	42.1	4.5	25.5	2.9

资料来源：美国经济分析局（BEA）。

（六）创新要素推动服务业及经济结构加快升级

一方面，随着科学技术的不断进步和国际分工的日益深化，服务业发展更多地依靠创新要素的投入，特别是研发、培训、品牌等创新发展要素和无形资产的投入，为服务业创新发展提供了重要支撑。例如，美国服务业 1998～2004 年的无形资产投入中，研发投入份额为 20%，包括人力资源培训、企业流程等企业专用资源的投入占比超过 30%，品牌投入占 15%，数据库及信息资源投入占 15%（见图 2.4）。

另一方面，伴随经济发展水平的提高，产业之间的关联程度不断深化，服务业的产出也越来越多地作为要素投入到经济运行过程中，特别

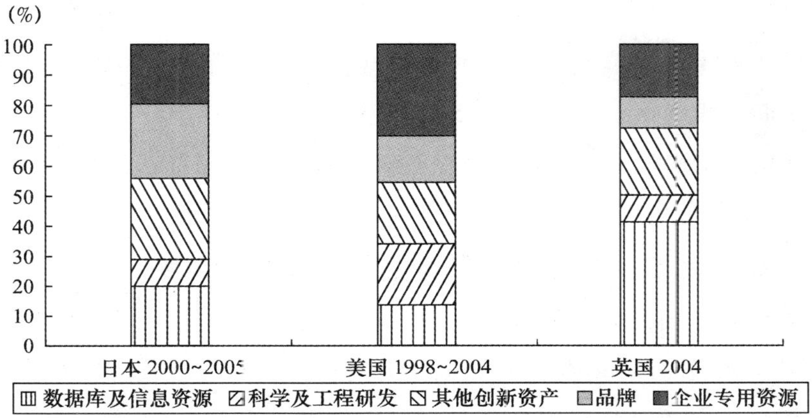

图 2.4　部分发达国家服务领域中无形资产的投资结构

资料来源：韩国开发研究院《服务业发展：韩国面临的问题与对策》研讨会论文集。

是投入到生产活动之中，出现了服务业与制造业、农业互动融合的发展趋势，促进了经济结构的调整升级。例如，1972～1990 年期间，美国的服务业中间需求率由 32.0% 增长到 33.7%，上升了 1.7 个百分点；日本的服务业中间需求率由 42.6% 提高到 43.3%，上升了 0.7 个百分点（见图 2.5）。在这一过程中，生产性服务业的中间需求率上升幅度更为明显。1972～

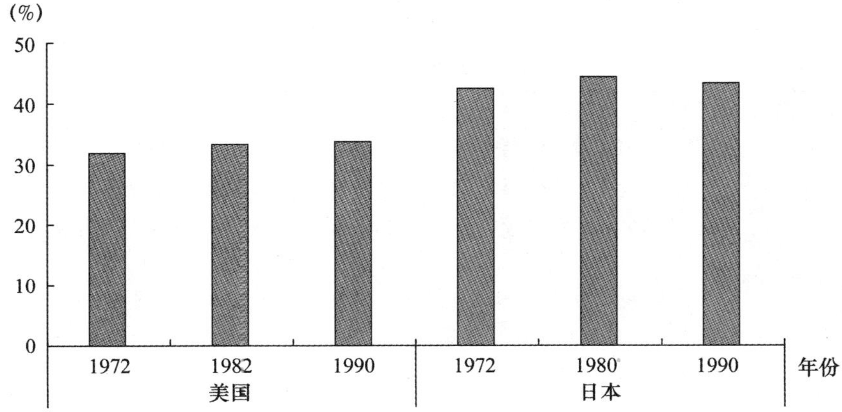

图 2.5　1972～1990 年美国、日本服务业的中间需求率

资料来源：李冠霖：《第三产业投入产出分析——从投入产出的角度看第三产业的产业关联与产业波及特性》，中国物价出版社 2002 年版。

1990年，美国通信业、房地产及商务服务业的中间需求率分别由48.9%和49.8%提高到52.5%和54.6%；日本运输仓储业和金融保险业的中间需求率则由47.4%和59.2%上升至59.2%和71.4%[①]，生产性服务业作为经济发展和结构调整的要素投入的作用日益凸显。

（七）大都市成为引领服务业加快发展的龙头

从世界范围来看，服务业发展与城市化及城市发展密切相关（见表2.3）。随着市场化程度的提高和城市规模的扩大，高度密集的人口、数量众多的经济组织为服务业发展提供了广阔的发展空间，服务业向城市集聚发展的特征日益凸显。大型城市，特别是国际化大都市和经济中心城市已成为服务业集聚发展的主要载体。从全球范围来看，国际化大都市服务业增加值比重基本在70%以上，纽约、伦敦和香港已接近90%（见表2.4）。与此同时，许多生产性服务业在大都市的集聚程度不断提高，以金融保险行业为例，伦敦、纽约和东京的金融保险业占所在国总就业的比重分别从1981年的6.4%、13.6%和4.2%提高到1999年的8.4%、13.9%和5.7%，成为所在国乃至全球金融业发展的龙头。

表2.3　城市化与服务业动态发展的一般特征

城市化阶段	服务业产业结构特点	服务业空间布局特点
城市化中前期（城市化率为30%～50%）	1. 服务业产出增长慢于工业，就业增长与工业相当或快于工业，因此服务业在国民经济中的比重变化不大 2. 在服务业内部，包括交通和贸易在内的流通服务增长迅速，是这一阶段推动服务业稳定增长的主要力量	1. 城市体系内，大城市是主要的工业和服务业中心，中小城市以工业为主，服务业水平较低 2. 就单个城市来说，无论大、中、小城市，服务业都具有向市中心聚集发展的特点

① 李冠霖：《第三产业投入产出分析——从投入产出的角度看第三产业的产业关联与产业波及特性》，中国物价出版社2002年版。

续表

城市化阶段	服务业产业结构特点	服务业空间布局特点
城市化中期（城市化率为50%左右）	1. 服务业产出和就业增长开始加快，服务业在国民经济中的比重稳定增长 2. 在服务业内部，卫生、教育、福利等社会服务的增长开始加快，逐渐成为推动服务业产出和就业增长的主要力量	1. 城市体系内，大城市的功能由工业中心向服务中心转变，大城市为中小城市提供各种专业化服务 2. 就不同规模的城市来说，大城市的服务业向中心商业区聚集的程度已达到阶段性的顶点，中小城市的服务业继续向城市中心聚集
城市化中后期（城市化率为50%～70%）	1. 服务业在国民经济中具有十分重要的地位，产出比重和就业比重都超过工业 2. 在服务业内部，流通服务的增长速度放慢；社会服务保持稳定增长，尤其是就业增长的速度较快；生产者服务的增长速度最快，在国民经济中的比重迅速提高	1. 城市体系内，大城市是区域的综合性服务中心，服务业优势显著，服务功能成为大城市的主要功能；中小城市一般是专业性较强的工业城市，所有城市的服务业比重都有显著提高 2. 单个城市内，大、中城市内的服务布局呈现由中心商业区向郊区扩散的发展特点，小城市的服务业布局保持集中的特点
城市化高级阶段（城市化率达到70%以上）	1. 服务业无论是产出还是就业在国民经济中都具有绝对优势，服务业创造了绝大部分的产出和就业 2. 在服务业内部，生产者服务保持快速增长，比重不断扩大，是推动服务业增长的最主要力量；流通服务和社会服务的增长速度保持稳定	1. 城市体系内，大城市是区域的综合性服务中心，知识技术密集型生产者服务向大城市高度集中；中小城市的工业比重相对较高、专业化程度较强；所有城市的服务业就业比重都较高 2. 单个城市内，大城市的生产者服务在中心商业区高度聚集，中心商业区实现了功能升级和再度繁荣，生活服务则呈现分散布局；中小城市服务业呈现较为均衡化的空间布局

资料来源：陈宪主编：《中国服务经济报告》（2009），上海大学出版社2010年版。

表 2.4　　世界部分大型城市产业构成比较　　单位：%

城市名称	年　份	服务业增加值占 GDP 比重	服务业就业人员比重
纽　　约	2005	88.4	90.4
伦　　敦	2004	89.1	89.8
巴　　黎	2003	84.6	82.8
法兰克福	2002	83.7	86.7
东　　京	2005	85.7	80.8
首　　尔	2005	73.0	66.4
新 加 坡	2004	66.4	76.1
中国香港	2004	87.6	84.8

资料来源：根据陈宪主编的《中国服务经济报告》（2009），上海大学出版社 2010 年版，相关数据整理。

（八）经济全球化促进全球服务业及经济结构加快调整升级

随着经济全球化的发展，世界各国经济的融合程度进一步加深，国际分工协作从传统的制造环节日益向生产性服务业等高端环节延伸，与制造业相关的服务业国际转移越来越占据重要地位，带动了服务贸易持续快速发展，引发了全球新一轮经济结构调整与升级。2009 年，全球服务业占对外直接投资（FDI）的比重已超过 60%，比 20 世纪 70 年初期的 1/4 有了显著提高。

2000～2009 年全球服务贸易进出口总额年均增速为 9.2%，比1980～2000 年的年均增速加快了 2.2 个百分点。值得注意的是，通过承接国际服务业转移、发展服务贸易和服务外包等途径，经济全球化直接促进了发展中国家服务业的快速发展和结构升级，对整个国家产业结构转型和经济结构优化起到积极的推动作用。以中国为例，1982～2009 年服务贸易进出口总额由 43.4 亿美元扩大到 2868.0 亿美元，规模已位居世界第五、发展中国家之首，年均增长率相当于全球服务贸易平均增速的 2 倍。

二、服务业发展水平与经济发展阶段密切关联

（一）服务业发展水平与工业化程度密切关联

现代市场经济条件下，服务业持续快速发展及其在经济结构中占据主导地位，是建立在工业化较为发达基础上的。对众多工业化国家的实证研究表明，在工业化之前，许多国家的服务业就已在国民经济中占据重要地位，有些国家服务业增加值比重甚至超过工业。随着工业化的不断加速，工业成为经济发展的主要动力，工业占整个经济的比重快速上升，而服务业比重的上升幅度则相对缓慢，甚至徘徊不前。直至工业化后期，随着分工专业化程度和生产方式复杂化程度的提高，工业部门对服务活动的中间需求不断增加，直接促进了服务业进入快速发展阶段，服务业增加值比重进入持续上升轨道，并逐渐占据经济发展主导地位。

以韩国、日本为例。韩国工业化从 20 世纪 60 年代中期开始加速发展，工业增加值所占比重稳步递增，1991 年达到峰值 43.0%，比 1965 年提高了 22 个百分点；虽然服务业增加值占 GDP 比重始终较高，但在这一时期则长期徘徊不前，介于 39% ~49% 之间。此后，随着工业化的基本完成，韩国工业增加值比重趋于稳定并缓慢下降，而服务业开始进入加速发展阶段。日本服务业的发展也大体经历了类似的过程（见图 2.6）。

（二）服务业的发展与经济发展水平密切相关

根据经济史学家麦迪森按购买力平价口径衡量的各国长期经济增长数据，成功地跨入高收入行列的国家或地区，在其人均 GDP 达到 11000 美元（1990 年购买力平价美元，以下同）后，其经济结构均出现了转折性变化，即工业增加值比重上升的速度开始放缓甚至逐步下降，而服

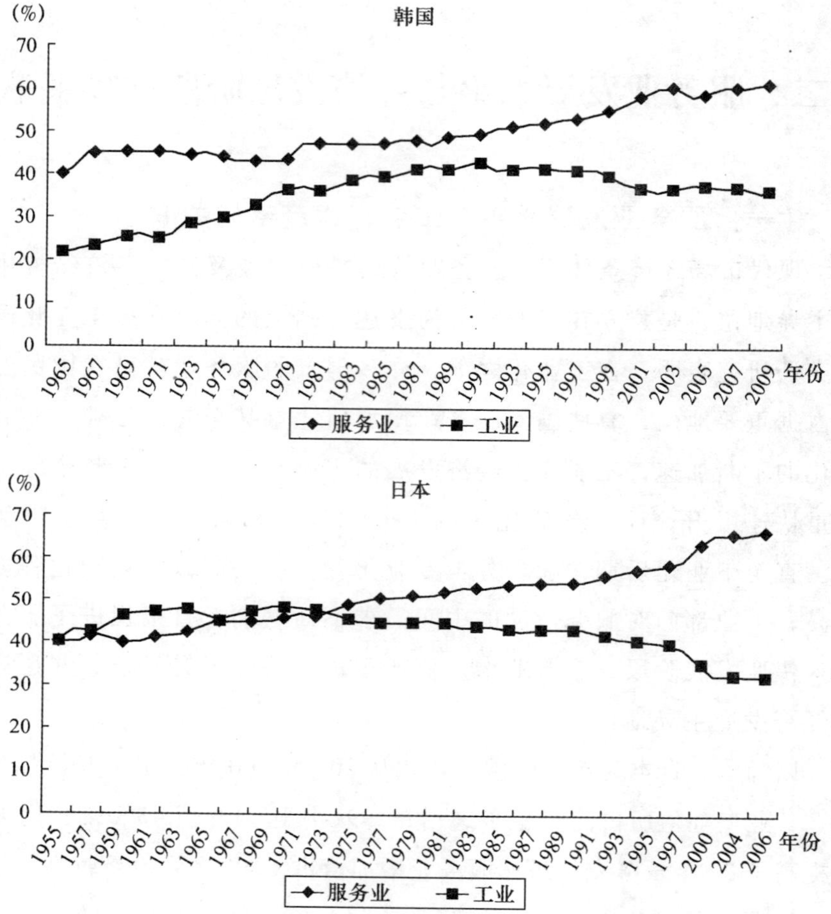

图 2.6　韩国、日本工业、服务业占 GDP 比重的变动趋势

资料来源：世界银行数据库、日本统计局与统计中心。

务业增加值比重趋于上升，进入以服务业加快发展为主要特征的经济结构调整升级阶段；在人均 GDP 达到 20000 美元左右时，服务业比重超过 60%，经济社会发展进入以服务业为主导的服务经济时代。例如，二战后日本进入以工业化为主导的快速发展阶段，工业增加值比重明显上升，到 1970 年达到峰值，为 46%，1973 年人均 GDP 达到 11434 美元；此后服务业增加值比重开始持续上升。韩国和德国（当时为联邦德国）也先后经历了这样的过程（见图 2.7）。

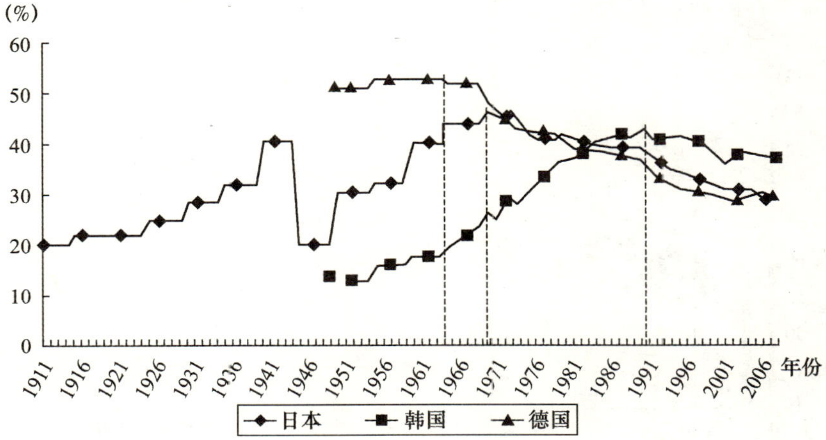

图 2.7 日本、韩国和德国的工业化进程

(三) 服务业发展呈明显的阶段性变化特征

从全球范围来看，处于不同经济发展水平的国家之间，其服务业发展水平存在较大差异。为此，我们以人均国民收入水平（GNI）和服务业增加值比重作为经济发展水平和服务业发展水平的衡量指标，选取1960～2008年不同收入水平国家①的人均GNI和服务业增加值比重，将人均GNI现价美元按购买力平价调整为1990年美元，得到不同收入水平国家人均GNI与服务业增加值比重的发展变化曲线。总体上看，人均国民收入水平与服务业增加值之间存在着明显的正相关关系。即随着人均GNI的提高，服务业增加值占GDP比重总体呈现上升趋势。但是，两者之间并不是简单的线性关系，而是呈明显的阶段性变化特征（见图2.8）。据此，我们将服务业发展划分为四个阶段（见表2.5）。

第一阶段，服务业发展起步阶段。当人均收入水平3000美元以下时，工业化还处于快速发展的中期阶段，工业是经济增长和结构升级的主要动力，服务业以传统商品流通性服务业和个人服务业为主，服务业

---

① 根据世界银行数据库，选取的不同收入水平的样本国家包括中低收入、中等收入、中高收入、高收入水平等，总计获得160个数据。

比重上升较快，由40%提高到57%。

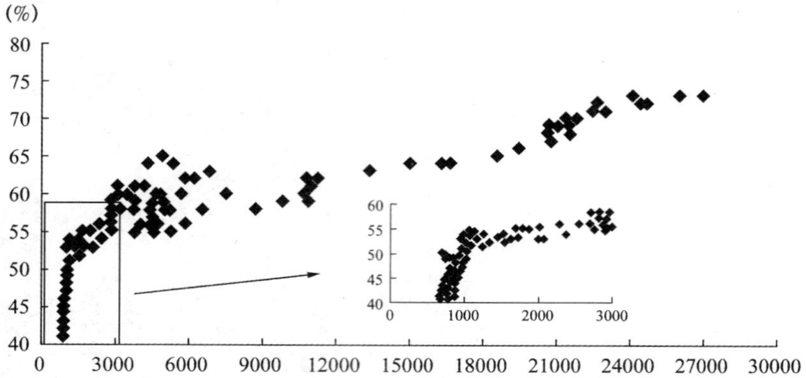

图2.8　人均收入水平与服务业占GDP比重的关系（单位：1990年不变价美元）

资料来源：根据世界银行数据库和Maddison数据计算整理而成。

表2.5　　　　服务业发展的四个阶段

人均收入水平	发展阶段	服务业增加值占GDP比重	服务业内部结构
3000美元以下	服务业发展起步阶段	由40%增长到57%	流通性服务业、个人服务业快速发展
3000~11000美元	服务业与工业并行发展阶段	介于55%~65%之间	生产性服务业、社会服务业开始兴起，服务业发展处于结构调整阶段
11000~22000美元	服务业加速发展阶段	由60%快速上升到70%	生产性服务业、社会服务业加快发展
22000美元以上	服务业发达阶段	稳定在70%以上	生产性服务业、社会服务业占主导

资料来源：课题组整理。

第二阶段，服务业与工业并行发展阶段。当人均收入水平达到3000~11000美元时，经济发展由工业化中期向后期迈进，工业仍然是经济发展的重心和主导，但工业比重上升趋于缓慢，工业发展对知识和技术密集型的生产性服务需求逐渐显现，生产性服务业、社会服务业开始兴起和快速发展，服务业发展进入结构调整阶段，服务业比重在波动中保持一定的上升趋势，介于55%～65%之间，平均值为59%，形成了服务业和工业并行发展、双轮驱动的发展格局；

第三阶段，服务业加速发展阶段，当人均收入达到11000～22000美元时，经济发展进入工业化后期阶段，工业比重开始下降，生产性服务业和社会服务业发展水平得到大幅提高，服务业进入持续快速发展的新阶段，服务业比重出现随人均收入水平上升而快速提高的趋势，由60%上升到70%，形成以服务业为主导的服务经济发展格局；

第四阶段，服务业发达阶段。当人均收入超过22000美元之后，服务经济进入较为发达的稳定发展阶段，服务业发展速度趋于平稳，服务业增加值比重随人均收入的提高而平稳上升，并稳定在70%以上的水平。

专栏 以1970年美元计算的人均GNI与服务业发展水平之间的关系

将人均GNI现价美元按美国GDP平减指数转换为1970年美元，并参考钱纳里等人的工业化阶段理论，重新观察不同收入水平国家人均GNI与服务业增加值比重的关系，得到与正文相近的结论。

第一阶段，服务业发展起步阶段。人均收入水平为1000～2000美元，处在工业化中期阶段，服务业比重由40%提高到48%。

第二阶段，服务业与工业并行发展阶段。人均GNI为2000～4000美元，处在工业化中后期，生产性服务业和社会服务业开始兴起，服务业比重介于47%～59%之间，平均值为52%。

第三阶段，服务业加速发展阶段。人均收入为4000～7000美元，经济发展进入工业化后期阶段，工业比重开始下降，生产性服务业和社会服务业加快发展带动服务业进入持续快速发展的新阶段，服务业比重由55%上升到70%。

第四阶段，服务业稳定发展阶段。人均收入超过7000美元，服务业比重随人均收入的提高而平稳上升，并稳定在70%以上水平。

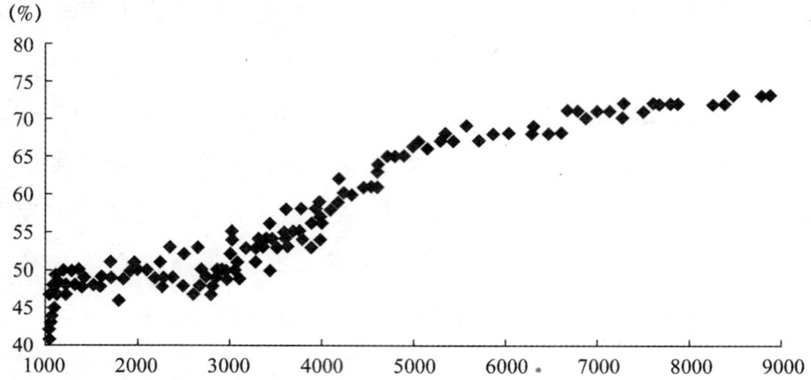

人均收入水平与服务业占 GDP 比重的关系

注：根据世行数据库，选取的不同收入水平的样本国家包括中低收入、中等收入、中高收入、高收入水平等四类。在人均 GNI 转化成 1970 年美元基础上，剔除人均 GNI 小于 1000 美元的样本后，共计 158 个数据。

三、服务业加快发展有赖于制度环境的不断完善

（一）完善的市场经济制度是服务业加快发展的基础

服务业发展是建立在较为完善的现代市场经济环境中，是市场化程度不断提高的必然结果。通过对全球 130 个国家及地区的分析可知，市场化程度（经济自由度）① 与服务业发展之间存在正相关关系，即市场经济完善程度越高，服务业的发展水平也相对较高；市场化程度每提高 1 个百分点，会引致服务业增加值比重上升 0.91 个百分点。其中，中国香港的市场化程度超过 90%，服务业增加值比重也高达 90%，是全

① 从理论和实践两方面来看，市场化程度的测度可以在很大程度上用经济自由度指数进行替代。这是因为，经济自由度测度所依据的因素指标均与市场经济紧密相关，经济自由度越高，市场化程度越高，相应的市场经济的发展和完善程度就越高。美国传统基金会发布的经济自由度指数是国际最具权威的经济自由度评价指标之一。该指数通过贸易政策、政府财政开支、政府对经济的干预、货币政策、资本流动和外国投资、银行业和金融业、工资和物价、产权、规制、非正规市场活动（黑市）10 个方面共计 50 个指标，对世界 130 个国家及地区进行了综合评价。

球最为发达的服务经济体，可以视为市场化程度相对较高、服务业得到充分发展的典型（见图 2.9）。当一国市场化程度达到 55% 时，其服务业增加值占 GDP 比重可达到 50%。值得注意的是，市场化程度低于 50% 的国家基本是发展中国家或是中低收入国家，服务业增加值占 GDP 比重与市场化程度之间具有较大的离散性。这也在一定程度上说明，在市场经济制度尚不完善的情况下，服务业发展仍存在较强的制度约束，也难以进入服务业快速发展的正轨。

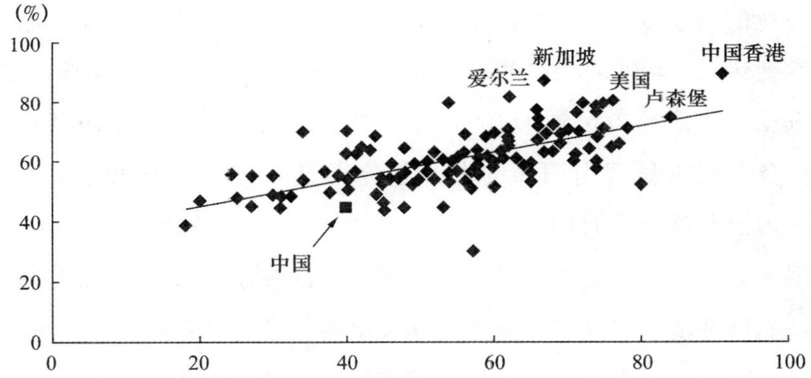

图 2.9　服务业增加值比重与市场化程度的关系

资料来源：世界银行数据库、美国传统基金会《经济自由度报告》(2008)。

（二）改革是促进制度环境完善和服务业加快发展的主要动力

全球范围内服务业加快发展以及向服务经济转型，与各国服务业发展的制度环境变迁有着密切联系。一方面，在市场经济较为发达的高收入国家，主要通过服务业规制改革来促进服务业加快发展。自 20 世纪 80 年代以来，以 OECD 成员国为代表的高收入国家，普遍开展了以放松规制为核心的服务业制度改革。在放松市场准入、引入竞争机制的同时，注重加强社会规制、完善法律法规体系、改革政府监管方式和提高政府监管水平与效率，促进了服务创新日益活跃和服务业结构升级加快，服务业发展水平显著提升。具体来看：在规制改革前的 1970 ~

1980 年高收入国家服务业增加值占 GDP 比重的上升幅度为 1.4 个百分点，改革后的 1981 ~ 1990 年和 1990 ~ 2000 年期间，服务业比重上升幅度分别达到 5.0 个百分点和 6.0 个百分点，充分显示了规制改革对服务业加速发展的促进作用。

另一方面，中等收入国家或发展中国家则主要侧重市场经济制度的完善和相关配套制度的改革。在全球经济一体化和服务贸易开放浪潮的推动下，巴西、阿根廷、智利等国家自上世纪 80 年代也开展了一些针对服务业的制度改革，在一定程度上促进了服务业发展水平的提高。总的来看，1981 ~ 1990 年和 1991 ~ 2000 年期间，中等收入国家服务业比重上升幅度分别为 2.6 个百分点和 6.6 个百分点，比改革前 1971 ~ 1980 年的服务业比重呈现出明显的上升趋势（见表 2.6）。值得注意的是，发展中国家制度改革对服务业加快发展的促进作用不及发达国家显著，其原因一方面是受发展阶段的制约，更重要的在于发展中国家自身的市场经济制度环境不尽完善，例如效率低下的行政管理体制及其带来的官僚主义和腐败，严重损害了发展中国家服务业的竞争力。因此，对于发展中国家而言，加快完善市场经济体制、辅以合理的国内配套体制改革，服务业规制改革能够提高整个服务业的效率，促进服务业乃至国民经济的加快发展。①

表 2.6　　1971 ~ 2008 年不同收入水平国家服务业增加值占 GDP 比重的变动幅度

单位：%

年　份	世界平均	低收入国家	中等收入国家	高收入国家
1971 ~ 1980	1.1	1.0	0.2	1.4
1981 ~ 1990	4.5	0.5	2.6	5.0
1991 ~ 2000	5.9	0.1	6.6	6.0
2001 ~ 2008	4.0	3.6	3.2	3.9

资料来源：世界银行数据库。

① 张汉林等：《服务业及中小企业规制改革》，上海财经大学出版社 2005 年版。

（三）服务业发展对制度环境有更高层次的需求

一是传统的以严格规制为特征的服务业制度环境难以适应服务业加快发展的要求。历史地来看，由于服务业本身的复杂性及其存在较为严重的市场失灵问题（例如金融保险、专业服务及医疗服务领域的信息不对称；运输、电信及研发等领域存在的环境、网络及知识外溢等外部性；电信、铁路等领域的自然垄断；教育、医疗、电信、交通等服务领域存在的社会公平要求等），使得服务业发展普遍受到各国政府的严格管制。在经济发展水平不高、服务业发展规模较小、经济相对封闭的条件下，对服务业的严格管制可能是有利于服务业发展和经济稳定运行的制度条件，但却难以适应当前市场经济发展水平不断提高、全球经济一体化和服务贸易加速发展、服务业日益成为经济结构主导的发展要求，极大地制约了要素资源在服务和产品领域的优化配置、服务业乃至国民经济运行效率的改善以及经济整体发展水平和竞争力的提升。因此，破除严格的服务业规制，建立有利于服务业发展的新的制度环境，是服务业加快发展的内在要求。

二是服务业的发展需要更为完善合理的市场经济制度安排。国际经验表明，服务业发展是建立在高度分工和专业化的基础上，由此带来经济运行主体之间更为复杂的合作联系和更为多样的交易关系，再加上服务活动本身的高度信息不对称、事后评价等特性，决定了服务业的发展需要更加严谨高效的交易制度安排、更加规范严格的商业规则和服务标准以及更加公正有效的法治环境。因此，各国普遍推进的服务业市场开放和制度改革，并不是完全取消规制，而是建立和形成适应服务业发展特性和要求的、更加合理和完善的制度框架和政策规范，特别是根据服务业发展的关键领域，即技术创新、分工深化、中小企业发展和高端要素聚集等方面，形成一整套制度体系或制度框架（见图 2. 10）。发达市场经济国家正是由于建立和逐步完善有利于服务业发展的制度框架，才使得经济形态从工业经济逐步转向服务经济。

三是服务业发展需要体制机制创新。服务业发展更多的是依靠信

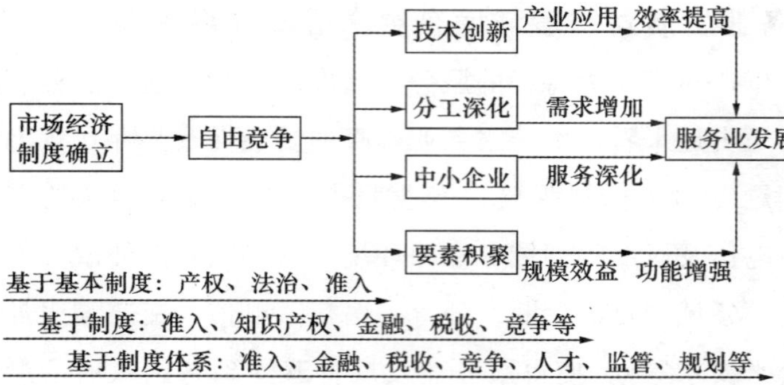

图 2.10　服务业发展与制度体系的关系

资料来源：课题组整理。

息、知识、管理等无形要素，更多地依靠人力资源，特别是高素质的人力资源。因此，服务业的发展更加注重对无形要素的配置进行制度设计，需要促进创新、创业和人的全面发展。

（四）服务业发展需要有重点地推进制度环境建设

发达国家及发展中国家普遍开展的服务业规制改革既有经验也有教训，形成了一些改革的共识，成为服务业制度改革的重点和原则，其中最重要的变革有四个方面：

首先，促进竞争是第一要务。这就要求在服务业各个行业中消除准入壁垒和鼓励竞争，破除政府对服务领域的垄断。虽然各国在服务领域进行改革的起点不同，面临的机制和文化制约各异，但在提高公共服务效率和增加服务供给方面，基本都采取了放松市场准入管制、引入竞争机制等提高服务业效率和发展水平的改革措施。例如，香港政府在促进服务业发展的过程中，从港口、金融及专业服务等领域中退出，直接促进了香港金融行业、港口与物流服务业、会计法律咨询等专业服务业的快速成长和竞争能力的大幅提升。1998～2008 年，OECD 国家的服务业准入管制明显趋向弱化，其中英国、日本、挪威等国最为明显。市场准入的放宽增强了相关行业的竞争活力，最终促进了服务业的发展（见图 2.11）。

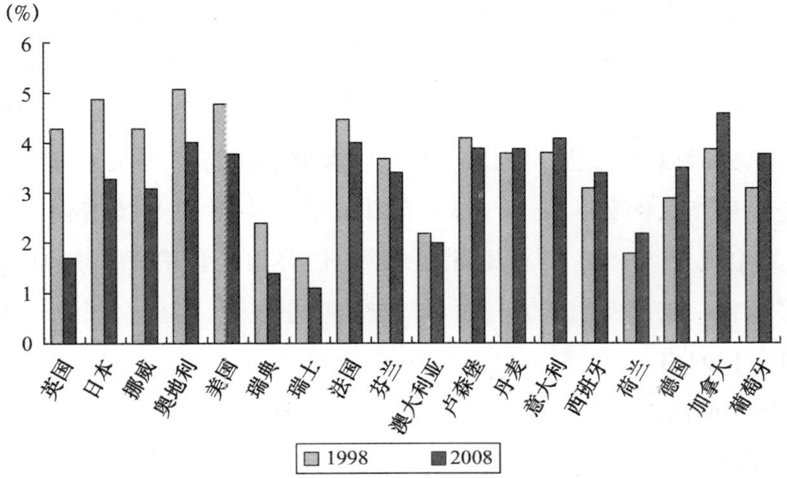

图 2.11　1998～2008 年主要发达国家服务业壁垒的变化

资料来源：OECD 数据库。

第二，注重规制方式改革，提高监管质量和改善公共服务。各国的改革经验表明，出于解决市场失灵、社会公平和保护消费者利益对服务业规制是必要的，但关键是要实现有效规制，协调好服务规制与竞争、市场开放、社会公平等各方面政策的关系，并通过必要的制度约束推动政府职能转变和管理能力提升，建立规范、透明、适度的监管制度，减少和避免政府对服务主体及其服务行为的直接干预，为服务市场主体发展和创新提供更加合理、完善的制度保障。

第三，注重服务业规制改革政策的统一协调，以适应全球经济一体化和服务贸易开放加快发展的要求。虽然目前各国服务业规制和贸易政策还难以统一，《服务贸易总协定》也针对不同行业和不同类型国家给予了一定的过渡期，但全球统一协调的服务规制政策仍然是未来的发展方向。因此，在服务业发展规制改革的过程中，许多国家都是根据《服务贸易总协定》的规则和承诺进行，以提高服务业规制的透明度、公信度、规范性和有效性，以促进各国服务业加快发展和服务贸易自由化的顺利推进。

第四，注重鼓励创新的激励制度构建。通过制度促进人力资本投入以激励创新，是服务业高效率运行的一大关键因素。发达国家在这方面做了许多努力。一是建立专门针对中小企业技术创新的制度支持体系。发达国家先后以“鼓励、扶持、保护”为核心制订了相关法律，促进中小企业创新。例如，美国 1982 年颁布了《中小企业技术创新开发法》，其中规定从 1983 年起凡向外提供 1 亿美元以上开发任务的任何政府，必须将一定比例的研究开发活动交给中小企业，为中小企业发展提供条件；1992 年颁布了《加强中小企业研究与发展法案》和《减税法》，对中小企业技术创新进行激励。二是大力保护知识产权。如美国在 20 世纪 60 年代实行的“版权法规”、“计算机软件保护法”等法规，在改善服务业发展软环境方面发挥了重要作用。这不仅使美国在信息革命中处于领先，也为美国服务业的长期持续增长提供了内生动力。

第三章

我国服务业发展的主要特征与突出矛盾

改革开放以来，随着我国工业化、城市化、市场化和国际化进程的不断推进，服务业①持续快速发展，在促进经济平稳较快增长、产业结构优化升级和扩大就业等方面发挥了积极作用。但是，我国服务业发展的总体水平依然不高，结构性矛盾比较突出，正处在结构调整转型、与工业并行发展的阶段。

一、服务业总体上进入结构调整与工业并行发展阶段

以现价美元计算，2009年我国人均国民收入（GNI）达到3800美元，按1990年购买力平价美元计算，相当于7500美元，仍属于中等偏下收入水

① 在我国学者和政府统计部门常常将第三产业等同于服务业。根据我国《国民经济行业分类与代码》（GB/T 4754－2002），服务业主要包括：交通运输、仓储和邮政业，信息传输、计算机服务和软件业，批发和零售业，住宿和餐饮业，金融业，房地产业，租赁和商务服务业，科学研究、技术服务和地质勘查业，水利、环境和公共设施管理业，居民服务和其他服务业，教育，卫生、社会保障和社会福利业，文化、体育和娱乐业，公共管理和社会组织。

平国家。根据服务业发展的国际经验，当进入工业化中后期、人均国民收入达到3000～11000美元（1990年购买力平价美元）时，进入服务业发展的第二阶段，即服务业结构调整转型、服务业与工业并行发展阶段。

（一）服务业持续快速发展的趋势强劲

首先，服务业规模持续扩大。服务业增加值从1978年的872亿元增加到2009年的14.76万亿元，31年来增长了168倍，扣除物价因素之后实际增长24倍。服务业从业人数从1978年的4890万人增加到2009年的2.66亿人，年均增加就业近700万人。

其次，服务业发展不断提速。1978～2009年，服务业增加值年均增速为11%，高于同期国内生产总值年均9.9%的增长速度；更为重要的是，进入新世纪以来，服务业发展速度有明显提升，2001～2009年服务业年均增速达到11.3%，分别比1981～1990年和1991～2000年年均增速的高出0.3个百分点和2个百分点（见图3.1）。

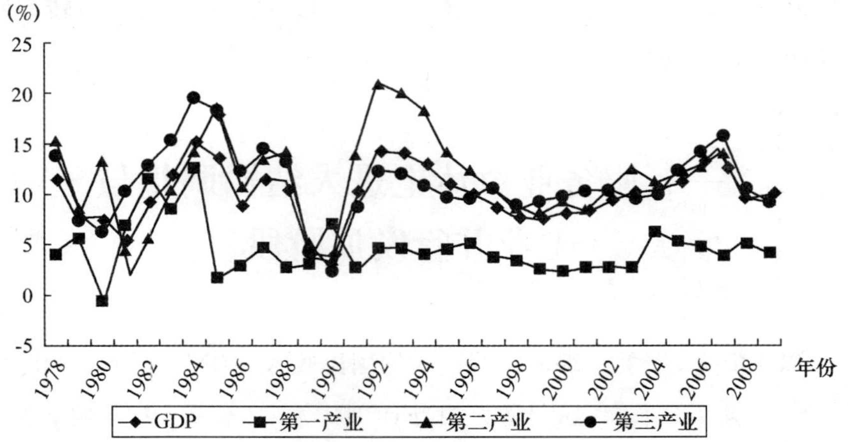

图3.1　1978～2009年我国GDP及三次产业增加值实际增速对比

资料来源：《中国统计年鉴》（2010）。

（二）服务业成为国民经济发展的重要动力

首先，服务业增加值比重和就业比重逐步提升。服务业增加值占

GDP 比重由 1978 年的 23.9% 提高至 2009 年的 43.4%（见图 3.2），与第二产业增加值比重的差距从 24 个百分点缩小到 4.4 个百分点；服务业就业人数占全社会就业人数的比重从 1978 年的 12.2% 上升到 2009 年的 34.1%，超过第二产业就业比重 6.3 个百分点，仅次于第一产业（见图 3.3）。

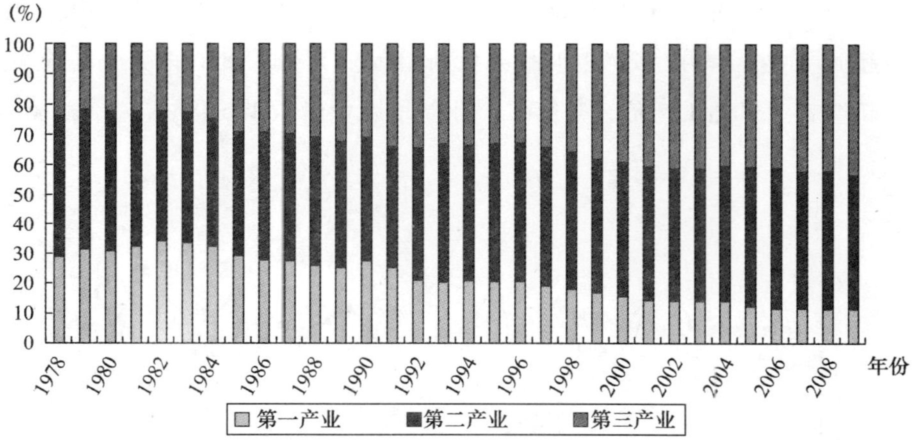

图 3.2　1978～2009 年我国三次产业结构的变动

资料来源：根据《中国统计年鉴》（2010）的数据计算。

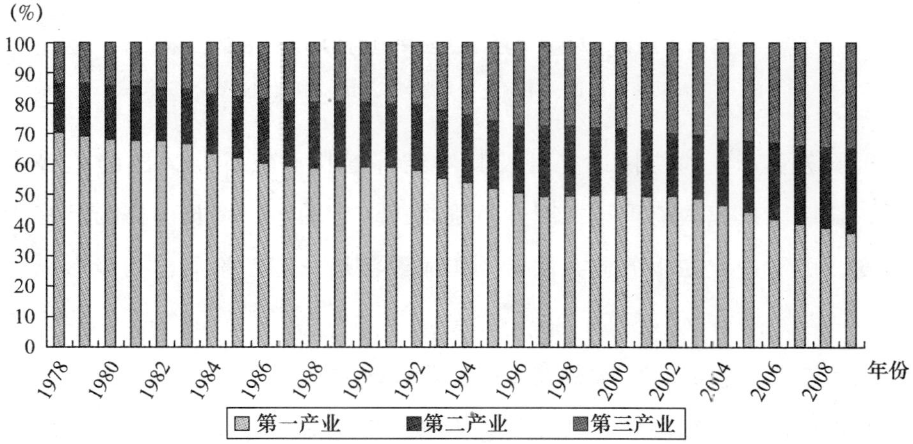

图 3.3　1978～2009 年我国三次产业吸纳就业的比重

资料来源：根据《中国统计年鉴》（2010）的数据计算。

其次，服务业已成为经济增长的重要动力。服务业增加值对 GDP 增长的贡献率虽有一定的波动，但基本上保持上升态势。改革开放之初，贡献占比仅为 20% 左右，2000 年以后则保持在 40% 以上。2009 年国际金融危机期间，服务业的贡献更是达到了 61.6%（见图 3.4）。另外，服务业对新增就业的贡献比重逐步提高，尤其是在我国经济遭受国际金融危机冲击的 2008 和 2009 两年，对于缓解经济下滑带来的就业压力起到了显著作用。2009 年服务业新增就业人数为 886 万人，是全社会新增就业量的 1.7 倍，是第二产业新增就业量的 1.5 倍。

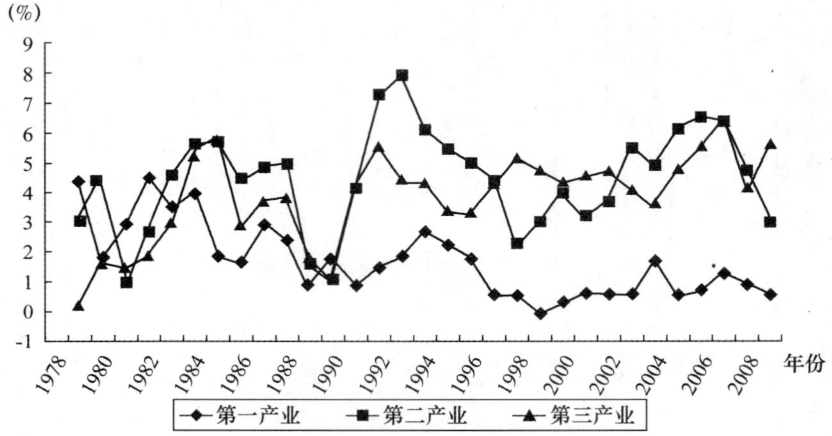

图 3.4　1978～2009 年我国三次产业对 GDP 增长的贡献

资料来源：根据《中国统计年鉴》（2010）的数据计算。

服务业产业地位快速提升及其对经济增长贡献日益突出的趋势表明，长期以来我国倚重第二产业特别是工业带动经济增长的格局已有所改变，由制造业和服务业共同带动国民经济增长的新格局已初步形成。

（三）服务业结构转换及升级步伐加快

近年来，伴随服务业持续快速发展，我国服务业内部结构调整也出现了积极变化，服务业结构转换与升级趋势已经显现。

首先，传统商品流通性服务业比重趋于下降。长期以来，交通运输仓储业、批发零售和住宿餐饮业等商品流通性服务业始终是我国服务业发展的主导。自20世纪90年代以来，交通运输仓储业、批发零售餐饮业等商品流通性服务业比重开始出现下降，至2008年上述两大行业占整个服务业增加值的比重之和为37.5%，比1991年下降了近9个百分点。

其次，生产性服务业和社会服务业已出现快速发展势头。其中，服务业增加值上升幅度比较显著的是房地产业、邮电通信业和教育文化广播电影电视业等行业。1991~2008年期间，三个行业占服务业增加值比重分别上升了7.5个百分点、4个百分点和1.9个百分点；另外，从20世纪90年代初到21世纪初，金融业占服务业的比重有所下降，到2005年跌至8.1%，不过此后迅速发展，到2008年比重回升至11.3%（见表3.1）。

表3.1　　1991~2008年我国服务业内部结构的变化

年　份	交通运输仓储	邮电通信	批发零售贸易餐饮业	金融	房地产
1991	17.5	2	28.9	14.4	5.1
2008	12.5	6	25.0	11.3	12.6
1991~2008	-5.0	4.0	-3.9	-3.1	7.5
年　份	卫生体育社会福利	教育文化广播电影电视	科学研究、综合技术、地质勘探和水利、环保和公共设施管理	国家机关政党机关社会团体	其他行业
1991	3	6.3	2.4	9.2	11.2
2008	3.5	8.2	4.0	10.5	6.4
1991~2008	0.5	1.9	1.6	1.3	-4.8

资料来源：《中国统计年鉴》（2000）、《中国统计年鉴》（2009）。

（四）服务创新已成为促进服务业加快发展的重要动力

一方面，新兴服务业快速涌现。随着工业化的不断深化，传统上存在于生产过程中的研发、创意、物流、营销以及各种专业服务等逐步分离出来，促进了服务领域的拓展，并带动一大批新兴服务业的兴起和迅速发展，直接促进服务业乃至经济结构的调整与升级。以创意产业为例，据初步统计，北京市创意产业连续6年保持稳定增长，2009年实现产业增加值1497.7亿元，占北京地区生产总值的比重从2004年的

10.1%上升至2009年的12.3%，而上海、天津、重庆等地创意产业发展也呈现良好发展格局（见表3.2）。

表3.2　　我国主要城市创意产业的发展情况

城　市	行　业	增加值（亿元）	占GDP比重（%）	就业（万人）
北京（2009）	创意产业	1497.7	12.6	—
天津（2008）	创意产业	290.0	4.5	—
上海（2008）	创意产业	1048.8	7.7	87.5
	其中：研发设计	529.3	—	43.3
	建筑设计	130.0	—	11.2
	文化传媒	53.4	—	2.9
	咨询策划	258.3	—	22.6
	时尚消费	77.8	—	7.5
南京（2008）	创意产业	361.2	9.6	—
杭州（2009年前三季度）	创意产业	413.1	11.9	—
	信息服务业	63.3	—	—
	设计服务业	55.4	—	—
	现代传媒业	37.4	—	—
	艺术品业	16.3	—	—
	教育培训业	63.4	—	—
	休闲旅游业	9.9	—	—
	会展业	6.6	—	—
青岛（2008）	创意产业	319.4	7.2	—
重庆（2008）	创意产业	223.2	4.4	23.7
	文化传媒	60.8	—	8.2
	软件设计	40.5	—	1.8
	研发设计	38.1	—	4.5
	建筑设计	52.6	—	4.3
	咨询策划	10.7	—	1.6

资料来源：张京成主编：《中国创意产业发展报告》（2010年），中国经济出版社2010年版。

另一方面，服务领域经营管理创新正在逐步深化。特别是在商贸、餐饮、运输等传统服务领域，现代化管理方式、经营组织、服务业态、技术手段被广泛应用，具有新型管理方式和营运业态的服务业正在形成，增强了传统服务行业的持续发展能力。以交通行业为例，2003～2009年期间，民航、公路和铁路领域的信息化投资年均增速接近20%，核心的业务系统已基本实现信息化。零售业信息化则逐步从收银、收货、库存管理等操作层面向供应链管理、客户关系以及数据挖掘等系统应用方面渗透延伸。此外，2008年零售业总体IT投资规模达到72.2亿元，比2007年增长15.9%。

（五）服务业劳动生产率逐步提升，全要素生产率贡献有所增加

服务业结构调整取得积极成效，进一步提升了我国服务业的劳动生产率，对保持经济平稳快速发展起到重要的促进作用。1978～2009年，我国服务业的劳动生产率提高了3.6倍。特别是近十年，服务业的劳动生产率年均增加7.6%，比同期制造业劳动生产率年均增速3.5%高一倍还多（见图3.5）。

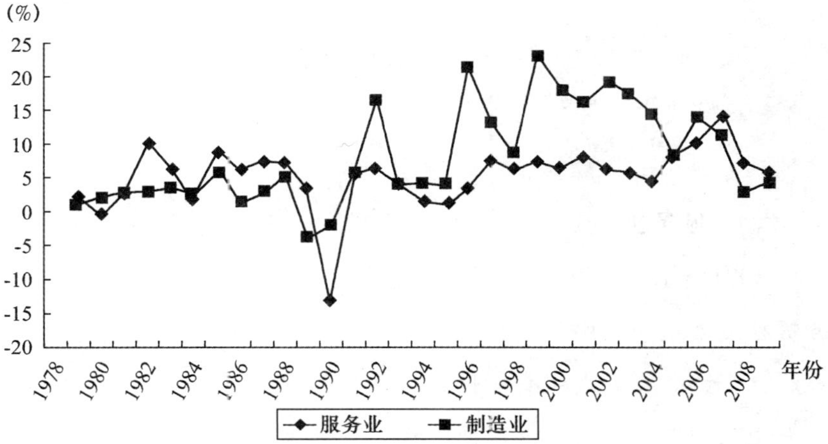

图3.5　1978～2009年我国服务业、制造业的劳动生产率的变化

资料来源：根据有关年份《中国统计年鉴》数据计算。

注：制造业劳动生产率＝规模以上制造业企业的增加值/企业从业人员。

更为重要的是，自1997年以来我国服务业全要素生产率（TFP）增速明显提高。1997～2009年期间，服务业TFP年均增速达到了1.9%，对服务业增长的贡献（不包含1990年因统计口径变动造成的异常值）达到了16.6%，资本和劳动的贡献则分别下降到66.5%和16.9%，与1981～1996年期间服务业TFP年均增速仅为0.1%、服务业增加值的增长几乎全部依靠资本和劳动投入的格局形成了鲜明对比（见图3.6）。

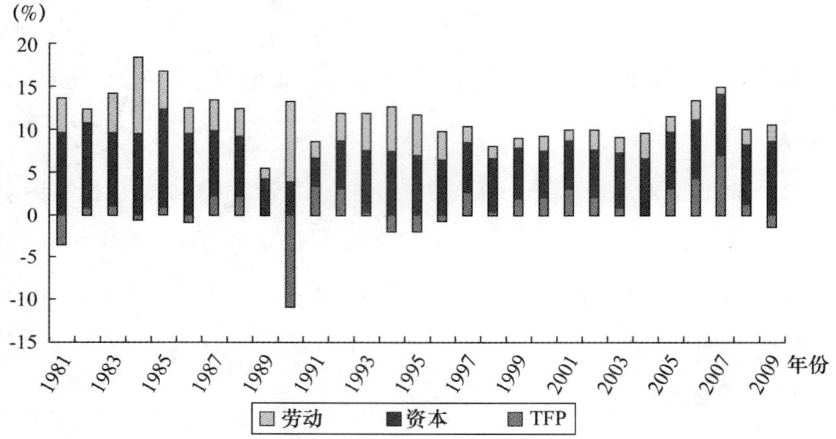

图3.6　1981～2009年服务业和经济总体全要素生产率变动情况

资料来源：根据历年中国统计年鉴数据Cobb－Douglas函数进行计算。

注：1990年全要素生产率变动幅度异常在于劳动统计口径发生了变化。

（六）服务业对外开放持续扩大，开放水平有所提高

自2001年加入WTO之后，我国服务业对外开放步伐进一步加快，服务贸易发展迅速，服务业吸引外商直接投资额稳步增长，我国在全球服务业分工链条上的地位有所提升。

一是服务贸易总量规模快速增长。我国服务贸易虽然起步较晚，但发展迅猛，2009年服务贸易进出总额达到2867亿美元，其中进口额为1581亿美元，出口额为1286亿美元，分别是1982年的65倍、83倍和51倍，年均增速分别为16.7%、17.8%和15.7%，为同期世界服务贸

易平均增速的两倍左右。我国服务出口的世界排名从2005年的第八位升至2009年的第五位。[1]

二是服务贸易结构不断优化，新兴服务贸易比重逐步提升。1997～2009年期间，运输、旅游、建筑和通讯等传统服务贸易领域在服务贸易当中地位有所下降，四项服务贸易的进口额之和占服务贸易进口总额的比重从1997年的69.6%降至2009年的60.8%，出口额占比则从63.7%下降至2009年的56.6%。相比较而言，金融、保险、计算机及信息、咨询等新兴服务贸易的进、出口总额占比则分别从1997年的9.4%、2.8%提高至2009年的25%、21.2%。与此同时，伴随着国际产业分工的转移以及贸易结构的转变，服务外包这种新兴的服务贸易方式规模迅速扩大。据商务部外资司有关数据显示，2009年我国承接国际服务外包合同执行金额已超过100亿美元，2001～2009年年均增长超过20%。

三是服务领域“引进来”和“走出去”的战略稳步推进，吸引外国资本和对外投资的能力不断提高。2009年，我国服务业实际使用外资为385亿美元，为2000年的3.7倍，2001～2009年年均增长达15.6%，占全部利用外资的比重也从25.7%提高到42.8%。对外直接投资方面，截至2009年，我国服务领域对外直接投资（非金融类）达到310.4亿美元，2004～2009年期间年均增速为65.1%，占全部对外直接投资比重也从2004年的46%上升至2009年的65%。[2]

四是服务业对外开放有序推进。在世界贸易组织和服务贸易协定框架下，我国逐步兑现了航运、旅游、广告等领域的开放承诺，而在金融、保险、证券和电信等领域对开放水平也有所提升。目前服务业开放已经涵盖了《服务贸易总协定》12个服务大类中的10个，涉及总共160个小类中的100个，占服务部门总数的62.5%，开放水平不断提

① 资料来源：国家外汇管理局和中国商务部网站。服务贸易遵循WTO有关服务贸易的定义不包含政府服务。

② 资料来源：《中国统计年鉴》（2000～2010）。

高。此外，在中国－东盟自贸区《服务贸易协议》中，我国承诺开放的领域涵盖建筑、环保、运输、体育和商务服务等5个服务部门的26个分部门，允许设立独资企业，放宽设立公司的股比限制及允许享受国民待遇等。

（七）大型城市服务业聚集发展程度不断提高

随着城市化水平的不断提高和区域经济结构的加快调整，我国服务业出现了向城市，特别是大型城市集聚发展的趋势，特大型城市和区域性中心城市成为我国服务业发展的主要载体。

一方面，服务业发展出现向城市，尤其是大型城市、区域中心城市快速集聚趋势。2009年，全部省会以及计划单列市的服务业增加值为7.1万亿元，占全国服务业增加值的比重已接近50%，比2007年提高了2.2个百分点。特别是在北京、上海等特大型城市，服务业集聚和纵深发展的态势更为凸显，一大批新兴、高端服务业蓬勃发展，形成了CBD、金融街、物流园区、创意产业园区、软件产业基地和服务外包基地等服务业高度集聚的发展区域。

另一方面，服务业已经成为大型城市的主导产业，城市服务功能不断提升。2009年，全国地级及以上城市服务业增加值占地区生产总值的比重平均达到48.7%，显著高于43.4%的全国平均水平。而全国省会城市及计划单列市服务业增加值占地区生产总值的比重更是达到了52%，其中北京市服务业增加值比重已经达到75.5%，居全国领先水平（见表3.3）。

表3.3　2009年全国主要城市服务业比重　单位：%

城　市	服务业比重	城　市	服务业比重
北　京	75.5	青　岛	45.4
天　津	45.3	郑　州	42.9
石家庄	40.2	武　汉	50.4
太　原	54.4	长　沙	44.6

续表

城　市	服务业比重	城　市	服务业比重
呼和浩特	59.2	广　州	60.9
沈　阳	45.3	深　圳	53.3
大　连	43.9	南　宁	51.5
长　春	41.5	海　口	68.5
哈尔滨	51.7	重　庆	37.9
上　海	59.4	成　都	49.6
南　京	51.3	贵　阳	54.2
杭　州	49.3	昆　明	48.1
宁　波	41.2	拉　萨	64.7
合　肥	42.3	西　安	53.9
福　州	48.2	兰　州	49.9
厦　门	51.6	西　宁	46.4
南　昌	38.6	银　川	45.0
济　南	51.1	乌鲁木齐	57.1

资料来源：《中国统计年鉴》(2010)。

(八) 经济发展对服务需求逐步扩大

首先，服务消费需求稳步扩大。伴随人均收入的稳步提高，我国居民的消费需求结构不断升级，服务消费在城乡居民消费中的比重稳步提高。2009年，我国城镇居民服务性支出占全部消费支出的比重达到34.7%，与1995年相比提高15.7个百分点；同期农村居民的现金支出当中服务性支出比重达到25.8%，比1995年提高了12.2百分点（见图3.7）。

其次，新兴服务消费的比重逐步增加。在城镇居民的服务性消费支出当中，2009年医疗保健和交通通信方面的年均支出占服务消费总支出比重分别达到20.1%和39.5%，与1995年相比分别提升了3.8和14.2个百分点。而在农村居民的服务支出当中，医疗保健类和交通通讯类消费比重明显上升，2009年达到27.9%和39.1%，分别在1995年的基础上提升了4.1和20.2个百分点。

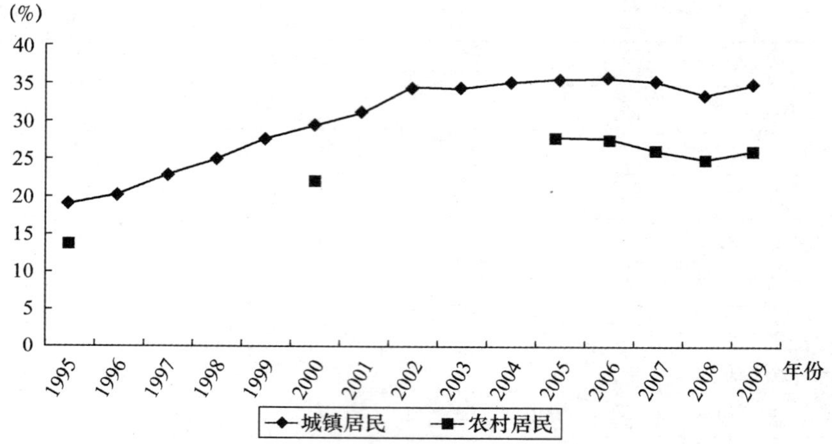

图 3.7　1995～2009 年我国城乡居民服务性消费比重变化情况

资料来源：相应年份的《中国统计年鉴》。

再次，生产性服务需求有所增加。随着我国人均 GDP 水平的提高以及工业化逐步向中后期过渡，农业和工业发展对服务业的中间需求有所增加。由图 3.8 可见，2007 年，我国农林牧渔、采矿业和建筑业对服务业的中间需求率为 6.3%、10.9% 和 15.0%，分别在 1990 年的基

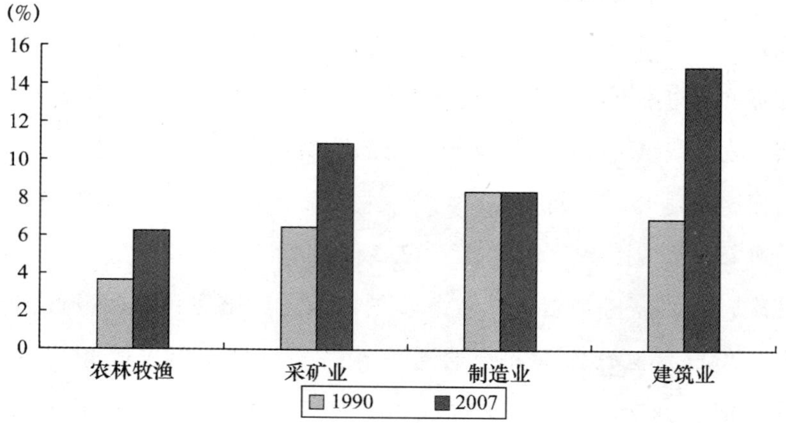

图 3.8　1990 年和 2007 年我国服务业中间需求的变化

资料来源：根据中国 1990 年和 2007 年的投入产出表计算。

注：服务业中间需求率 = 服务业投入/总产出

础上提高了 2.7 个百分点、4.4 个百分点和 8.0 个百分点。虽然制造业对服务业的中间需求变动不显著，但由于制造业自身规模较大，增速领先 GDP，也将带动其对服务业中间需求规模的相应扩张。

二、我国服务业发展水平较低、结构性矛盾突出

与我国经济发展所处阶段及其发展要求相比，我国服务业发展水平仍相对较低，而且长期形成的一系列结构性矛盾也日益突出，不仅影响着服务业自身的发展和结构升级，也在一定程度上影响和阻碍了经济结构调整升级的步伐。

（一）服务业发展总体水平相对较低

2009 年，我国服务业增加值占 GDP 比重为 43.4%，低于所处发展阶段服务业比重的平均水平。与处于相同发展阶段的美国、日本、韩国、马来西亚和智利相比，我国服务业比重分别落后 13.9 个百分点、3.6 个百分点、4.5 个百分点、2.0 个百分点和 7.9 个百分点，仅比德国高出 2.6 个百分点（见表 3.4）。与发展水平相当的巴西相比，我国服务业比重低了 10.3 个百分点。

表 3.4　主要经济体和中国处在相同的发展阶段时服务业增加值比重

主要经济体	对应年份	服务业比重平均值（%）
美　国	1938 ~ 1942	57.3
德　国	1957 ~ 1961	40.8
日　本	1965 ~ 1969	47
韩　国	1985 ~ 1989	47.9
马来西亚	1993 ~ 1997	45.4
智　利	1989 ~ 1993	51.3
印　度	2008	65.3

续表

主要经济体	对应年份	服务业比重平均值（%）
巴　西	2008	53.7
中　国	2009	43.4

资料来源：BEA、WDI、《中国统计年鉴》（2010）以及 Maddison（2009）。

注：（1）按照 1990 年 G－K 美元计算（Maddison，2010），2009 年中国的人均 GDP 为 7359 美元；（2）对应年份是指在这些年份美国、德国、日本、韩国、马来西亚以及智利的人均 GDP 和 2009 年中国的人均 GDP 水平大体相当；（3）巴西的人均 GDP 水平和中国接近，2008 年巴西的人均 GDP 为 6429 美元，而印度的人均 GDP 比中国低，所以直接选取 2008 年的服务业比重进行比较。

（二）多数省区和大型城市服务业发展水平不高

从全国范围来看，目前我国多数省区人均收入水平处在 4000～15000 美元（1990 年购买力平价美元）之间，除北京、上海和西藏外，服务业比重均处在 40% 水平上下，全国多数省区服务业发展水平较低（见图 3.9）。从大型城市来看，全国省会以上城市和计划单列城市中，东部地区的大型城市人均收入水平基本超过 11000 美元（1990 年美元），但是服务业比重超过 50% 的仅有北京、上海、广州等 8 个城市，且主要是东部发达地区的城市，多数大型城市的服务业发展水平不高（见图 3.10）。

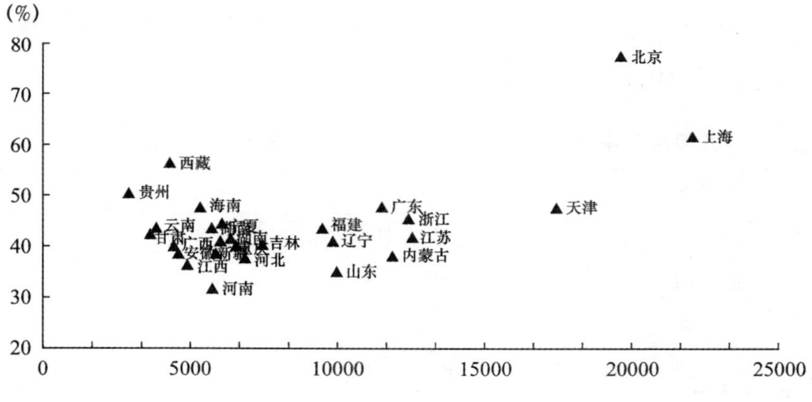

图 3.9　2009 年分地区服务业比重（1990 年不变价美元）

资料来源：根据《中国统计年鉴》（2010）和 Maddison 数据整理。

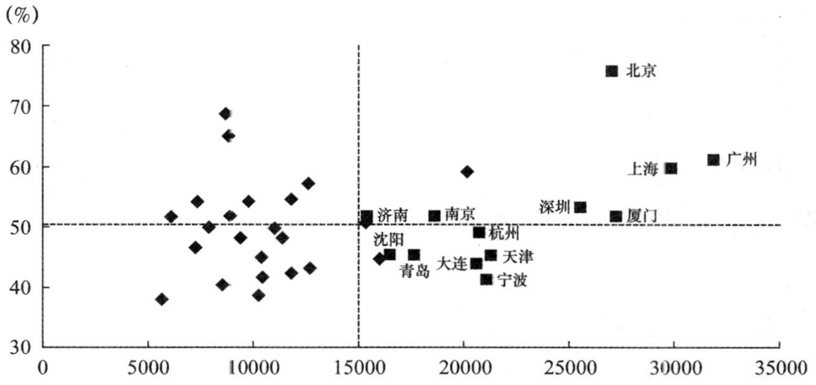

图 3.10 我国省会城市和计划单列市人均 GDP 和服务业比重（1990 年不变价美元）

资料来源：根据《中国统计年鉴》（2010）和 Maddison 数据计算。

注：◆表示中西部大城市，■表示东部城市。

（三）服务业就业水平偏低与结构不合理并存

首先，服务业就业比重长期偏低，持续快速上升趋势尚未出现。改革开放以来，我国服务业就业比重始终低于服务业增加值比重，两者差距平均在 10 个百分点左右。[①] 虽然上个世纪 90 年代服务业就业比重出现过短暂的上升趋势，在一定程度上缩小了服务业就业比重与增加值比重的差距，但就业比重落后于增加值比重的格局尚未得到明显改变。截至 2009 年，我国服务业就业比重仅为 34.1%，仍比服务业增加值比重落后 9.3 个百分点。

其次，服务业就业水平相对滞后。与发达国家相同发展阶段的服务业就业情况相比，如美国在 20 世纪 40 年代末期服务业就业比重就已接近 50%；发展水平相近的巴西、俄罗斯等国其现阶段服务业就业比重均已超过 60%。可见我国服务业就业水平明显滞后于我国所处发展阶段的要求。

最后，服务业充分就业的潜力有待挖掘。总体来看，我国服务领域创造就业能力依然不足。以服务业中就业规模最大的批发零售业为例，

① 当然，这也可能是由于统计上的问题造成的。一些低端的服务业，比如餐饮，没有完全统计到。但其他国家可能也存在类似的问题。

2009年我国批发零售业就业人员为7600多万人，占整个服务业就业比重达28%。但从每百人口中批发零售业就业人员数来看，新世纪初美国为9.6人、日本为11.5人、巴西为8人、中国香港地区为14人，而我国2009年仅为6.3人。由此可见，我国批发零售业充分就业的差距还比较大，创造就业的潜力有待进一步挖掘。

（四）服务业结构层次有待提升

从服务业各行业产出比重看，目前我国服务业结构层次依然较低，向以生产性服务业和社会服务业为主导的结构升级步伐仍需加快。

一方面，包括批发、零售、交通运输等在内的商品流通性服务业的比重仍然较高。虽然，近年来我国商品流通服务业增加值占服务业的比重已开始缓慢下降，但目前仍然高达37.5%，在我国服务业结构中仍占据主导地位。另一方面，生产性服务业和社会服务业的比重依然不高。信息传输计算机服务与软件业、金融业、科学研究技术服务与地质勘查业，公共管理与社会组织、教育、卫生社会保障和社会福利业是典型的知识、技术密集型的生产性服务业和社会服务业，也是现阶段世界

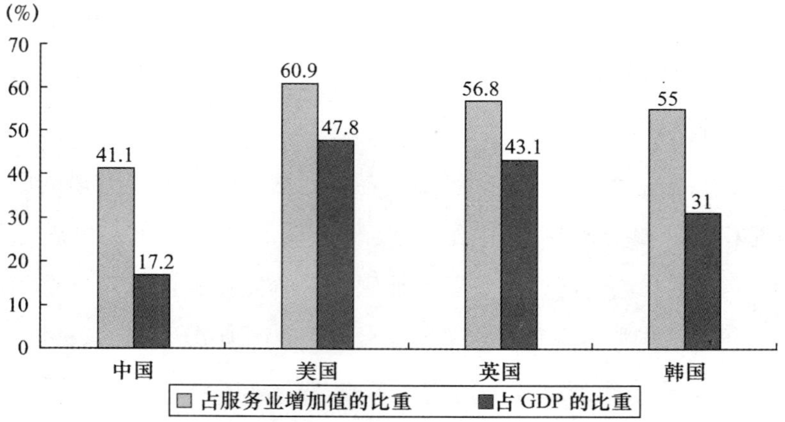

图3.11　六大典型的生产性服务业和社会服务业的国际比较

资料来源：《中国统计年鉴》（2010），各国统计局。

注：美国、英国及韩国数据对应的年份为2006年，中国对应的年份为2008年。

服务业结构升级的主要方向，其比重的高低可以在相当程度上反映一国服务业的发展水平。由图 3.11 可见，我国这六个典型行业增加值占 GDP 的比重仅为 17.2%，约相当于美国的 1/3 和韩国的一半；上述六个行业在服务业增加值中的比重为 41.1%，不仅远低于目前发达国家 50% 以上的水平，也落后于发达国家在相同发展阶段时的水平，如美国在这一时期生产性服务业和社会服务业在服务业增加值中的比重已达到 60.9%。

（五）服务领域市场主体结构失衡问题日益突出

随着市场经济体制不断完善和服务业快速发展，我国服务领域市场主体结构不合理的问题也日益凸显。其主要表现在：

一是服务业所有制结构仍以国有经济为主导。从服务业投资结构来看，2009 年我国城镇服务业投资中的国有控股投资占比高达 53.6%，私人控股投资占比为 31.6%，外商投资占到 8.1%，集体控股投资仅为 4.9%。与制造业相比，服务业领域的国有投资比重高出 35.9 个百分点，私人控股投资比重低出 35.4 个百分点（见图 3.12）。从服务业的

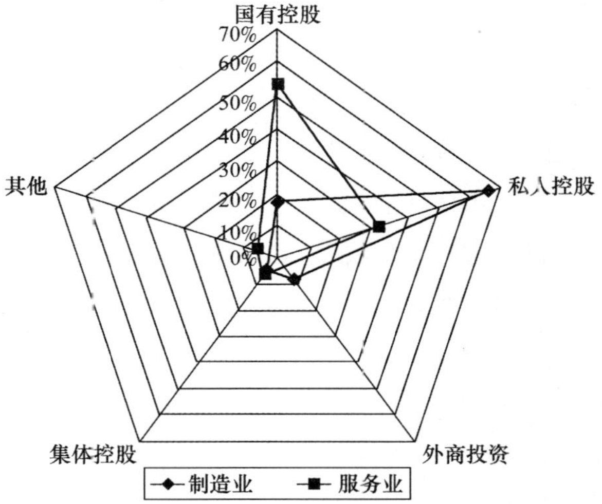

图 3.12　2009 年我国按所有制类型划分的制造业、服务业城镇固定资产投资构成

资料来源：《中国统计年鉴》（2010）。

就业结构来看，服务业国有单位的就业比重偏高。2009 年，我国服务业城镇国有单位就业比重高达 73.8%，不仅远高于同期制造业国有单位就业比重 12.5% 的水平，也与国际服务业就业结构变动趋势不符。从国际上看，OECD 国家市场化服务部门①占全社会的就业比重平均为 40% 左右，其中最低的波兰也达到了 30% 以上（见图 3.13）。

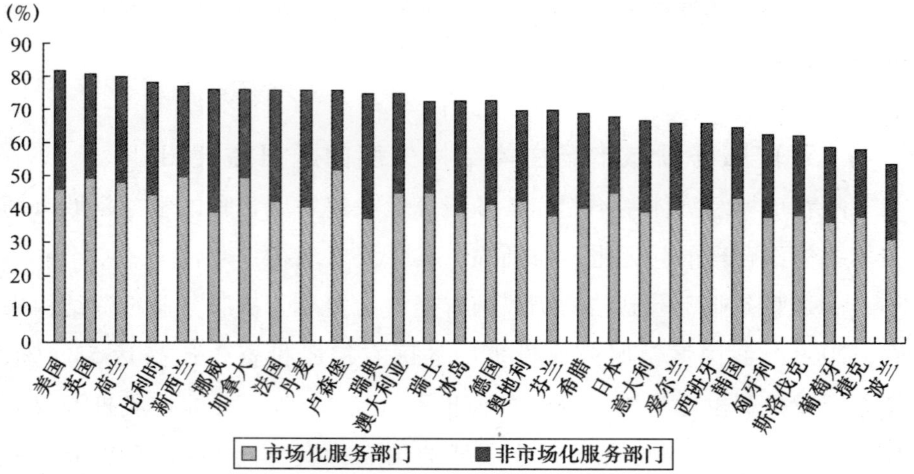

图 3.13　2005～2008 年 OECD 国家服务业市场化部门与非市场化部门的就业比重

资料来源：OECD 数据库。

二是不同行业之间服务业所有制结构差异较大。以就业情况为例，公共管理和社会组织、教育、卫生社会保障和社会福利业、水利环境和公共设施管理业、文化体育和娱乐业的城镇国有单位就业比重均在 80% 以上；只有房地产业以及住宿和餐饮、批发和零售等传统商贸业的城镇国有单位就业比重低于 30%（见图 3.14）。同样，服务业投资结构的行业差异也十分明显，交通运输、仓储和邮政业，信息传输、计算机服务和软件业，金融业国有控股企业投资的比重分别达到了 88.5%、72.4% 和 71.3%，而批发和零售业、餐饮和住宿业、房地产业的非国有投资比重均已超过 70%（见表 3.5）。

① 包括批发零售和住宿餐饮业、交通运输和通讯业、金融保险业、房地产业、商务服务业。

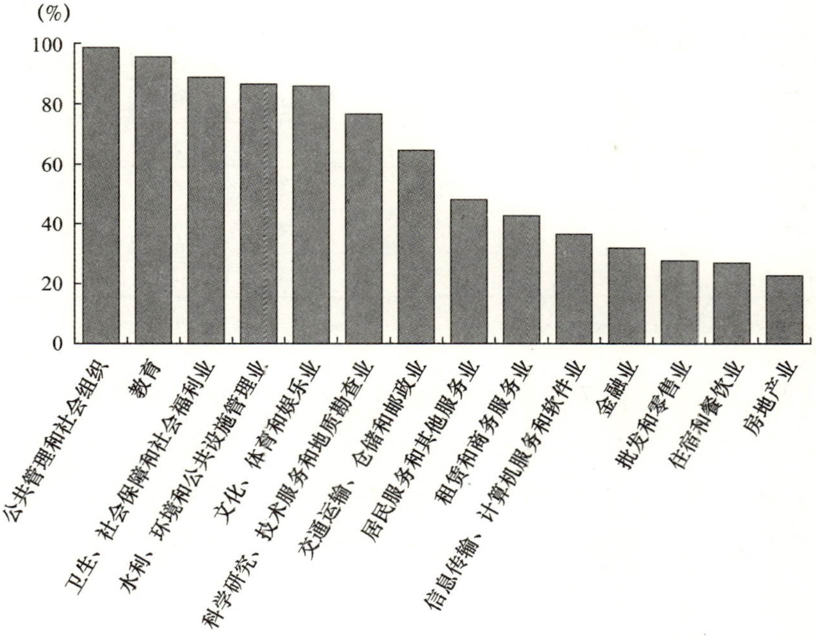

图 3.14　2009 年我国服务业各行业城镇国有单位就业人员所占比重

资料来源：《中国统计年鉴》(2010)。

表 3.5　2009 年按隶属关系与注册类型划分的城镇固定资产投资比重　单位:%

	国有控股	集体控股	私人控股	其他
全国总计	44.6	6.0	41.4	7.9
制造业	17.7	4.9	67.0	10.4
服务业	53.6	6.7	31.6	8.1
交通运输、仓储和邮政业	88.5	2.5	7.6	1.4
水利、环境和公共设施	86.5	6.2	6.7	0.7
教育	83.7	4.9	11.0	0.4
卫生、社会保障和社会福利业	81.3	6.4	11.4	0.8
公共管理和社会组织	77.7	16.4	5.8	0.1
信息传输、计算机服务和软件业	72.4	1.8	8.6	17.1
金融业	71.3	14.0	13.8	0.8
科学研究、技术服务和地质勘查业	66.6	6.1	25.5	1.8
文化、体育和娱乐业	58.5	8.7	29.4	3.4

续表

	国有控股	集体控股	私人控股	其他
租赁和商务服务业	51.3	11.0	32.9	4.8
居民服务和其他服务业	27.3	15.4	55.3	2.0
房地产业	20.3	7.7	54.8	17.1
住宿和餐饮业	15.0	6.8	71.8	6.5
批发和零售业	13.5	12.0	71.5	3.0

资料来源：《中国统计年鉴》(2010)。

三是服务主体规模结构的行业差异过大。在我国服务业领域既存在许多超大型企业，也存在大量中小企业。一方面，电信、银行等部分服务行业以超大型企业为主体，行业集中过高。例如，近年来进入世界500强的中国企业，主要是电信、银行等领域的超大型企业。2009年银行业中5家国有商业银行①的资产占银行业总资产的份额达到51%。另一方面，批发零售与餐饮、交通运输以及居民服务业等服务行业是以大量中小企业为主体，甚至还有相当数量的个体工商业户，行业集中度很低。以零售业为例，虽然近年来形成以连锁企业为代表的一些大型零售企业，2009年连锁零售百强企业的销售额为1.36万亿元，但在全国零售业销售额中的市场份额仅为11%。

(六) 服务业发展面临的供求结构矛盾日益显现

首先，服务业发展面临供不应求的总量矛盾，突出表现在教育、医疗、文化等公共服务领域。现阶段我国城乡居民消费结构升级不断加快，医疗、教育、文化等发展型消费需求增长迅速，如2005~2009年城镇居民家庭人均医疗服务支出年均增长达13%，占消费支出比重从6.0%上升到7.2%。然而我国医疗、教育、文化等行业发展不足，难以有效满足城乡居民消费升级的现实需要。2005~2009年，我国艺术

① 指的是中国工商银行、中国农业银行、中国银行、中国建设银行和交通银行。

表演团体和场所数量分别减少了48个和330个，医院数量从60397减少到59918个，每千人执业医师人数从1.68降至1.65人，各级普通学校的师生比也有不同程度的下降。由于服务供给相对不足，服务价格居高不下，使得我国城乡居民服务消费支出负担比较沉重。例如，2009年我国城镇居民的医疗保健支出占比为7.2%，比日本、韩国、德国高出2.8个百分点、0.9个百分点和2.3个百分点，仅低于美国；教育支出占比为5.3%，比日本、美国和德国分别高出3.2个百分点、3.1个百分点和4.4个百分点，仅略低于韩国（见表3.6）。

表3.6　　各国各类服务性消费支出结构比较　　单位：%

国家和地区	年份	医疗保健	交通	通讯	休闲与文化	教育	小计
美　国	2008	19.1	10.6	2.3	9.5	2.1	43.6
日　本	2007	4.2	11.0	3.1	10.4	2.2	31.0
韩　国	2008	6.1	11.5	4.5	8.1	7.5	37.6
德　国	2008	4.7	13.8	2.8	9.4	0.9	31.6
英　国	2008	1.6	15.4	2.1	11.6	1.4	32.2
法　国	2008	3.6	14.6	2.7	9.0	0.8	30.7
澳大利亚	2007	5.5	11.8	2.7	11.8	3.4	35.1
加拿大	2008	4.6	14.6	2.4	10.1	1.4	32.9
捷　克	2007	2.4	11.5	3.6	11.3	0.7	29.4
意大利	2008	3.1	12.9	2.6	6.8	0.9	26.3
荷　兰	2008	2.6	12.1	4.3	10.5	0.6	30.1
波　兰	2007	4.0	8.9	3.2	7.4	1.3	24.9
西班牙	2007	3.4	11.8	2.6	8.7	1.4	27.9
墨西哥	2007	4.4	15.5	4.4	5.1	2.6	32.0
中国城镇	2009	7.2	8.5	5.2	6.7	5.3	32.7
中国农村	2009	7.2	10.1	8.5	25.8		

资料来源：《中国统计年鉴》（2009）。

其次，服务领域供求结构矛盾显现，突出表现在生产性服务业。一方面，制造业的服务投入水平没有上升。根据2007年的投入产出表计算，我国服务业的中间投入在整个制造业产出当中的比重，即中间需求率，仅为8.4%，基本上与1990年的水平持平。而发达国家如美国、日本、德国和英国等的服务业中间需求率基本在20%左右，巴西1996年服务业的中间需求率也达到了11.9%（见图3.15）。另一方面，我国服务贸易进口连续多年快速增长，服务贸易逆差不断扩大，特别是生产性服务的进口增长较快。以保险服务为例，1997～2008年期间，我国保险服务业进口年均增速21%，逆差规模扩大了12倍。这反映出我国生产性服务业还难以满足经济发展的需要，在一定程度上抑制了各产业部门服务需求的增长。

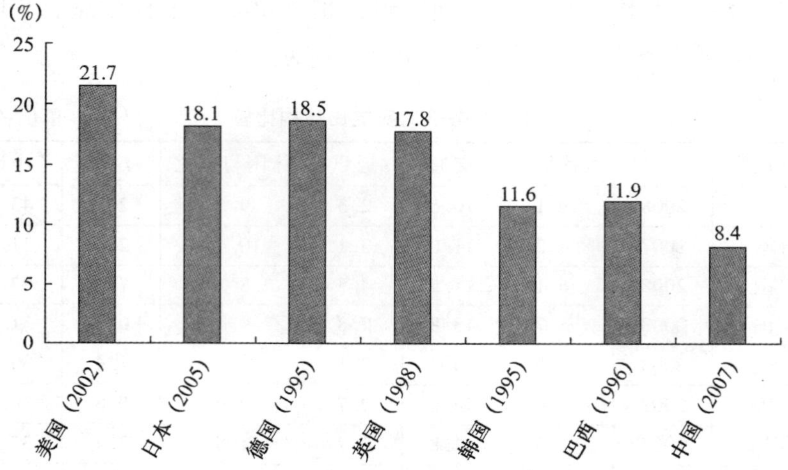

图3.15 主要国家服务业的中间需求率

料来源：根据各国的投入产出表计算。投入产出数据来源包括OECD、《中国统计年鉴》（2010）。

注：服务业的中间需求率＝服务业投入/制造业总产出。

（七）服务业发展要素投入结构性不足

服务业的快速发展及其结构调整升级，实质是要依赖知识、创新、信息、管理、品牌等新型要素或无形资产，以及高素质人力资源，实现服务内容拓展、服务方式创新和服务效率提升，从而带动服务业乃至整个经济的发展。现阶段我国服务业发展在要素投入方面也存在比较突出的结构性问题。一方面，服务业发展仍然较多依赖传统要素的投入，服务业发展仍然以固定资产投资扩张为主，创新投入水平依然不高，如交通、物流、商贸等行业对土地等资源投入的依赖较大，在设施和装备升级方面的投入巨大，却忽视了商业模式、服务方式、品牌建设等方面的创新投入；另一方面，服务业发展所依赖的知识、信息以及高素质人力资源等要素也面临巨大的供给缺口，特别是在人力资源方面，金融、研发创意、管理咨询、会计法律等知识和技术密集型服务行业，长期面临中高层经营、管理、专业技术人才不足的制约。2009 年，我国注册会计师、律师和个人理财规划师分别为 15.5 万、16.6 万和 5 万人，三者之和占全国非农就业人数的比重不到万分之八，而同期美国的注册会计师、律师和个人理财规划师有 61.5 万、55.7 万和 14.9 万人，三者之和相当于美国总就业人数的百分之一。①

（八）服务业对外开放水平有待进一步提高

总体来看，我国服务业对外开放滞后于制造业，开放的总体水平还不够高，服务贸易和外商直接投资结构仍需进一步调整优化。

首先，我国服务贸易发展水平还比较滞后。与服务贸易发达的国家相比，我国服务贸易比重偏低（见图 3.16）。2009 年，我国服务贸易进出口总额为 2884 亿美元，占全部进出口贸易额的比重为 11.6%，占 GDP 的比重仅为 5.8%。其中，服务进口额 1589 亿美元，出口额 1295 亿美元，分别占进口贸易总额和出口贸易总额的 13.6% 和 9.7%。相对于服务贸易发达的国家，如 OECD 国家服务贸易额占对外贸易总额的平均比重在 20% 左右，占 GDP 的比重约为 10%，由此可见，我国服务贸易的发展水平还比较低。

其次，我国服务贸易竞争能力不强。1995 年以来，我国服务贸易逆差规模持续扩大。服务贸易出口主要由旅游、运输、建筑及其他商业服务构成，这四项服务占服务贸易出口总额的比重达到了 92.1%，而金融、保险、专利权使用费和特许费以及电影音像等服务贸易出口比重仅分别为 0.3%、1.2%、0.3% 和 0.1%。而美国 2007 年的出口贸易当

① 资料来源：司法部、中国注册会计师协会、人力资源和社会保障部、美国劳工统计局（BLS）以及《中国统计年鉴》(2010)。

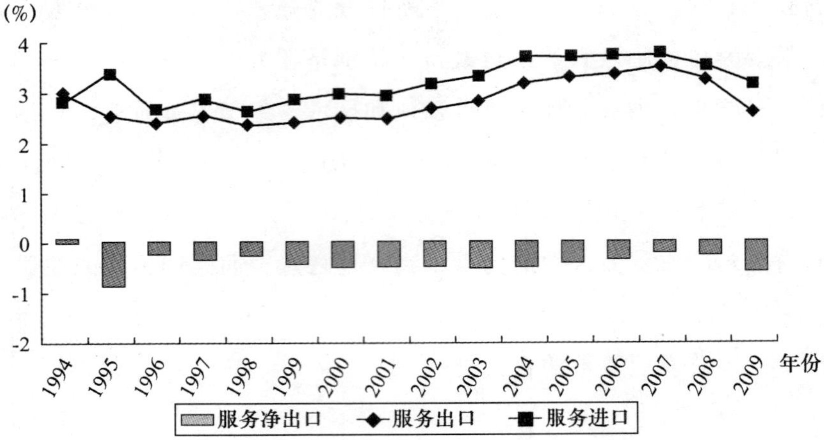

图 3.16　1994～2009 年我国服务贸易占 GDP 比重的变化

资料来源：根据商务部网站数据整理。

中，金融、保险、专利权利使用费和特许费以及电影音像四项比重分别达到了 12.3%、2.2%、17.5% 和 3.3%（见图 3.17）。这表明我国技术

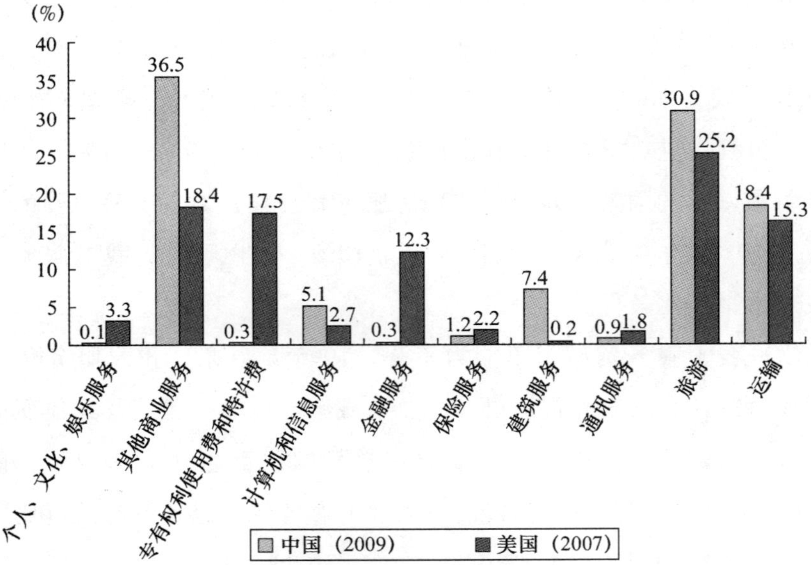

图 3.17　中美服务贸易结构对比

资料来源：根据商务部网站数据整理。

密集型和知识密集型服务业与发达国家还存在较大的差距，在知识创新、文化创新等方面的竞争力较为欠缺。

再次，服务领域外商直接投资结构不尽合理。当前我国服务业利用外商直接投资主要集中在房地产业，占全部服务业外商直接投资比重高达43.6%。比重相对较高的还有租赁及商务服务业、批发零售贸易业、交通仓储及邮电业的投资比重分别为15.8%、14.0%和6.6%，而科研和综合技术服务业、信息服务业以及金融业等生产性服务业占外商直接投资的比重仅为11.4%，与全球服务业外商直接投资的整体发展趋势存在一定差距。

第四章

我国服务业发展面临的主要制度障碍与约束

总体来看，市场化程度不高，市场经济体制不尽完善，服务业加快发展和转型升级还缺乏健全、合理的制度环境和政策保障，是影响和制约我国服务业发展的深层次原因。

一、服务业发展面临较为复杂的制度约束

从国际经验来看，服务业发展对市场经济制度有着更高的要求，其发展水平与制度环境密切关联。我国服务业发展水平滞后，不仅与经济体制转轨过程中市场化经济制度不尽完善有关，也与服务业运行、管理层面的制度建设滞后有密切关系。

课题组开展的针对影响服务业发展的 11 大类影响因素 75 项评价指标、面向八个服务行业的调查结果显示，当前对我国服务业影响最大的三类因素分别是制度环境（市场经济体制）、政府职能和行业监管（见图 4.1）；制约程度较大的有 15 项评价指标，既涉及市场经济体制层面，也有相当一部分来自服务经济运行和管理层面的体制机制层面，以及相关发展政策实施层面（见表 4.1）。

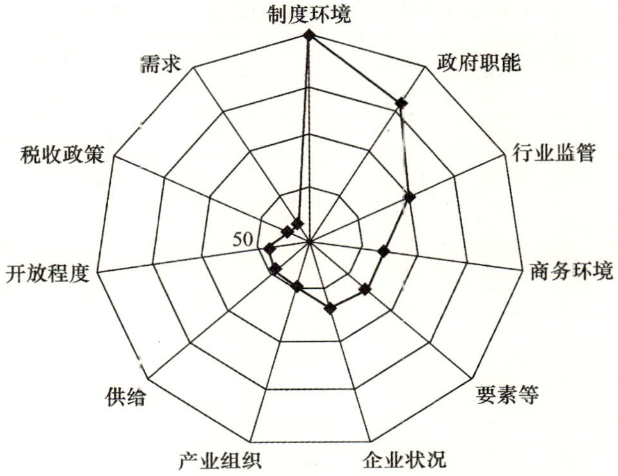

图 4.1　服务经济和服务业发展主要依赖的因素

资料来源：课题组根据问卷调查数据整理。

表 4.1　　不同制度因素对服务行业的约束和阻碍程度

影响因素	因素总评	影响因素	因素总评
法治水平	28	行业监管	19
信用体系	28	社保体系	17
中小企业发展环境	28	户籍制度	16
民营企业发展环境	26	知识产权保护	15
政府职能	26	商品或服务市场化	12
产权制度	22	税收政策	11.4
要素市场化	21	开放程度	10.8
教育制度	20		

注：表中数值越高表示约束越大或障碍越多。

资料来源：课题组根据问卷调查数据整理。

值得注意的是，不同服务领域面临的制度约束存在较大差异。课题组的调查显示，八个服务行业中，金融服务和专业服务面临的制度约束最强，其次为研发设计、计算机与信息服务和社会服务，而消费性服务、商业及商务服务和物流业的制度约束相对较弱（见表 4.2）。可见，我国服务业发展面临着较为复杂、多重的制度约束与障碍。

表 4.2　不同制度因素对服务行业的约束和阻碍程度

影响因素	金融	计算机与信息	物流	研发设计	商业和商务	专业服务	消费性服务	公共服务	因素总评
法治水平	++	++	+	++	+	++	+	+	28
信用体系	++	+	++	++	++	+	+	+	28
中小企业发展环境	++	++	+	++	+	+	+	++	28
民营企业发展环境	++	++	-	+	++	++	+	+	26
政府职能	++	++	++	++	++	++	++	++	26
产权制度	++	++	-	+	○	+	○	+	22
要素市场化	++	+	-	++	-	++	-	+	21
教育制度	-	+	+	++	○	+	○	○	20
行业监管	++	++	+	○	+	++	○	++	19
社保体系	○	○	+	○	○	○	-	+	17
户籍制度	+	+	——	+	——	+	-	+	16
知识产权保护	○	++	-	○	○	○	○	——	15
商品或服务市场化	+	-	-	-	-	-	——	++	12
税收政策	○	+	○	+	-	+	-	-	11.4
开放程度	-	-	○	○	-	+	+	+	10.8
行业总评	112	108	85	109	81	112	81	100	

注：表中符号代表因素对行业发展的约束程度，其中——、-、○、+和++分别代表约束程度很低、较低、一般、较强和很强，因素评分和行业评分的高低表明该行业发展面临的约束和阻碍的大小，数值越高表示约束越大或障碍越多。

二、市场化程度不高，服务业发展缺乏市场机制支撑

目前，我国经济总量已跃居全球第二大经济体，但经济发展总体水平仍处于中等偏下水平。根据国际标准测算，目前我国市场化程度为50%左右，在全世界130个国家中位列113位，处于相对落后水平。与现阶段服务业发展水平相比，我国市场化程度仍然较低，难以为服务业

发展水平提升、结构加快转型提供制度支撑。突出表现在：

（一）市场机制尚未发挥配置要素和服务产品的基础性作用

在我国目前的制度安排下，各级政府在土地、资本、人力资源、创新、信息等要素资源配置上具有很强的控制权和主导权，例如在企业债券融资、研发创新投入、土地出让、各级各类学校学科设置和招生规模等方面，还通过计划管理、行政审批、政府垄断等方式，对要素资源的流动和服务供给的配置调整进行管理和干预。

（二）要素和服务价格形成机制的市场化程度不够

在从计划体制向市场经济体制的转轨过程中，商品价格市场化进程较快，商品领域市场形成价格的比重已达90%以上。相比较而言，政府定价在要素和服务价格领域还较多存在。以金融服务行业的资金价格为例，目前央行的管制利率种类依旧超过20种（见表4.3），金融产品的市场化定价机制远未形成。

表4.3　　人民银行利率管理现状明细表

利　率	期限档次	利　率	期限档次
金融机构人民币存款利率		9. 个人住房公积金贷款	含2个期限档次
1. 活期		10. 贴现	
2. 整存整取	含6个期限档次	11. 罚息水平	在贷款利率基础上加收30%～50%
3. 零存整取、整存零取和存本取息	含3个期限档次	12. 人民币信用卡透支	
4. 定活两便		**优惠贷款利率**	
5. 通知存款	含2个期限档次	13. 中国进出口银行出口卖方信贷	
6. 协定存款	上限管理	**船舶**	
7. 个人存款公积金存款	含2个期限档次	**成套和高技术含量**	
金融机构人民币贷款利率		**低技术含量和一般产品**	
8. 商业性贷款	含5个期限档次	14. 民族贸易和民族用品生产贷款	

续表

利　率	期限档次	利　率	期限档次
15. 扶贫贴息贷款（含牧区）		小额外币存款利率	
		19. 美元	含6个期限档次
16. 老少边穷发展经济贷款		20. 欧元	含6个期限档次
17. 贫困县办工业贷款		21. 日元	含6个期限档次
18. 民政部门福利工厂贷款		22. 港币	含6个期限档次

资料来源：易纲：《中国改革开放30年的利率市场化进程》，《金融研究》2009年第1期以及各银行公布的2009年年报。

（三）要素市场体系发展失衡

相对于市场化程度较高的商品市场而言，我国要素市场的改革发展滞后，尚未形成多层次、多元化、一体化的要素市场体系发展格局。一方面，要素市场体系结构发展失衡。以金融市场为例，以间接融资为主的银行服务市场发展加快并占据金融市场的主导，资本市场发育尚不完善，天使投资、风险投资（VC）、私募股权基金（PE）、小额信贷等投融资业务发展较慢，债券市场滞后、民间融资体系缺乏、政策性担保和贷款不足等，极大地影响着多层次金融市场和多样化融资服务体系的发展。

另一方面，全国统一的市场体系远未形成。特别是受现行条块分割行政管理体制、户籍制度、中央与地方事权与财权改革尚不到位的条件下，导致各地在推进要素和服务市场发展政策标准不一，出现了比较严重的市场割裂现象，制约了资源要素跨行业、跨地域流动和发展，统一、竞争、公平、有序的要素市场体系难以形成，成为制约我国服务业的快速发展、持续扩张的重要原因。①

三、市场主体发育缺乏必要的制度保障

在市场经济条件下，多元化的服务领域市场主体形成与参与，是服

① 据测算，如果对户籍制度进行改革，服务业占GDP的比重要上升3~4个百分点（引自李勇坚、夏杰长著：《制度变革与服务业成长》，中国经济出版社2009年版）。

务业快速发展的重要前提和基础。缺乏多元化市场主体、服务组织的制度建设滞后是当前制约我国服务业发展的主要原因之一。

（一）多样化服务组织形式发展缺乏有效的制度保障

服务产品的无形性、不可运输性以及服务行业在技术特点、市场需求等方面的差异，决定了服务主体组织形式的多样性。目前，我国多元化服务组织发展尚不充分，有利于服务企业组织形式多样化发展的法律法规有待进一步完善。

一是对于专业服务、教育、医疗等行业中普遍采取的个人执业（符合一定资质要求的个人）及其组成的合伙制、合作制服务组织，缺乏合理的法律规范和政策引导，甚至存在一定的歧视性政策规定。

二是对于商贸等一般竞争性领域中普遍采取的连锁经营、特许经营等组织形式，我国还缺乏专门的行业性法律法规加以规范，只能使用或类推适用《商标法》、《合同法》、《专利法》等相关法律。例如，特许经营中由于缺乏对特许者资格认定、加盟总部的后续服务、信息披露程度、经营技术保密等方面的详细法律规定，使得特许经营合同存在许多不规范的内容和潜在风险，不利于保护特许经营双方的合法权益，对服务业企业良性扩张形成制约。

三是非营利性服务机构的发展缺乏应有的法律地位。非营利机构是国际上最重要的服务主体组织形式，特别是在医疗、教育、文化等社会服务和公益服务领域发挥着重要作用。目前，我国对非营利机构缺乏专门的法律规范，只是在所得税法及其相关税收政策解释中对非营利组织的界定有所涉及①。由于没有权威的法律规定，在现行民间组织“登记管理机关”和“业务主管单位”的双重管理体制下，非营利组织很难通过合法途径获得民间组织登记注册和开展合法的服务活动。此外，有

① 详见《中华人民共和国企业所得税法》第二十六条以及财政部、国家税务总局发布《关于非营利组织企业所得税免税收入问题的通知》（财税［2009］122号）的有关规定。

关政策中对非营利机构的活动范围、经费和内容实行严格管制，税收优惠政策限制较多，也使其发展活力不足，进一步影响非营利服务组织的健康发展。

（二）服务领域国有企业改革相对滞后

与工业领域国有企业改革相比，我国国有服务企业的改革相对滞后。一方面，作为市场主体的企业治理结构离规范化的要求还有明显差距，经营管理机制尚不健全完善；另一方面，也是更为重要的，是国有垄断性服务企业产权制度改革滞后，直接影响到服务业有效竞争市场格局的建立。近年来，对国有垄断性服务企业实行的政企分开以及对原有国家垄断格局的拆分重组，很大程度上还是在“国有经济框架”内进行的，未能形成严格意义上的产权明晰的市场竞争主体。在电信、电力等行业，经过分拆重组后，每个分业务市场名为多家运营商竞争，但实际上都有一个具有市场控制力的主导运营商，不利于兼顾规模经济和竞争效率的市场结构的形成与发展。

（三）国有事业单位改革进展相对缓慢

自 20 世纪 80 年代中期，我国对事业单位体制进行了一系列改革探索，但总体改革进展相对缓慢。一方面，事业单位发展定位模糊。事业单位不仅承担着大量行政和公共服务职能，有些还承担着商业性、经营性的服务功能，与政府之间的职能职责划分不甚清晰，政事不分的现象较为严重，影响了服务业的社会化、产业化发展。另一方面，服务领域事业单位的管理体制改革仍显滞后，多数事业单位仍然是政府机构直属和管理的，服务内容、人事制度、收入分配受到严格管制，难以成为自主经营、自负盈亏、自我约束的服务主体，其结果不仅导致事业单位机构臃肿、人员庞杂、效率低下，更重要的是，服务供给发展缓慢且不能满足经济社会发展的服务需求。

（四）民营经济和中小企业发展环境有待进一步改善

尽管近年来国家针对民营经济发展制定了一系列鼓励和扶持政策，先后出台多个政策文件，如新老非公经济三十六条，但在制度建设层面，特别是针对服务领域非公经济主体在市场准入、融资支持等方面，仍然缺乏具有法律约束效力、公平、透明、统一的制度安排和措施，使得非公经济仍面临许多政策歧视和不公正待遇，“玻璃门”现象难以消除，成为制约我国服务业发展活力和整体竞争力提升的重要症结。

四、服务领域市场准入的改革亟待推进

服务业发展的国际经验表明，开放市场准入、促进竞争是促进服务业发展的首要任务。其改革的核心是建立公开、公平、透明的准入方式，除自然垄断服务行业外，服务行业一般采取“非禁即入”的准入原则。[①] 与国际服务业改革的趋势相比，我国服务业不仅在市场准入开放方面进展缓慢，而且在准入方式、准入标准等方面也存在诸多问题。

（一）准入方式亟待转变

目前在服务业较为发达国家，服务业准入主要有两种方式，即否定式准入和肯定式准入。[②] 相比较而言，否定式准入在一般竞争性服务领域采用较多，由于其市场开放程度更高，市场主体选择空间更大，更有利于促进服务业充分竞争和发展。肯定式准入主要适用于具有自然垄断

① 例如美国克林顿政府 1998 年通过联邦活动修改法案，要求所有政府机构提供从事非政府性活动的清单与私人企业进行成本比较；2001 年备忘录，要求政府机构和私营企业一起竞争 5% 的政府工作，这一比重后来提升到 50%。

② 所谓肯定式准入，是指规定企业在具备一定要求或获得许可的情况下方能进入某行业或领域；而否定式准入，则是指首先规定（通常以立法形式明确）不能进入的行业，除此之外的行业均可自由进入。

特性、市场失灵较多存在的服务领域，企业或服务组织需具备一定要求或获得许可的情况下方能进入某行业或领域。在我国，许多服务领域准入管理依然沿袭行政性审批方式，不仅准入标准不明确，而且审批程序较为复杂且透明度较低，严重影响市场准入开放进程，阻碍了服务市场主体多元化和自由竞争。

（二）准入标准及其执行亟待公开透明

事实上，目前发达国家和部分发展中国家在服务领域的实践证明，通过建立公开透明的服务市场准入标准，服务领域引入竞争是可行的，即使在自然垄断领域也可以不同程度地引入竞争机制。相比较而言，现阶段我国在电信、电力、金融、教育、医疗等服务领域，不仅准入门槛高，而且存在针对非公经济的歧视性规定，不仅阻碍了服务领域的准入开放进程和竞争机制的引入，而且在相当程度上保护了国有垄断局面。

（三）对退出机制的监管有待加强

一方面，对于国有经济从某些垄断服务行业的退出制度仍是空白，另一方面，对于与准入相对应的退出机制，也缺乏法治化、制度化、规范化的管理，企业在退出行业时的约束和义务不够明确，容易导致公司员工、利益相关企业和消费者的合法权益受到侵害。

五、服务业监管体制改革明显滞后

目前我国服务业监管仍然采取的是行政性监管体制，与市场经济体制及服务业发展要求不相适应，亟待在监管主体、监管内容、监管手段等方面进行改革。

（一）监管主体单一，多元化监管结构尚未形成

随着技术发展和分工细化，产业、技术、产品日益融合，对监管提出综合性、专业性、灵活性和及时性的新要求。在发达市场经济国家，政府更多的是发挥行业协会、商会、同业公会、专业机构，甚至社区组织、社会组织、传媒的功能，推动监管主体多元化。例如在香港地区，服务行业专业资质认定、服务资格认可、服务标准的制定以及各种服务行为的自律管理，均由独立的行业协会或专门的中介服务机构来承担，如银行业公会、专业服务协会和“联交所”等。在长期计划经济体制的惯性作用下，我国对经济领域的监管仍然以政府为主，导致服务业监管呈现多层级、垂直型管理的特点，很难适应综合、专业、灵活和及时的服务业监管要求。

（二）监管内容不合理，监管过度和监管空白并存

发达国家监管改革的主要方向是放松管制和完善监管手段，监管的主要对象是企业的行为，监管的主要内容集中在反垄断、保障安全和环保节能等方面。而在我国，监管对象不仅包括企业行为监管，而且涉及主体监管；监管内容不仅涉及准入、运营行为，还延伸到具体的项目、价格、技术等微观领域。从具体行业领域看，在金融、物流、专业服务、互联网、文化创意等具有跨界性、综合性、混业性特征的服务业领域，由于缺乏统一的监管部门，只要业务涉及不同部门和不同地区，都面临多头监管、交叉监管，甚至存在监管政策相抵触的情况。例如专业服务在国外允许混业经营，但在我国既受到“条条”限制，又受到“块块”的限制，混业经营格局很难形成。在监管过度的同时，在一些服务领域还存在监管缺失或监管真空的状况。特别是在新兴服务业领域，监管缺失问题尤为突出。例如，目前我国金融行业把监管的重点放在机构和准入上，而对于金融创新推出的各种新业务和新产品则缺乏有效的监管。

（三）监管手段单一、行政性手段过多

发达市场经济国家监管一般借助法律手段、标准手段以及社会手段实现，而我国更加侧重采用行政手段。过多采用行政监管手段，必然会限制市场机制有效发挥，很容易出现由于判断失误而导致的监管失效。过度倚重行政监管，还容易导致政府监管能力不足和监管绩效降低，同时，在政策制定和落实过程中的一大弊病就是随意性强，“一刀切”措施较多，各种审批手续较为繁杂，监管的导向性和互动性不强，监管效率亟待提高。据美国商会 2007 年对中国的商务环境调查结果显示，受调查的跨国公司将市场准入及监管政策缺乏透明度列为在华经营的五大挑战之首。[①]

六、与服务业发展相关的配套改革推进缓慢

（一）政府职能不清，公共服务缺乏科学定位

服务业发展对政府公共服务有较高的要求，特别是需要政府提供良好的发展环境，给予必要的公共资源和政策支持。例如，香港特区政府非常注重运用城市规划、鼓励私营部门发展、加强制度环境建设、提供良好的基础设施、降低交易成本、大力宣传与推介等方式，为服务业发展提供支持。相比较而言，我国政府在服务领域的职能定位尚不清晰，特别是将一些具有较强准公共性、存在市场失灵问题的社会服务领域，例如教育、医疗、文化等领域，完全纳入政府服务范畴，出现了以政府服务取代社会服务，政府包揽公共服务、社会服务的趋势。其结果不仅制约了社会服务水平的提高和相关行业的发展，更重要的是，在政府能力和公共资源的有限的情况下，政府难以在基本公共服务领域提供足够

① 美国商会：《2007 年美国企业在中国白皮书》，转引自中国驻美大使馆经济商务处网站（http：//us. mofcom. gov. cn/aarticle/jmxw/200705/20070504666652. html）。

的、公平的、高效率的公共服务，如基础教育、基本医疗、基础设施等方面的普遍服务等。白于各级政府真正为服务业投入的公共资源和公共服务非常有限，在一定程度上损害了服务业的发展环境。例如，高速公路等基础设施收费给道路运输服务带来的成本压力；北京、上海等特大型城市的规划和管理体制改革滞后于城市化发展，“摊大饼”式城市扩张导致交通成本、商务成本居高不下①，极大地影响城市的竞争力和吸引力，不利于服务业的进一步集聚和发展。

（二）行政管理体制改革滞后

特别是条块分割的管理方式尚未转变。在服务业发展和体制改革方面，国家难以推出全国性政策，往往采取给予一些地方“先行先试”政策。例如，CEPA 框架下的服务开放，不仅需要地方政府的高度认可和支持，而且还需要地方政府再向国家相关部门去争取政策支持，由此形成高昂的制度成本，有时获得的发展政策并不符合服务业和地方发展的要求。

（三）财税制度安排尚未理顺

1994 年进行的财税改革是我国制造业快速发展、工业化进程持续推进的重要保障。然而，改革形成的财税制度更有利于制造业发展，不能很好的调动各级政府促进服务业的积极性。一方面，以生产型增值税为主的财税制度，决定了各级政府的财政收入主要来自生产环节，为增加税源和财力，各级地方政府均倾向于发展短期内见效快、能够迅速带来税收的制造业；另一方面，中央和地方税收划分不尽合理，在一些与

---

①　据调查，2009 年我国大城市由于交通拥堵导致的社会成本居高不下，其中北京、广州和上海位列前三，仅每月每个居民上下班拥堵时间引发的各项经济成本分别达到 336 元、266 元和 254 元（参见零点研究咨询集团与北汽福田汽车股份有限公司：《2009 福田指数——中国居民生活机动性指数研究报告》）；北京、上海的商务办公租金已与旧金山、横滨和新加坡相当；住房成本已接近巴黎和伦敦，大大高于首尔、旧金山和横滨等国际大都市。

服务业有关的中央税和共享税的税种划分以及分配比例方面失调。比如，在大量占用地方资源的前提下，电信、银行、证券等大型服务业企业的税收却主要由中央收缴（见图 4.2）。财税体制方面存在的上述问题，使地方政府发展服务业的积极性不高。

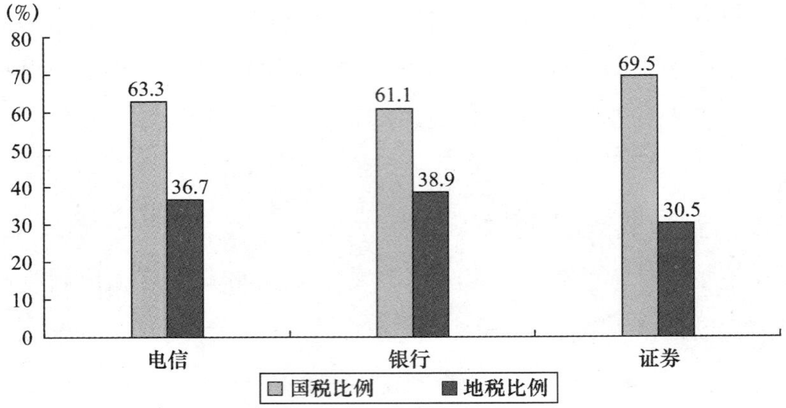

图 4.2　2008 年电信等重要服务业税收缴纳比重

资料来源：根据《中国税务年检》（2009）计算。

（四）政绩考核制度不利于服务业加快发展

以 GDP 总量和增速为主的政绩考核指标体系，造成各级政府高度注重对 GDP 总量规模和增长速度的追求，忽视经济发展的质量和效率，大量优惠政策集中于制造业，促进服务业发展往往停留在口头上、文件上，缺乏实质性的政策措施和资金支持[①]。从工业用地占规划用地比重来看，发达国家大城市工业用地占城市用地比重一般在 5% ~10%，我国主要大城市普遍在 15% 以上，上海更超过 25%。这种状况固然有我国工业化发展阶段的成因，但更多的因素还是地方政府在政绩考核和税收压力下，对服务业发展的重视程度弱于制造业。

① 以上海市为例，2001 ~2006 年上海重大项目投资共 375 项，其中制造业和服务业投资额分别为 1300 亿元和 600 亿元，前者远远超过后者，而其他城市在服务业的投资比重更低。

七、服务业发展的支撑体系建设滞后

（一）相关标准体系亟待健全和完善

服务标准体系建设是发达市场经济国家服务业发展的重要基础设施。在我国，由于很多服务行业标准体系不完善、不健全甚至缺失，制约了我国服务业标准化、规范化和有序化发展。

一是服务业标准明显滞后于行业发展需要，亟须更新和修订。例如设立教育机构的准入标准及规定，直到目前依然沿用20世纪90年代的标准，由于《民办教育促进法》制定后相关法律法规未能作相应调整和修改，同时也未能及时制定配套法规，使民办学校发展的瓶颈问题始终未得到有效解决。

二是一些重要行业标准缺失，严重影响行业有序竞争和规范发展。在我国，服务业特别是生产性服务业的标准覆盖率远低于制造业，在家政服务、旅游、文化娱乐、美容健身等生活性服务业以及在专业服务业、电子商务、私募基金等新兴热点服务领域，对于服务提供的水平、方式、评价等尚无标准可循，这既影响了我国服务企业竞争力的提升，又加剧了部分服务行业竞争的混乱和无序。

三是各地区、各部门标准不统一，成为服务业发展面临地方壁垒的重要原因。例如服务业企业普遍反映的“大门已开，小门不开”，“地方门已开、部门门不开”，“资格门已开，注册门不开”的情况，在实施过程中还存在一些“玻璃门”、“门中门”的现象。混乱的准入标准体系，也导致各级监管部门暗箱操作，准入程序不透明，容易滋生腐败。

（二）信用体系建设滞后

完善的社会信用体系是实现服务业快速发展的重要基础，在促进专业化分工合作深化的同时，可以大大降低交易成本，培育良好的市场秩序，促进服务业乃至整个经济社会的有序发展。然而我国信用体系建设刚刚起步，相关制度安排存在较多缺失。

一是立法进程相对滞后。特别是对信用采集、使用以及征信机构设立和监管等问题尚未做出系统明确规定，立法缺位使得征信体系发展无法可依。

二是信用信息共享机制缺失。一方面，信用数据的市场开放度低，缺乏企业和个人信息的正常获取机制和途径，政府部门信息数据向社会开放程度较低，更多的部门和机构采取垄断式保护，部门之间的信息不能联通，形成相互分割的“信息孤岛”现象，征信体系发展缺乏充足的信息资源。

三是信用服务机构发展缓慢，服务能力薄弱。虽然信用评级机构较多，但“散、小、低”特征较为突出，提供高质量信用产品的机构或企业还很少，服务能力弱、权威性不足，已无法满足服务业结构升级和创新发展的客观需要，从而对服务业的发展产生制约。

四是缺少有效的信用奖惩机制，削弱了服务业和消费者诚信发展动力。特别是目前我国尚未建立系统有效的信用联防机制，失信者的“黑色记录”得不到合法的收集和有效传播，导致大量失信行为得不到相应的惩罚，社会失信成本过低。

（三）司法体系不健全

在立法方面，我国立法主要由部门牵头，在政府配置资源权力较强的条件下，利益部门化、部门利益法制化的情况较为突出。这种立法程序很难保障利益相关各方的经济和社会权益。

在司法方面，司法和执法的独立性、公正性难以得到制度保障，有法不依、执法不严、违法难究的状况较为普遍，而司法地方化的趋势也有所加强。

（四）社会中介服务组织功能较弱

服务业分工复杂、专业性强，依靠政府机关及监管机构较少的工作人员很难处理数量多、差异性较大的监管需求。服务业发达的国家或地区普遍注重发挥商会和行业协会等中介组织的行业管理作用，依靠中间组织和社会机构对服务业进行监督、管理和自律①。我国服务领域虽然也有相当数量的行业协会，但大多由原来的政府机构改革转制而形成的，具有先天缺陷，仍然依附于行政主管机构，独立性和权威性尚未形成。一方面，服务领域的专业资质认定、服务资格认可、服务标准的制定、服务行为管理等管理权仍然掌握在政府部门之中；另一方面，部分行业协会的运行方式行政化，缺乏行业服务意愿、能力和手段，难以得到服务企业的高度认同。而民间中介组织的形成和发挥作用也受到政府的严格管制，发育较为缓慢，难以形成合理有效的服务业治理结构和社会化管理机制。

八、服务业发展的促进机制尚未形成

（一）缺乏针对服务业发展的高层次协调机构和机制

在条块分割依然突出的体制下，目前我国尚未形成推动服务业发展的高层次协调机构和有效的协调机制，严重影响了全国性和区域性服务业发展问题的有效解决。当然，建立协调机构只是在现有体制背景下发展服务业的权宜之计，解决问题的根本出路和关键，依然是政府职能的转变和部门职能的整合。一些地方政府在这方面已经有所突破并取得很好的效果。

---

① 例如在香港特区，服务行业专业资质认定、服务资格认可、服务标准的制定与判断以及各种服务行为的管理，均由独立的行业协会或企业组成的机构如银行业工会、各专业服务协会和联交所等来承担。特区政府并不参与上述直接管理，而是专注于为所有市场主体发展提供服务和公共资源支持等。

（二）促进多元化主体发展和创新的激励机制缺乏

一方面，促进多元化主体提供公共服务、公益服务方面，缺乏政府采购、补贴等激励促进的制度安排和相关政策；另一方面是在投资引导促进方面，针对服务业的财政性资金投入、融资政策支持等方面还更多地向制造业倾斜。

（三）税收制度与政策的激励导向作用不清

服务业发展面临税制复杂、税率偏高、税负不均、税收支持力度不够等方面的突出问题，对服务业发展的激励和促进作用尚未形成。

一是税负较重、税负结构不平衡制约了服务业的发展。2008 年，我国批发零售、金融、房地产、租赁和商务服务、居民服务五大行业的总体税收负担分别为 29.6%、38.8%、26.6%、25.1%、28.5%。而同期制造业的税收总负担为 21%。同时，服务业部门内部税负也不平衡。批发零售业、信息传输计算机服务及软件业、房地产业、商务租赁业的企业所得税负超过了服务业 20.6% 的平均水平，而金融业甚至是平均水平的 3 倍多。

二是服务业税制、税率设计不合理现象较为突出，在营业税、企业所得税、个人所得税等方面均有不同程度表现。以营业税为例，一方面营业税以流转全额为税基，没有进项抵扣政策，导致重复征收的问题比较突出。2008 年，我国规模以上工业企业的流转税税收负担（营业税或增值税税额/销售收入）大约为 3.5%，其中制造业为 3.1%，而服务业营业税税收负担超过了 5%。另一方面，服务业流转税尚未纳入增值税税收抵扣范围，制约了制造业的服务外包和主辅分离。再有，同一产业链条上不同的服务环节还存在税率不同、税负不均的问题，如物流服务领域，交通运输、邮政电信和仓储服务的营业税税率分别为 3%、3% 和 5%，对兼营不同税目不能分别核算且从高计征。

三是服务业税收优惠政策导向不明。以融资租赁行业为例，融资租赁是具有金融和实物贸易的双重属性，但国内租赁行业的发展和我国经济地位并不相称，租赁渗透率（通过租赁投资额占社会固定资产投资比率）不到1.5%，而发达国家一般保持在10%～25%之间。但从其发展的税收环境来看，税收优惠政策并不明确，不但在缴纳企业所得税时，我国融资租赁相关的固定资产折旧基本上仍按照使用年限折旧，加速折旧并不适用，而且融资租赁的坏账准备金计提也受到限制，融资租赁业积聚的风险不能得到有效释放，不利于租赁业的审慎经营和风险防范。

第五章

促进服务业发展的主要改革取向与政策措施

我国服务业发展水平滞后及其面临的结构性矛盾，不仅与经济和工业化的发展阶段相关，而且与经济体制转轨过程中市场经济制度还未完善密切相关，复杂多样的制度障碍、体制困扰及机制缺失，构成了现阶段我国服务业难以快速发展升级的主要原因。因此，加快完善社会主义市场经济体制，深化服务业管理体制改革、着力促进服务业发展机制创新，应成为我国加快服务业发展的主要政策选择，也应成为促进经济发展方式转变和经济结构加快调整升级的重要内容。

一、“十二五”时期加快服务业发展的主要改革思路

总体来看，“十二五”时期乃至未来10年，我国服务业发展将迎来大有作为的发展机遇期，发展和改革的任务异常繁重。服务业能否实现快速健康发展，很大程度上取决于其发展的体制机制能否实现新突破，发展的制度环境能否得到重大改善。因此，加快服务业发展、深化服务业发展的制度变革，需要形成全新的总体思路，即应紧紧围绕转变经济发展方式这一主线，以适应经济社会发展需要、契合经济结构加快

调整、促进服务业加快发展和提升发展水平为目标，以“现代化、产业化、市场化、国际化”为主要发展方向，以深化改革和机制创新为动力，着力促进服务业在发展内容、动力、路径、机制等方面进行调整和创新探索，加快推进服务领域的体制改革，着力解决制约服务业发展的体制性、机制性障碍，逐步改革和理顺服务业管理体制，完善运行机制，大力改善服务业发展环境，初步建立符合科学发展、充满活力的服务业发展体制机制。

二、加快准入方式的改革，拓宽发展空间

在对服务业各行业的具体管理规章和办法进行梳理的基础上，尽快转变服务业准入管理方式，加快制定我国服务业投资目录。具体方式有二：一是可参照我国外商投资目录，按照鼓励投资、许可投资及限制投资的方式，制定公开透明的准入条件和标准，形成面向国内外投资者的服务业投资或准入政策；二是参考国际通行做法，针对少数垄断行业、公用事业及关系国计民生的重要服务行业，制定“肯定式列表”行业目录，对其他行业全部放开的准入政策，为多元化市场主体进入服务领域发展创造“非禁即入”的宽松发展环境和平等竞争的机会。

三、着力促进服务业监管体制改革与机制创新

一是要深化服务领域的监管主体及其监管方式改革。根据不同服务业发展特点和要求，建立包括经济性规制、社会性规制及安全性规制的监管规范体系，最大限度减少行政性审批，重点加强合规性监管和执法力度。二是强化政府公共服务。加强电子政务建设和推进网上办公，加大政府信息公开力度，完善服务业统计制度，加强对服务业发展状况的

经常性调查和调研，建立健全服务业发展的监测体系，为服务业和服务市场主体提供高效的政府管理和及时的信息发布。三是积极推进监管主体改革。在政府监管部门改革的同时，加快推进行业协会、商会转型发展，在专业资质认定、服务资格认可、服务标准的制定、服务行为管理等方面，注重发挥行业协会等中介组织的行业管理作用，加快形成合理有效的社会化管理机制。四是加强服务业监管立法，为服务业监管体制和监管方式改革提供强有力的法律保障。

四、完善多元化主体发展的制度安排

（一）健全有利于服务组织多元化发展的制度体系

放宽对部分服务领域企业组织形式种类的限制，通过税收、信贷等优惠政策，鼓励和引导适合行业特性的服务组织发展，加快形成多元化发展的新格局。建立专门的法律法规，特许、连锁经营等行为加以规范，保护交易双方的合法权益。放宽非营利机构登记注册的制度，解决双重管理体制对非营利机构的约束，赋予各种新型的社会组织以明确的法人地位。注重各类相关法规政策相互配套和补充，构建多元化的非营利机构评估体系，进一步规范税收优惠立法规定。

（二）着力深化服务领域国有企业的改革

加快推进服务领域所有制改革，优化国有经济布局和结构，推动跨地区、跨行业、跨所有制的资产重组和资源整合。垄断性行业在区分和剥离竞争性环节的基础上，逐步引入市场竞争机制，以有效竞争为目标导向，形成兼顾规模经济和竞争活力的市场格局。促进国有企业主辅分离、外包生产性服务业。与此同时，加快转变企业经营机制，理顺内部管理体制和管理关系；建立完善的现代企业制度，进一步完善法人治理结构，充分利用多层次的资本市场，支持有条件的企业改制上市。

（三）加快事业单位改革，促进公共服务与市场化服务并行发展

一方面，加快推进服务业市场化进程，将政府提供的公共服务与市场竞争业务进行拆分。特别是在教育、医疗、文化、体育、人力资源等领域，对能够实行市场经营的服务，要动员社会力量和民间资本增加市场供给，实现产业化发展。对于公益性服务、保障社会公平的基本公共服务，应加快创新公共服务提供方式，将原来政府单一提供、直接提供的方式，转变为政府与社会多元化提供相结合的方式。以政府公共财政作为支撑，在继续发挥事业单位积极作用的同时，采用政府补贴、采购等方式鼓励民营组织、非营利机构参与提供公共服务和公益服务。

另一方面，加快健全事业单位法人治理结构的探索，在有条件的领域要探索建立理事会制度，作为事业单位的决策机构，决定本单位业务发展规划、财务预算方案、人事管理等重大事项。加快对生产经营类、中介服务类以及其他符合条件的事业单位实行产权制度改革，通过多种有效途径促进事业单位向非营利机构或现代企业转变，并积极引导和鼓励社会资本通过控股、参股、收购、兼并等方式参与事业单位改革。

五、有序推进服务业配套改革与支撑体系制度构建

（一）加快转变政府职能和加快推进行政管理体制改革

进一步明确政府的主要职能，使政府从过多、过度、过强介入微观

经济领域中退出，从“全能型”政府转向服务型政府。在此基础上加快推进行政管理体制改革，重点推进机构改革，适当对职能进行整合①，建立综合性职能的服务业管理机构；理清和整合相关部门职责，明确权力和责任，建立促进服务业发展部门协作和协调机制，理顺各部门之间、中央和地方之间的体制机制。

（二）重点促进要素市场体系建设和机制改革

一是逐步减少政府对要素资源的配置权力，加快推进包括知识、技术、人力资源、金融等在内的要素市场发展；二是加快要素价格形成机制改革，尽快形成以市场为基础的要素价格形成机制；三是加快发展多元化市场主体，加快推进要素产品创新，促进要素市场竞争机制和供求机制的加快形成；四是加快建设一批现代化的市场交易平台，促进要素市场规范发展。

（三）逐步调整和完善服务业发展的税收制度

一是积极推进增值税“扩围降率”改革，逐步将服务业纳入增值税的征收范围，实现营业税与增值税并轨；理顺抵扣标准和范围，辅以适当降低费率，增强服务业发展活力。二是进一步完善服务产品进出口税收征管制度，研究和探索服务产品出口退税制度和相关政策。三是针对服务业网络化、连锁化的发展特点，加快完善企业所得税统一纳税的相关制度。四是建立有利于服务业发展的税收激励政策，如允许服务业固定资产投资加速折旧和进项税收抵扣，鼓励服务业加快技术进步；再如减免企业兼并、重组、分拆等环节的相关税收，推进制造业企业主辅分离和服务外包。

---

① 例如深圳市政府将文化、出版、广电、旅游和体育五个职能部门整合为一个部门，将科技、工业、信息化、商业合并成立一个委员会，沈阳市也将与服务业发展密切关联的机构整合为服务业发展委员会。一些地方政府特别是广东省在机构改革方面的探索实践，对促进服务业发展发挥了很好的效应。

（四）加大社会信用体系建设力度

一是加强信用制度规划和实施力度。加大财政资金、技术保障以及相关公共政策支持，推进各地区信用体系建设工作，大力推广使用信用产品。二是建立和完善政府信用、企业信用、个人信用三大主体信用共享机制。将政府部门、司法机关、中国人民银行和企事业单位掌握的各类企业的身份信息、业绩信息、提示信息、警示信息进行归集整合，实现信息互联和共享，为政府监督管理和社会信用查询提供服务。三是强化守信受益和失信惩戒机制。制定和细化信用违法处罚办法，依法强化对违约失信当事人的处罚，尤其对严重失信并造成恶劣后果的当事人，要依法从重处罚，并及时披露其失信行为。四是加快推进征信体系立法建设。从国家和地方层面积极推进信用法规体系建设，尽快确立信用信息标准及使用范围、征信机构及从业人员的行为规范，明确监管部门，为各种社会信用活动的开展提供法律层面的支持。

（五）强化服务行业技术规范及行业标准制定和完善

充分发挥服务领域行业协会及行业领先企业作用，加强服务标准、主体资质、执业资格、经营规范等方面的标准体系建设。借助标准体系的建设和完善，实现服务行业规范发展和自律，同时为监管方式转变和监管水平提高提供必要的支撑。

六、进一步优化服务领域民营及中小企业发展环境

在开放服务业准入、引入竞争的基础上，加大对民营及中小服务企业的政策扶持。一是研究制定促进服务业民营及中小企业发展政策体系，着力改善中小企业融资环境，完善中小企业服务体系，促进民营及中小企业发展能力提升。二是完善政府采购制度，加大向民营及中小服务企业的采购支持，建立政府公共服务外包制度，为民营及中小企业发

展创造更广阔的发展空间。三是优化小企业创业环境，进一步简化注册程序，充分发挥创业孵化作用，大力培育创业主体，完善鼓励创业的相关政策，增加创业扶持的资金投入。四是全面实施专利与知识产权战略，支持民营及中小企业的服务创新和品牌建设，加强知识产权保护和合理运用。五是加大对民营及中小企业人才培养的支持力度，促进多层次、多渠道培养各类服务业所需人才，强化人才奖励与保障制度，构建强有力的人才支持体系。

七、加大服务业综合改革试点工作力度

考虑到当前我国服务业发展面临的制度环境问题比较复杂多样，且不同地区、不同服务行业面临的制度约束差异较大，促进服务业发展迫切需要加强综合改革试点工作。一方面，应针对重点服务业行业，特别是国有垄断程度较高、对整个经济发展具有关键支撑作用、有利于社会公平与和谐的服务行业，如电信、银行、教育、医疗、文化等，结合行业的自身特性与发展要求，重点推进准入方式、监管体制、多元化市场主体发展、相关市场机制和市场体系建设等方面的综合配套改革。另一方面，根据服务业向大型城市集聚发展趋势，选择重点发展区域或城市群中的经济中心城市，进行服务业发展的综合改革试点，促进大型经济中心城市成为所在区域乃至全国服务业发展的龙头和示范，为服务业加快发展和促进区域经济结构调整探索经验。

课题负责人：任兴洲

课题协调人：王　微

课题组成员：任兴洲　王　微　王　青　漆云兰

刘卫民　刘　涛　许　伟

执　　　笔：王　微　王　青　刘卫民　刘　涛　许　伟

第二篇

专 题 篇

服务业发展不仅与市场经济体制的完善密切相关，还与服务业的发展阶段、不同服务业自身的发展特点有着内在联系。本篇是国务院发展研究中心市场经济研究所2010年度重点课题《经济结构优化调整中着力促进服务业发展的制度环境》的专题报告。一是深入研究制约服务业发展的主要制度问题及其解决对策，包括市场机制作用、市场准入与监管体制、多元化市场主体发育与发展、信用制度、税收制度五个方面；二是从我国现阶段服务业发展特点和结构调整升级要求出发，选择若干有代表性、带动性并亟待加快发展的重点服务行业进行专题研究，着重分析不同服务行业面临的制度约束和政策障碍，研究不同服务行业加快发展的政策着力点，提出促进相关服务行业加快发展的政策建议，包括金融业、经济鉴证类服务业、物流业、商贸业、研发和信息服务业、教育六个行业。

第六章

制约我国服务业发展的市场机制障碍分析

近年来，我国服务业保持了快速增长态势，对国民经济发展的支撑和带动作用不断增强。但在服务业快速发展的同时，服务业总量偏小、结构欠合理、服务水平不高、国际竞争力不强等问题仍然较为突出。影响和制约我国服务业发展的一个重要因素是当前市场机制在服务领域发挥作用的条件不充分，使得价格机制、竞争机制、供求机制和风险机制等市场机制未能在服务业中发挥有效配置资源、优胜劣汰和保证供给的作用。

一、市场机制作用不充分阻碍和制约我国服务业发展

市场机制发挥作用的必要条件是有规范的市场主体、完善的市场体系和规范的市场运行规则。规范的市场主体要求投资者、经营者、劳动者以及消费者等市场主体都能够在法律规范下从事各类活动，市场主体众多且可以在法律规范下自由进出市场；完善的市场体系意味着建立起完善健全的商品市场和包括技术市场、劳动力市场、金融资本市场、信

息市场等在内的要素市场，要素可以在市场内自由流动；规范的市场运行规则要求有完善的法律法规来规范市场中的各种行为，例如《消费者权益保护法》、《价格法》、《反垄断法》等等，都是规范市场运行的重要法律。分析我国当前服务市场，在以上三个方面都存在明显不足，导致市场机制尚未充分发挥在服务领域的资源配置作用，从而制约和阻碍了服务业的发展。

（一）服务市场主体单一，市场准入限制较多，使服务领域有效竞争格局难以形成

众多独立、可以自由进入和退出的、规范的市场主体是市场机制发挥作用的重要条件。相对于市场化程度较高的商品市场而言，我国服务市场的改革发展滞后，尚未形成多层次、多元化的市场主体结构。突出表现在两个方面：一是在一些完全竞争性服务领域仍然在不同程度上存在设置准入门槛的限制条件。在我国，商业、餐饮、住宿等传统商贸领域和公路、航运、仓储等物流服务领域是市场化程度较高，但对中小规模的潜在进入者仍然有最低注册资本等准入门槛，这就限制了市场主体的数量，不利于有效竞争格局的形成；二是在部分限制进入服务领域存在准入不公平。以铁路运输、教育、医疗、出版广播电视等行业为例，目前仍主要由国有及国有控股企业和国有事业单位经营管理，部分行业的国有企业和事业单位就业人员比重高达95%以上，国有经济占据绝对垄断地位；在金融、航空运输、科学研究等领域虽然已出现股份制、民营或外资等多元所有制企业，但国有经济的比重仍然高达60%以上。与传统服务业、制造业20%左右的国有经济比重相比，以及与发达国家国有经济比重不足10%的水平相比，我国服务领域中多种所有制经济共同发展的格局尚未形成，主体单一，十分不利于服务市场优胜劣汰的有效竞争格局的形成。

造成服务市场主体结构单一的主要原因是部门服务行业市场准入门

槛过高和垄断性行业改革不到位。客观而言，服务领域的性质较为复杂，许多服务领域既有公益性质，同时又具有产业性质。理论上，产业性质部分可以通过市场化实现发展，但事实上，许多可以市场化的业务仍被当作纯粹的公益性、福利性社会事业来发展。例如：科技开发、教育培训、人力资源服务、文化、广播电视等行业都是具有双重性质的服务业，却往往只看重其公共服务、社会福利、意识形态等非经济职能，作为事业单位来发展，而忽视了其作为产业的经济含义和要求，导致公益性服务领域政企不分、营利性与非营利性不分，服务体系发育不足，民间资本进入少，难以形成有效的竞争格局，导致收费高而服务质量差的现象普遍存在，服务业发展缺乏活力。正是由于这些原因，使得我国服务市场的多元化市场主体发展缓慢，服务市场难以形成充分竞争的格局，服务产品、服务方式及经营模式等方面的创新极其缓慢，难以为经济和社会发展提供完善、有效的生产、生活服务，使我国的服务业缺乏活力和发展的动力。

（二）要素市场化程度低，市场体系不健全，限制了价格形成机制和供求机制作用的发挥

与商品市场的改革和发展相比，我国要素市场改革明显滞后，要素市场化程度低，市场长期分割的局面严重影响了市场机制在服务市场配置要素资源的效率。突出表现在：

第一，要素市场化程度较低影响了市场机制在服务业配置要素和资源的效率。服务业发展更多依靠的是资本、人力资源、知识、创新、信息、品牌等要素和无形资产。从严格意义上讲，提高要素市场的市场化程度、促进要素市场发展是推动服务经济发展的关键。在当前我国的制度安排下，各级政府在土地、资本、人力资源、创新、信息等要素资源配置上具有很强的控制权，并采取计划、审批、政府定价等传统的配置机制和手段进行要素分配。例如，土地一级市场仍然由地方政府垄断，

消费者和企业的信用信息分散，银行、工商等行政主管部门管理，利率等要素价格和教育等服务价格仍然较多采取政府定价，极大地影响了要素资源的合理配置和整合，难以提高要素的配置和使用效率，也在相当程度上影响了相关服务市场的发展。虽然2001年，我国进一步放开了大多数原由中央政府制定的商品和服务价格，将国务院价格主管部门及有关部门定价的商品和服务项目由1992年定价目录颁布时管理的141种（类）减少为13种（类），但仍然对重要交通运输、邮政基本业务、电信基本业务和重要专业服务进行价格管制（见表6.1）。其中，仅金融服务行业目前央行的管制利率种类超过20种，服务领域的市场化定价机制远未形成。

表6.1　国家计委和国务院有关部门定价目录（服务部分）

编号	品名	定价内容	定价部门	备注
10	重要交通运输	管道运输及杂项收费，港口收费，民航运输价格及折扣幅度（含机场收费），铁路客货运输价格及杂项作业收费标准	国家计委及有关部门	定价范围为国家铁路、国家控股合资（合作）铁路；沿海长江干线主要港口及所有对外开放港口；民用机场、军民合用机场收费，国内航线及国际航线国内段航空运输价格；国内管道运输杂项收费包括与管道运输相关的装车费、储油费、中转代办费
11	邮政基本业务	资费	国家计委	邮政基本业务资费范围包括信函、明信片、印刷品、包裹、报刊发行、邮政汇兑、特快专递、机要邮件的服务价格
12	电信基本业务	资费	信息产业部	电信基本业务资费范围包括固定网络长途及本地电话、移动电话业务等服务价格。信息产业部在制定通信和信息服务资费政策、改革方案以及通信业务收费标准时，应事先征求国家计委意见

续表

编号	品名	定价内容		定价部门	备注
13	重要专业服务	金融结算和交易服务	基准价格及浮动幅度	国家计委	定价范围包括各商业银行和非银行金融机构结算手续费，全国性证券交易机构的交易手续费、席位费，中国外汇交易中心席位费等，不包括利率、汇率
		工程勘察设计服务	基准价格及浮动幅度	国家计委会同有关部门	定价范围为工程勘察设计单位承担的投资建设项目的勘察、设计及相关技术服务
		部分中介服务	收费标准	国家计委	中介服务区别不同情况分别实行政府定价、政府指导价和市民调节价。检验、鉴定、公证、仲裁等垄断、强制性的服务实行政府定价；评估、代理、认证、招投标等竞争不充分的服务实行政府指导价。具体按《中介服务收费管理办法》（计价格［1999］2255号）执行

资料来源：国家发展和改革委员会。

与此同时，要素和服务市场体制机制建设滞后，特别是在工资、能源等重要要素配置中，规范的市场价格成机制尚未完全形成甚至缺失，造成市场价格扭曲，降低了要素和资源的合理使用效率。相比较而言，政府定价在要素和服务价格领域还较多存在。

第二，全国统一市场尚未形成，阻碍了服务业的发展。在目前的行政管理体制下，存在着区域市场分割的现象，严重束缚了服务业特别是咨询、会计、审计、律师服务等具有较强辐射性的专业性服务业的发展。许多的会计师事务所、监理机构和认证中心都是依附于一定的地方政府职能部门，造成国内市场被人为地分割，导致市场竞争以区域内部竞争为主，无法有效开展统一、公平的市场竞争，服务质量难以得到保障。导致在一些大项目的评估或者咨询业务上，对国内的企业不信任，转而委托给知名度高的国外企业，寻求一定的质量保证，客观上导致本土很难形成具有一定影响力的、跨区域经营的大型专业服务业企业。此外，由于自计划经济时代延续至今的户籍制度仍然是制定和实施城市规划、基础设施建设、教育、医疗及社会保障等社会经济政策的基础，在市场化和城市化加速推进的过程中，这样的社会经济政策不仅影响了土地、公共服务等资源的合理配置，也极大地限制了人们对教育、医疗等社会服务的选择，影响了人力资源的合理流动，全国统一的人力资源市场、教育医疗服务体系、社会保障体系难以形成，成为制约我国服务业的快速发展以及社会服务消费的持续扩张的重要原因。

（三）法规、标准体系建设滞后，规范的市场运行环境尚未形成

改革开放使我国服务业的发展环境发生了历史性的巨变，但服务业发展的法规制度环境明显滞后，市场经营秩序不尽规范，经营行为未能得到有效监管。突出表现在我国服务业法律、标准体系建设相对滞后。迄今为止，我国尚无一部专门针对商贸服务业的上位法，新兴的电子商务等现代流通方式发展迅猛，但监管仍处于无法可依的局面，信用体系建设长期无法可依，目前我国尚未建立全国统一、覆盖社会经济生活多方面的、全开放的征信体系，信用服务远远落后于市场经济发展的需要，直至2009年10月国务院法制办公布《征信管理条例》征求意见稿，征信行业有望结束无序状态。我国人力资源市场的发展形势已经发生了巨大变化，但尚未出台适应人力资源市场新形势和新要求的人力资源法规。

我国服务领域的标准化覆盖程度远不如工业领域，特别是生产性服务业普遍缺乏现代化的行业标准，已有的行业标准往往不适应产业发展的新形态，无法体现现代化服务业标准。行业标准和行业规范的缺乏，造成了服务质量差异很大，制约了服务市场的健康发展，也不利于培育国际化服务品牌。以航运保险公估行业为例，服务流程中一些重要内容

尚未形成统一的行业服务质量标准，只有一些较大的保险公估企业制订了本公司的服务标准，客观上导致本土服务企业很难从事国际业务。另外，我国各地标准、法规还存在不统一问题。

二、政策建议

（一）降低准入门槛，消除市场壁垒

进一步优化政策环境，降低市场准入前置条件，建立公开、平等、规范的服务业准入制度，消除市场壁垒，为非公有制经济创造平等竞争的机会。进一步放宽服务业的市场准入限制，鼓励和引导外资、民营资本投资服务领域，实现投资主体多元化。允许并鼓励境外投资者通过并购等方式对我国服务业进行投资，培育有利于吸收并购投资的制度环境，为跨国公司参与我国服务企业的改组、改造创造条件。大力发展非公有制经济的同时，应深化国有企业的改革，进一步理顺国有企业与政府的关系，优化国有经济布局和结构。加快事业单位改制和后勤社会化步伐，提高运营效率。充分利用多层次的资本市场，推动跨地区、跨行业、跨所有制的资产重组和资源整合，优化资源配置。

推进和深化垄断行业改革，培育有效竞争。在改革和重组的过程中，可通过制度设计，在垄断性行业的竞争性环节尽可能引入市场竞争机制，以有效竞争为目标导向，兼顾规模经济和竞争活力，形成适度、健康的市场竞争格局，既防止垄断，又避免过度竞争和重复建设。在传输网络环节要保持一定的经济性管制，创新管制方法，增强可竞争性，既给企业以提高经营效率的激励，同时尽可能实现消费者福利的最大化。

（二）减少和取消行政性管制，加快市场化步伐

进一步清理服务业市场行政性管制规定，减少行政性审批，废除不

合理的审批事项，尽可能将审批制转变为备案制。积极推进要素市场改革，实现生产要素的自由流动。对必须进行审批的领域，应进一步简化审批手续，减少审批环节，缩短审批周期。在放松经济性管制的同时，政府要加强市场监管和公共服务职能，维护竞争性领域的市场秩序，防止企业的市场权力过大以及价格合谋、欺诈等行为。生产性服务业中有很多新兴的经济形态，要根据产业形态的发展逐步完善监管措施。

区分公共服务与社会化服务二者之间的界限，继续推进体制改革，将我国政府提供的公共服务与市场竞争业务进行拆分。公共服务以政府的公共财政作为支撑，政府加强监管，不断提高服务质量；市场竞争业务则力争实现产业化、规模化发展。促进两个服务体系的共同发展。

（三）强化法规标准体系建设，优化发展环境

进一步完善相关法律法规体系，做好立法和法律修订工作，加强法规政策的透明度，促进服务业的发展。特别是要适应人力资源服务业改革与发展的新形势，研究起草人力资源市场法律法规；尽快修订并出台《征信管理条例》，建立有效的失信惩戒机制；修订和完善信贷相关法律，从法律上明确界定非法定吸收公众存款、非法集资和正常民间借贷的界限，使民间金融合法化，促进中小企业和民营经济的发展。研究和制定适合我国现阶段服务业发展特点的统一的行业标准和行业规范，并适时与国际标准接轨，促进我国服务品牌的培育和走出去。

（四）进一步打破部门、地区封锁和地方保护，建立健全统一市场体系

清理并取消各种阻碍服务业要素在全国范围内顺畅流通的制度规定，推进全国统一、公平竞争、规范有序的市场体系建设。在形成全国统一市场尚有较大困难的情况下，可考虑率先在有着广泛经济联系的经济区域内实现区域统一市场（如长三角、珠三角和京津冀等区域），实

现商品在区域内的自主流通。放宽内贸流通相关领域的市场准入，特别是一些带有垄断经营或专营性质的领域，除国家规定的自然资源垄断性行业、涉及国家安全的行业和公益性行业外，都应放开准入，使不同经济成分的企业获得公平竞争的机会和条件。

执笔人：漆云兰

第七章

服务业发展的准入、监管制度障碍与改革建议

作为转轨国家和发展中国家，目前我国的服务业特别是生产性服务业的发展面临着诸多制度性障碍，民营经济进入部分服务业领域的体制性障碍普遍存在。在诸多制度性问题中，准入和监管问题已成为制约我国服务经济加快发展的关键因素之一。

一、服务业在准入方面面临的主要制度障碍

在发达市场经济国家，促进充分竞争和维护自主决策是制定经济政策的基本原则。而对于具有明显规模经济、沉淀成本较高、公益性和公共安全性明显的经济领域或行业，即具有自然垄断特征的经济领域或行业，一般以立法的形式加以明确。在自然垄断行业的进入、经营、定价和退出等方面，政府严格加以监控和管制。同时，在法治环境日益提升的条件下，对于自然垄断行业，由传统的政府管制向由法律规制成为趋势。除了具有自然垄断属性的行业外，对于一般竞争性甚至准竞争性领域，在发达国家一般采取“非禁即入”的原则，即公民天然具有自由进入法律明文禁止以外的经济领域。

从我国的情况看，无论是自然垄断行业还是竞争性行业，我国在制定和实施准入退出政策方面都存在问题：

（一）肯定式准入方式不适应服务业发展的新要求

在准入方式方面，我国目前依然普遍实行肯定式目录，与现代市场经济通行的否定式目录准入方式有较大差异。所谓肯定式目录，是指规定企业在具备一定要求或获得许可的情况下方能进入某行业或领域；而否定式目录，则是指首先规定（通常以立法形式明确）不能进入的行业，除此之外的行业均可自由进入。上述两种准入方式在实施效果方面的最大差异，是否定式准入下的经济自由度更高，更有利于促进社会竞争和政府有效监管；而我国的肯定式准入方式，本质上是计划经济时期经济管理体制的延续，要求企业或个体在进入某经济领域或行业之前，必须接受行业主管部门的审批、认证或备案，不但影响企业进入的积极性和阻碍了市场自由竞争，又使政府监管的成本大大提高，监管效果也往往达不到预期目的。对于服务业而言，在缺乏否定式目录的条件下，即使是肯定式目录，目前政府也尚未公布重点扶持和鼓励的服务业内容。

（二）准入标准体系亟待健全和完善

标准体系是发达市场经济国家行业准入的重要依据。在我国，由于很多服务行业标准体系不完善、不健全或者缺失，而且很多标准已不能适应行业和技术发展的要求，降低了服务业准入的合理性和有效性。

首先，部分准入标准制定较早，明显滞后于当前市场经济发展阶段和行业发展需要，急需更新和修订。例如设立教育机构的准入标准及规定，直到目前依然沿用20世纪90年代的标准，由于《民办教育促进法》制定后相关法律法规未能作相应调整和修改，同时也未能及时制定配套法规，不少影响民办学校发展的瓶颈问题始终未得到有效解决，对我国教育产业的发展产生明显的负面影响。

其次，一些重要行业标准缺失，严重影响准入管理绩效和行业发展。在我国，服务业特别是生产性服务业的标准覆盖率远低于制造业，在家政服务、旅游、文化娱乐、美容健身等生活性服务业，以及在专业服务业、电子商务、私募基金等新兴热点服务领域，对于服务的提供、水平、方式、评价等尚无标准可循，这既影响了我国服务企业竞争力的提升，又加剧了部分服务行业竞争的混乱和无序。

再次，各地方、各部门准入标准体系不统一，导致全国范围准入管理混乱，企业跨区域发展受到限制。标准体系、认证体系的条块分割，已经成为行业和地方壁垒的重要原因。例如服务业企业普遍反映的“大门已开，小门不开”，“地方门已开、部门门不开”，“资格门已开，注册门不开”的情况，在实施过程中还存在一些“玻璃门”、“门中门”的现象，在相当程度上造成了我国服务领域发展秩序混乱。混乱的准入标准体系，也导致各级监管部门暗箱操作，准入程序不透明。由于部分监管部门的自由裁量权过大，也容易在准入审批过程中存在主观性并滋生腐败。

（三）自然垄断领域界定不合理，民营经济进入困难

中共十五大报告明确提出了“国有经济有进有退”的国有经济布局的战略调整。但当国有企业改革推进到垄断性领域的“深水区”时，由于长期形成的利益格局难以打破，改革步伐明显放缓。对于电信、金融、公共服务等在发达国家已证明可以引入竞争的领域，以及对于医疗、教育、文化、水电气等准公共性服务领域，民营经济进入均面临较多限制或实质性歧视。对于民营经济进入，各级政府依然借助行政审批、资质认定、行政许可等方式实施较为严格的限制。以金融业为例，目前我国对于民营经济缺乏明确的金融市场准入和退出规定，也没有针对民营资本进入金融业的支持和保障措施。2009 年，国有控股的金融机构固定资产投资完成额占所有金融业固定资产完成额的 71.3%，而

私人部门比重仅占13.8%[①]。据调查，我国涉及服务业准入行政性审批大致有17部法律、33部法规和106个国务院、部委和地方性文件；从审批时间看，我国服务业平均项目审批时间为3个月左右，是美国、印度等国家的2～3倍。国企改革步伐放缓和严格准入制度，直接导致民营经济难以进入传统自然垄断的服务领域。

（四）行业退出成为准入制度的薄弱环节

所谓退出制度包含行业退出和企业退出两层含义。对于具体的自然垄断行业，发达市场经济国家一般会依据经济和技术发展的新情况，不断研究其自然垄断的合理性和合法性；对不适合继续列为自然垄断行业的领域，将酌情进行法律和产业政策的调整[②]。而在我国，这种垄断行业的退出程序依然处于空白，与之相关的退出机制自然无法形成，进而严重影响社会主义市场经济体制的建设步伐。

对于企业退出，由于我国服务业准入管理更多侧重前置性审批，对行业内企业的退出缺乏法治化、制度化、规范化的管理，企业在退出行业时的约束和义务不够明确，容易导致公司员工、利益相关企业和消费者的合法权益受到侵害。例如近年来经常出现的证券公司倒闭（如鞍山证券、珠海证券等）、物业公司更换、美容保健店面关门所引发的各种经济和法律纠纷，就是因为服务业企业退出机制不完善所导致。

二、服务业在监管方面面临的主要制度障碍

发达国家在完善服务业发展制度环境过程中，均把公正、规范、透

---

① 资料来源：《中国统计年鉴》（2010）。

② 自20世纪70年代中期以来，随着经济发展和信息技术突破，西方国家开始了一场声势浩大的自然垄断产业改革，逐步趋于放松管制并适当的引进竞争，自然垄断行业中的企业准入逐步转变为一般企业的准入标准和方式，从而形成自然垄断行业的退出机制。

明的监管作为重点，通过放松管制、加强政策引导支持作为促进服务业及服务经济发展的主要手段。而在我国，由于政府职能界定不清晰，行政管理体制改革步伐较慢，加之各级政府对资源配置和微观经济干预能力有所强化，导致目前在服务业监管制度在监管主体、监管内容、监管方式和监管手段等方面都存在较为突出的问题。

（一）监管主体单一，多元化结构尚未形成

随着技术发展和分工细化，产业、技术、产品日益融合，对监管提出综合性、专业性、灵活性和及时性的新要求。在发达市场经济国家，政府对经济领域的管理往往借助监管主体多元化、监管架构扁平化来适应上述要求。政府更多发挥行业协会、商会、同业公会、专业机构，甚至社区组织、社会组织、传媒的优势和功能，推动监管主体多元化。例如在香港，服务行业专业资质认定、服务资格认可、服务标准的制定与判断以及各种服务行为的管理，均由独立的行业协会或企业组成的机构来承担，如银行业工会、专业服务协会和“联交所”等。特区政府不直接参与对服务业的管理，而是专注于为所有市场主体提供发展所需要的各种公共服务和公共平台支持。

在我国，在长期计划经济体制惯性作用下，对经济领域的监管仍然以政府为主，监管主体主要是行政部门或带有行政色彩的机构。政府作为监管主体，很难适应综合、专业、灵活和及时的服务业监管要求。

我国监管主体单一，主要是因为：一是政府职能界定不清，管理了很多不该管也管不好的领域。二是政府配置资源能力较强，对微观经济领域干预过多。三是对社会中间组织的组建和运作存在严格限制和控制，社会中间组织发育严重滞后。即使证监会、银监会等协会性机构，以及各类一、二级行业协会组织，也或多或少具有行政属性或职能，在实施行业管理方面缺乏独立性、协调性、主动性和服务性。

总之，由于以政府为主体的单一监管体制和社会中间组织发育缓慢，导致我国服务业监管依然以多层级、垂直型管理为主要特点，多元

化监管主体、扁平化治理架构的现代服务业监管格局难以形成，严重影响我国服务业的健康发展。

（二）监管内容不合理，监管过度和监管空白并存

发达国家政府实施监管的主要目标并非是提高技术水平和产品质量，更不是为了调整产业结构，而是以维护社会公共利益、保护公民的人身安全、保护人类的生存环境、节约有限资源。发达国家政府普遍认为，在技术、市场、产品、产业组织等方面，完全可以借助法治和市场机制实现发展目标。发达国家监管改革的主要方向是放松管制和完善监管手段，监管的主要对象是企业的行为，监管的主要内容集中在反垄断、保障安全和环保节能等方面。而在我国，监管对象不仅包括企业行为监管，而且涉及主体监管；监管内容不仅涉及准入、运营行为，还延伸到具体的项目、价格、技术等微观领域。

从具体行业领域看，在金融、物流、专业服务、互联网、文化创意等具有跨界性、综合性、混业性特征的服务业领域，由于缺乏统一的监管部门，只要业务涉及不同部门和不同地区，都面临多头监管、交叉监管，甚至存在监管政策相互抵触的情况。例如专业服务在国外允许混业经营，但在我国既受到“条条”限制，又受到“块块”的限制，混业经营格局很难形成；又如互联网服务业，在技术标准、系统平台建设、基础设施建设、内容提供、企业经营等方面，要接受多个部门的多头监管和交叉监管，但在制定统一、系统的扶持政策时，又缺乏综合性监管部门，甚至在高层协调机制建立方面也不能达到行业发展的需要和要求。

在监管过度的同时，在一些服务领域还存在监管缺失或监管真空的状况。特别是在新兴服务业领域，监管缺失问题尤为突出。例如，目前我国金融机构把监管的重点放在对传统业务的监管上，对于金融创新推出的各种新业务和新产品还缺乏有效的监管；又如电子商务服务业，商业模式发展十分迅速，但由于监管责任不明确、行业自律组织尚未形

成，在交易管理、行业标准、准入资质、交易支付、信用体系、责任认定等方面，有关监管制度还有待进一步建立和完善。

（三）监管手段行政化，公正性和透明度有待提高

发达市场经济国家监管一般借助法律手段、标准手段以及社会手段实现，而我国更加侧重采用行政手段。过多采用行政监管手段，本身就与市场经济的本质要求相背离。采用行政性监管手段，要么会限制市场机制有效发挥，要么会因未充分考虑到差异性出现“一刀切”；而采取“有保有压”的方式，则很容易出现由于判断失误而导致的监管失效，甚至适得其反。

过度倚重行政监管，还容易导致政府监管能力不足和监管绩效降低。依靠主管部门少数人员管理情况复杂、发展迅速、数目众多的全国企业或项目，不仅会使监管部门工作任务繁重，监管能力不足，加之信息不对称因素，共同降低监管绩效，而且还容易出现“外行领导内行”以及行政腐败等问题。

从国际经验来看，提高监管政策的透明度和公正性是促进服务业规范发展、公平竞争、提高效率的关键。过多倚重行政监管手段，在政策制定和落实过程中，不可避免会影响到监管政策的公正性和透明度。据美国商会2007年对中国的商务环境调查结果显示，受调查跨国公司将市场准入及监管政策缺乏透明度列为在华经营的五大挑战之首；突出问题主要是监管政策过于原则笼统，不同部门及地方之间准入标准不一致，以政府文件代替监管法律法规进行执法等等①。对我国服务业发展而言，过于传统和单一的监管手段与服务业发展要求极不适应，严重影响了我国服务业的健康发展，亟待借助政府职能转变和加快行政体制改革而加以改变。

---

① 美国商会（2007）：《2007年美国企业在中国白皮书》，转引自中国驻美大使馆经济商务处网站（http：//us. mofcom. gov. cn/aarticle/jmxw/200705/20070504666652. html）。

三、完善我国准入和监管制度的政策方向

服务业发展面临的准入和监管方面的问题，既有计划经济体制的遗留问题，也有体制转型和发展过程中出现的新问题。但无论怎样，这些问题都要依靠继续深化改革、加快转变政府职能加以解决。

一是加快转变政府职能和加快推进行政管理体制改革。进一步明确政府的主要职能，使政府从过多、过度、过强介入微观经济领域中退出，从“全能型”政府转向服务型政府。在此基础上加快推进行政管理体制改革，重点推进机构改革，适当对职能进行整合，建立综合性职能的服务业管理机构；理清和整合相关部门职责，明确权力和责任，建立部门协作和协调机制，理顺各部门之间、中央和地方之间的体制机制。

二是转变服务业准入方式，以否定式目录作为服务业准入依据。在转变政府职能的基础上，切实遵照《行政许可法》，进一步清理和减少服务业明确规定和变相设立的审批、核准、认证项目，以否定式准入作为服务业准入和监管的制度范式，全面推行“非禁即入”的准入原则。

三是构建和形成合理的社会化、多元化监管结构。放宽不合理的设立限制，加快发展各种类型行业协会、商会等中间组织，充分发挥其在行业自律、行业服务和政产沟通的功能和作用，重点加强其资质认定、标准制定、竞争秩序维护、争议仲裁等职能；同时加快第三方技术、评估、监测、仲裁机构的发展，充分发挥社会组织和媒体的行业监督职能。最终建立政府、协会、第三方机构、社会组织和媒体优势互补、分工协作、灵活有效的社会化、多元化服务业监管结构。

四是加强服务业相关法律、技术规范及行业标准的制定修订工作，推动服务业监管实现手段多样化。提升服务业准入和监管的法治化水平，加快建立自然垄断服务行业的行为监管和退出机制，加快对新兴服

务业的标准制定，调整部分不符合金融、教育等服务业发展要求的法律法规和标准，加快推进《电信法》、《物流法》等重要法律立法进程。更多借助法律法规和标准体系的建设和完善，实现监管主体多元化、监管手段多样化、监管程序法治化和监管行为合规化。

执笔人：王　青

第八章

我国服务业市场主体发展的总体状况与制度障碍

在市场经济条件下，多元化的服务领域市场主体形成与参与，是服务业发展和创新的重要前提和基础。从我国情况来看，公共服务与市场化服务界定不清、适合服务业主体发展的多样化组织形式缺乏制度保障、国有服务企业现代企业制度建设滞后、事业单位改革进展相对缓慢、民营经济发展环境有待进一步改善等已成为制约服务业多元化市场主体发展的主要制度障碍。

一、我国服务业市场主体发展的总体状况

随着市场经济体制的建立和完善，我国服务业快速发展，市场主体的微观活力明显增强，但服务业所有制结构不尽合理，部分行业国有经济比重依然偏大，民间资本和外资等非公有制经济成分的参与度不高，多种所有制经济共同发展的产业格局尚未完全形成。

一方面，服务业的固定资产投资仍以国有投资为主导。2009 年，我国城镇服务业投资中的国有控股投资占比高达 53.6%，私人控股投资占比为 31.6%。与制造业相比，服务业领域的国有投资比重高出

35.9 个百分点，私人控股投资比重低出 35.4 个百分点。从服务业内部来看，2009 年交通运输、仓储和邮政业的国有控股投资占比最高，达到 88.5%；水利环境和公共设施管理业，教育，卫生、社会保障和社会福利业的国有投资比重也均在 80% 以上；只有批发和零售业、住宿和餐饮业、房地产业、居民服务和其他服务业的国有投资比重较低，私人投资比重超过了 50%（见图 8.1）。

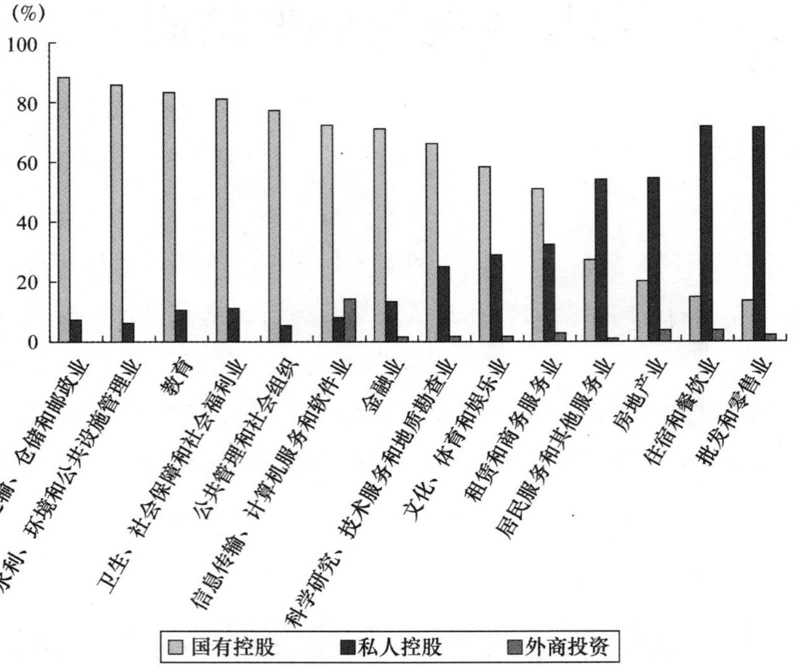

图 8.1　2009 年我国按所有制类型划分的服务业各行业城镇固定资产投资构成

资料来源：《中国统计年鉴》(2010)。

另一方面，服务业国有单位的就业比重偏高。2009 年，我国服务业城镇国有单位就业比重达到 73.8%，而同期制造业城镇国有单位的就业比重仅为 12.5%。从服务业内部看，2009 年公共管理和社会组织，教育，卫生、社会保障和社会福利业，水利环境和公共设施管理业，文化体育和娱乐业的城镇国有单位就业比重均在 80% 以上。尽管信息传输计算机服务和软件业、金融业近年来出现了不少民营或外资等多元所有制企业，国有经济的就业比重不超过40%，但其中的电信和其他信息传输服务业、银行业的城镇国有单位就业比重仍占50%左右。只有房地产业以及住宿和餐饮、批发和零售等传统商贸业的城镇国有单位就业比重低于30%。

从国际上看，OECD国家市场化服务部门[①]的就业比重平均为40%左右，其中最低的波兰也达到了30%以上，而我国该比例不足30%。

综上所述，我国服务领域中仍然存在大量国有及国有控股企业，多种所有制经济共同发展的格局尚未完全形成。单一的所有制结构，过多地依赖国有部门投入，造成服务业资源流入不足，而且弱化了市场机制在产业发展中调节资源配置的基础性作用，制约了服务领域市场主体经营效率和创新能力的提高。

二、我国服务业市场主体发展存在的主要制度障碍

（一）公共服务与市场化服务的界定不清

受传统观念的束缚，我国服务业发展长期偏重于强调公益性和非营利性，未能很好地将公共服务和市场服务加以区分，服务业市场化进展相对缓慢。医疗、教育、文化、体育、新闻出版、城市公用事业等领域公共服务和营利性服务界定不清，过多看重其社会福利、意识形态等非经济职能而忽视其作为产业的经济含义和要求，导致公益性服务领域政企不分，公共产品、准公共产品和私人产品不分，市场配置资源的基础作用无法得到充分发挥，产业发展缺乏活力和竞争力。

（二）适合服务业主体发展的多元化组织形式缺乏有效的制度保障

服务产品的无形性、不可运输性以及服务行业在技术特点、市场需

① 包括批发零售和住宿餐饮业、交通运输和通讯业、金融保险业、房地产业、商务服务业。

求等方面的差异，决定了服务主体组织形式的多样性。目前，我国多样化服务组织发展尚不充分，有利于服务企业组织形式多样化发展的法律法规有待进一步完善。

第一，对于专业服务、教育、医疗等行业中普遍采取的个人执业（符合一定资质要求的个人）及其组成的合伙制、合作制服务组织，缺乏合理的法律规范和政策引导，甚至存在一定的歧视性规定。

第二，对于商贸等一般竞争性领域中普遍采取的连锁经营、特许经营等组织形式，我国还缺乏专门的行业性法律法规加以规范，只能使用或类推适用《商标法》、《合同法》、《专利法》等相关法律。例如，特许经营中由于缺乏对特许者资格认定、加盟总部的后续服务、信息披露程度、经营技术保密等方面的详细法律规定，使得特许经营合同存在许多不规范的内容和潜在风险，不利于保护特许经营双方的合法权益，对服务业企业良性扩张形成制约。

第三，作为服务业市场主体之一的非营利性服务机构的发展缺乏应有的法律地位。从国际上看，非营利机构在医疗、教育、文化等社会服务和公益服务领域发挥着重要的作用。目前，我国对非营利机构缺乏专门的法律规范，只是在所得税法及其相关税收政策解释中对非营利组织的界定有所涉及。[①] 由于没有权威的法律规定，在现行民间组织“登记管理机关”和“业务主管单位”的双重管理体制下，非营利组织很难通过合法途径获得民间组织登记注册。此外，有关政策中对非营利机构的活动范围、经费和内容实行严格管制，税收优惠政策限制较多，一定程度上影响其发展活力的释放。

（三）国有服务业企业现代企业制度建设相对滞后

与工业领域国有企业改革相比，我国国有服务企业的改革相对滞

① 详见《中华人民共和国企业所得税法》第二十六条以及财政部、国家税务总局发布《关于非营利组织企业所得税免税收入问题的通知》（财税［2009］122号）的有关规定。

后。一方面，作为市场主体的企业治理结构和经营管理机制尚不健全，难以适应服务业快速发展的需要。国有服务企业改制后的公司法人治理结构离规范化的要求尚有一定差距：股东之间缺乏产权制衡机制，股东会作用的发挥不充分；监事会的监督功能有限，尚未形成有效的监督制约机制；公司对高级管理人员的激励约束机制不足等。此外，国有服务企业作为市场主体的经营管理机制仍需进一步完善。例如，企业经营管理者的市场化选任机制尚不健全，董事会选聘经营管理者，经营管理者行使用人权的制度还没有完全到位，企业经营班子的选任考评仍然较多沿用党政班子的考核评价做法等。

另一方面，国有垄断性服务企业产权制度改革滞后，直接影响到服务业有效竞争市场格局的建立。近年来，对国有垄断性服务企业实行的政企分开以及对原有国家垄断格局的拆分重组，很大程度上还是在"国有经济框架"内进行的，未能形成以明晰产权为基础的更严格意义上的市场竞争主体。在电信、电力等行业，经过分拆重组后，每个分业务市场名为多家运营商在竞争，实际上都有一个具有市场控制力的主导运营商。由于市场份额相差悬殊，强弱分明，不利于兼顾规模经济和竞争效率的市场结构的形成与发展。

（四）国有事业单位改革进展相对缓慢

自 20 世纪 80 年代中期，我国对事业单位体制进行了一系列改革探索，但总体改革进展相对缓慢。

一方面，事业单位发展定位模糊。目前，许多服务领域中的事业单位承担着大量行政和公共服务职能，有些还承担着许多商业性、经营性的服务功能，与政府之间的职能职责划分不甚清晰，政事不分的现象较为严重。比较典型的包括各类应用开发性科研机构、职业培训机构、社会中介机构以及部分宾馆和招待所等。一些本可以社会化、产业化的经营性业务还未被剥离出来，很大程度影响到服务业的发展规模和效率。

另一方面，服务领域事业单位的管理体制改革仍显滞后。多数事业单位仍是政府机构直属和管理的，服务内容、人事制度、收入分配受到严格管制，难以成为自主经营、自负盈亏、自我约束的服务主体，其结果不仅导致事业单位机构臃肿、效率低下，更重要的是，制约了服务业市场主体的培育以及创新活力的释放。

（五）民营经济和中小企业发展环境有待进一步改善

虽然近年来我国非公有制服务业企业数量快速增长，但从这些企业中涌现出的具有较强竞争力的大中型企业相对较少，整体盈利能力也有待提高。在2008年全国服务业企业100强中，入围的绝大多数是国有及国有控股企业，为数不多的几家民营企业基本集中在零售业和餐饮业。排名第一的民营企业是苏宁电器，仅位列第13位，其营业收入相当于第一位的中国移动的22.7%。[①] 尽管近年来国家针对民营经济制定了一系列鼓励扶持政策，但在制度建设层面，民营企业仍然受到许多歧视和不公正待遇，成为制约我国服务业发展活力和整体竞争力提升的重要原因。

一是多数企业面临融资难题。一方面，面向企业、行业的征信体系不健全，融资方式过于倚重银行贷款，使得民营企业、中小企业融资门槛过高。另一方面，在促进企业利用多层次资本市场进行直接融资方面，政策资源又较多向国有企业倾斜，民营企业、中小企业上市和发行债券的份额偏低。

二是行业、市场准入仍存在歧视性政策和“玻璃门”现象。虽然各级政府明确了民营企业在财税政策、融资服务、投资核准等方面与其他所有制企业享受同等待遇，但在实际操作过程中尚难得到有效落实，特别是在市场准入方面的进展不适应服务业开放发展的要求。不仅在电信、金融等传统垄断领域，在资源开发、城市公用事业经营、政府采购等方面，民营企业的进入仍面临一定的制约。此外，各种不透明的程序及管制规定使投资者无法辨别市场准入门槛的高低，无形中增加了市场进入成本。

---

① 根据《中国第三产业统计年鉴》（2009）计算得到。

三、政策建议

（一）促进社会服务领域公共服务与市场化服务并行发展

加快推进服务业市场化进程，将政府提供的公共服务与市场竞争业务进行拆分。特别是在教育、医疗、文化、体育等领域，对能够实行市场经营的服务，要引导社会力量和民间资本增加市场供给，实现产业化发展。对于公益性服务、保障社会公平的基本公共服务，应加快创新公共服务提供方式，将原来政府单一提供、直接提供的方式，转变为政府与社会多元化提供相结合的方式。以政府公共财政作为支撑，在继续发挥事业单位作用的同时，采用政府补贴、采购等方式鼓励民营组织、非营利机构参与提供公共服务。

（二）健全有利于服务组织多元化发展的制度体系

放宽对部分服务领域企业组织形式种类的限制，通过税收、信贷等优惠政策，鼓励和引导适合行业发展特性的服务组织发展，加快形成多元化发展的新格局。建立专门的法律法规对特许、连锁经营等行为加以规范，保护交易双方的合法权益。放宽非营利机构登记注册的制度，解决双重管理体制对非营利机构的约束，赋予各种新型的社会组织以明确的法人地位。注重各类相关法规政策的相互配套，构建多元化的非营利机构评估体系，进一步规范税收优惠立法规定。

（三）着力深化服务领域国有企业改革

加快推进服务领域所有制改革，优化国有经济布局和结构，推动跨地区、跨行业、跨所有制的资产重组和资源整合。垄断性行业要在区分和剥离竞争性环节的基础上，逐步引入市场竞争机制，以有效竞争为目标导向，形成兼顾规模经济和竞争活力的市场格局。促进国有企业主辅分离、外包生产性服务业。与此同时，加快转变企业经营机制，理顺内部管理体制和管理关系；建立完善的现代企业制度，进一步完善法人治理结构，充分利用多层次的资本市场，支持有条件的企业改制上市。

（四）稳妥推进事业单位改革改制

加快健全事业单位法人治理结构方面的改革探索，在有条件的领域探索建立理事会制度，作为事业单位的决策机构，决定本单位业务发展规划、财务预算方案、人事管理等重大事项。加快对生产经营类、中介服务类以及其他符合条件的事业单位实行产权制度改革，通过多种有效途径促进事业单位向非营利机构或现代企业转变，并积极引导和鼓励社会资本通过控股、参股、收购、兼并等方式参与事业单位改革。

（五）进一步优化民营企业的发展环境

在开放服务业准入、引入竞争的基础上，加大对民营及中小服务企业的政策扶持。一是研究制定促进服务业民营及中小企业发展政策体系，着力改善中小企业融资环境，促进民营及中小企业发展能力提升。二是完善政府采购制度，加大向民营及中小服务企业的采购支持，建立政府公共服务外包制度，为民营及中小企业发展创造更多的发展机会。三是优化小企业创业环境。进一步简化注册程序，充分发挥创业孵化作用，大力培育创业主体，完善鼓励创业的相关政策，增加创业扶持的资金投入。四是全面实施专利与知识产权战略，支持民营及中小企业的服务创新和品牌建设，加强知识产权保护和合理运用。五是加大对民营及中小企业人才培养的支持力度，促进多层次、多渠道培养各类服务业所需人才，强化人才奖励与保障制度，构建强有力的人才支撑体系。

执笔人：刘　涛

第九章

影响我国服务业发展的信用制度障碍分析与对策

一、信用制度对促进服务业快速发展的重要作用

信用制度是伴随现代市场经济体系发展形成的基础性制度之一，而加快发展服务业需要一个完善发达的信用制度体系。这是因为与一般意义的制造行业提供标准产品不同，服务业提供的“产品”更具有后验性、多元化、差异化特点，因此，服务业对于信用制度具有更强的依赖性，良好的信用制度不仅可以为社会分工合作提供坚实制度框架，更重要的是它可以减少经济活动的不确定性和不对称性，增强服务交易透明度，大大降低交易成本，帮助市场经济主体形成稳定、可靠的预期，从而增强服务消费意愿，有利于扩大市场交易规模和培育良好的市场交易秩序，促进整个经济社会的健康稳定发展。

一是完善的信用制度对于挖掘服务业增长潜力至关重要。经过30多年改革开放，我国经济已基本上步入了社会主义市场经济的轨道，单纯依靠自身力量扩大再生产的增长模式已经不能满足服务业快速发展需要，必须借助各种信用形式去筹集资金和资源，这将直接导致服务业中的债权债务关系日趋紧密，信用关系将深入渗透到服务业的每一个部门、每一个环节，从而带来服务业中信用交易规模的爆发式增长。市场

信用体系的结构也日益丰富多样，在服务市场交易关系和交易行为中不仅大量存在银行信用关系，而且在工商企业之间的商业信用规模也不断扩大，因此，建立一个完善的信用制度是实现服务业快速发展的重要基础条件。

二是完善的信用制度有利于进一步开拓服务业发展的内涵。从服务业发展趋势来看，一方面，不仅现代服务业呈现出技术密集、信息密集以及资金密集等特点，而且传统服务业也面临着通过现代化、信息化等手段进行提档升级的严峻挑战。这些基于知识的服务交易越来越离不开良好的社会信用制度保障，无论是知识产权外部交易，还是作为知识载体的人力资本流动，都依赖于征信系统以提供准确的企业和个人信息。另一方面，未来服务业呈现与制造业高度融合发展态势，服务成为一种不可或缺的“高端要素”。现代服务企业往往可以运用研发、金融、营销、品牌等关键环节去整合整个产业链条，在跨行业、跨区域和跨部门的融合发展中，对交易各方信用信息的透明度提出了更高要求。因此，建立完善的信用体系是实现服务业创新发展和科学发展的先决条件。

三是完善的信用制度是维护服务业运行秩序的重要保障。信用是维护良好的市场秩序的重要前提条件，个人、企业、政府、金融机构、国际收支这些部门的任何经济活动都离不开信用关系，信用关系已成为现代经济中最基本最普遍的经济关系。因此，要尽快建立完善与服务业快速发展相适应的信用体系，解决企业信用的缺失和不足的阶段性矛盾，加强规范服务业的市场运行秩序，进一步提高市场交易效率，充分发挥市场机制对资源配置的基础作用，促进服务业健康、快速发展具有格外重要的意义。

四是完善的信用制度是适应服务业参与全球化竞争的客观需要。随着改革开放程度日益加深，服务业参与全球化竞争的步伐不断加快。由于国际上市场化国家大多拥有较为完善的信用体系，信用体系成为经济社会健康发展的支撑性框架，严格规范着各类市场参与者的经济行为，使之合乎市场经济诚信准则的要求。因此，改善我国目前服务业信用环境，整体提高服务企业信用程度，将有利于我国企业适应经济全球化的严峻挑战，有助于提升我国服务企业在全球产业分工中的地位和国际市场上的竞争力，促进国际服务贸易市场份额的可持续增长，使我国服务业企业在参与国际竞争中处于更加主动的地位。

二、影响我国服务业发展的信用制度障碍分析

当前我国正处于发展方式实质性转变的关键时期，产业结构不断优化调整，服务业对于带动国民经济全面协调发展的作月日益提高，因此，服务业对信用制度建设也提出了更高更新要求。但是，我国个人、企业以及政府的信用制度建设还远远落后于服务业发展的客观要求，从而阻碍了服务业加快发展步伐。具体表现为以下几个方面：

（一）信息缺乏共享机制，增加了服务业的交易成本

信用制度建设的目标是在全社会范围内形成开放、透明和公平的信用信息共享机制，促进信用信息的合理使用，从而降低经济运行成本。这对服务产业来说尤其重要。但是目前我国尚未形成统一、公开、高效的信息共享机制。

一方面，信用数据的市场共享程度较低。从信用信息渠道来看，信用信息主要包括三大类：第一类是政府机构或公共部门的公开信息，如税务机构的欠税名单、法院对个人拖欠借款、破产、犯罪等方面的审判和裁决信息、公用事业部门的收费记录等；第二类是银行、信用卡公司、零售企业、租赁商、住房抵押贷款机构等授信机构提供的信用交易记录；第三类是专业信用报告机构提供的信息。但是，目前政府、企业和个人信用信息的正常获取机制和途径均尚不完善，政府信息的公开程度和协调程度不足，只有少数部门实现了部分信息数据向社会开放，而且开放的数据不完整，更多的部门和机构采取垄断式保护，部门之间的信息不

能联通，形成相互分割的“信息孤岛”现象，这大大增加了社会经济运行成本。同时，由于企业和个人信用信息公开的界限、内容和渠道都尚未明晰，也在很大程度上制约了企业和个人信用信息共享程度。

另一方面，即使对于已经共享信用信息来说，也缺乏进一步的开发利用。在推进信用体系建设的过程中，更多是从硬件环节入手，建立有形的信息平台或者数据库，导致大量投资更倾向于信用信息的简单归集，而忽视数据信息的实际利用。由于信息共享的体制机制、配套措施等软环境建设没有到位，不仅供求主体之间信息传输缓慢、更新滞后，而且信用信息的利用价值和利用效率不高，造成服务业的市场主体无法充分利用社会信用的联防机制规避交易风险。

（二）信用服务准入门槛尚不明确，不能满足服务业快速发展需求

目前，我国征信行业的准入门槛还比较模糊，产业结构不尽合理，已经不能满足服务业内容拓展和发展模式创新的需求。现在我国信用评级机构总量较多，国内资信评级机构大约在50家左右，这还不包括各地、各家商业银行以及各地工商局下属的信用评级机构，其数量远远超过发达国家的水平。但“散、小、低”（即规模小、经营分散、组织化程度低）的问题还比较突出。

产业集中度相对较低直接导致信用服务能力和服务质量不足。服务业的迅速发展，需要提供与之相配套的信用产品，但从当前信用服务的供给来看，国内有实力来提供高质量信用产品的机构或企业还很少，信用产品缺陷多，权威性不足，无法满足服务业结构升级和创新发展的客观需要。同时，信用服务企业的竞争力不足也导致新产品开发和创新能力，以及对市场的快速反应和应变能力都还比较缺乏。大多数信用服务还仅处于信用报告的初级水平，信息查询品种单一，信用评级核心业务有待继续开拓，个人资信信息整合、使用、修正的各项流程尚未建立，信用中介机构对征信市场的细分和优化还没有通过产品开发付诸实践。

（三）缺少有效的信用奖惩机制，削弱了服务业和消费者诚信发展动力

信用奖惩机制是信用制度的一个重要环节，而服务业许多业务最终评价来自于事后反馈信息，因此，良好的信用奖惩机制对形成服务企业诚信经营和消费者诚信消费，具有十分重要意义。

从信用惩罚机制看，目前社会失信惩罚机制尚不健全。社会没有建立系统有效的信用联防机制，信用信息不对称，失信者的“黑色记录”得不到合法的收集和有效披露，导致尚未达到刑事犯罪程度的大量失信行为得不到相应的惩罚，社会失信成本过低。而短期的市场秩序整顿往往只是“治标”措施。另外，失信惩罚机制不健全助长了失信行为的气焰，不讲信用的服务企业和消费者得不到社会行为规范的谴责，更重要的是大大削弱了守信主体的市场预期，扰乱了社会信用道德的评价标准，不利于形成服务业诚信发展氛围。

从信用奖励制度看，也应对有良好信用记录的经济主体进行奖励，促进相关资源向信用等级较高的经济主体倾斜，鼓励其继续维持良好的信用水平。例如，对于信用良好、信用等级较高的服务企业在股票和企业债券发行中能够给予优先安排，可以获得银行较高的信用额度和更为优惠的利率价格等，从而促使企业建立完善的信用风险防范体系，加强自身信用管理，使企业自身的信用管理水平从根本上得到提高，从而有助于形成良好的社会信用制度，更好地促进服务行业发展。

（四）立法进程相对滞后，服务业缺乏充分的信用制度保障

由于信用涉及个人隐私、企业商业秘密和国家信息安全，因此，必须通过法律形式对各种信用信息内容、披露和监管行为进行规范，完善的信用法律体系既是信用制度建设的自身需要，也是服务业快速发展的制度性保障。但是目前我国信用相关立法较为薄弱，现有法规层次较低，

法律之间的衔接不足，无法为服务业发展提供良好的信用制度保障。

一是尽管我国已经出台政府信息公开条例，但信息公开程度以及信息共享程度仍需进一步完善。特别是现阶段服务业发展日新月异，新兴业态和发展模式层出不穷，对相关产业现状、市场动态、政策导向等公共信息的需求激增，而政府信息透明不足无法为服务业发展提供更为有效的公共服务。二是与企业信用相关的法律法规不完善。对企业信息采集的范围、方式，信息的处理和披露，法律责任以及征信机构设立和监管等问题尚未做出系统明确规定。同时，我国没有统一的专门的法律对企业商业秘密进行规范，相关规定主要分散在其他法律以及部门规章和地方性文件中，部分法律的层级较低，随着市场竞争的不断深化和服务业发展对信息公开化要求的提高，这种分散式的法律难以对企业商业秘密提供有效保护。三是与个人信用相关的法律规定比较庞杂。其中主要涉及《民法通则》、《合同法》、《担保法》、《票据法》、《证券法》、《电信法》等法律中，由于缺少与个人征信直接相关的立法，立法缺位使得个人征信机构组织模式、市场进入和退出、行业监管、权利和义务、个人信用信息安全和隐私保护等界限模糊。

（五）信用建设的国际化程度不足，阻碍服务业“走出去”步伐

为了适应经济全球化和遵守 WTO 贸易规则的需要，我国过去的封闭式的企业资信信息环境已经逐步有所改善。自 20 世纪 90 年代中期以来，有 60 万余家我国企业的资信数据达到一定质量标准并被收入到“世界数据库（World Base）”中，但是这与我国企业的实际需求还相距甚远。特别是随着服务贸易比重的日益增加，国际服务贸易主体越来越重视企业的信用纪录和信用等级，因此，信用制度的标准化和国际化显得尤为迫切，这也是服务业“走出去”的重要制度保障之一。

我国服务业企业的信用体系在标准化建设方面还存在很多问题，突出表现在数据建设的标准不统一和资信评级的指标体系不一致，在信用

数据格式、内容、指标和标识标准以及数据库技术支持软件方面存在较大差别，这大大影响了信用体系标准化程度。从标准化内涵来看，包括信用信息采集技术标准化、数据库建设的标准化、专业资信评级指标标准化和信用报告文本标准化等内容。前两项的标准化是为信用信息的共享提供方便，而后两项的标准化是为信用服务的应用和推广奠定基础。因为，为了保证服务业信用评价实现权威性、公正性和一致性，大力推进标准化工作将发挥至关重要的作用。特别是应该加强标准制定工作，考虑国内标准与国际标准的合理衔接，实现信用体系建设标准化，以便能够把信用信息整合到一起，建立全国性的信用体系，从而为服务业“走出去”提供良好的信用体系支撑。

三、进一步完善我国信用制度建设的政策措施

（一）加强信用制度规划和实施力度

加大财政资金、技术保障以及相关公共政策支持，推进各个地区信用体系建设工作。各级政府和各相关部门要结合实际，制定本地区、本部门信用体系建设规划和方案，制定相关的政策措施，积极推进政务信息公开，加快各级各部门政务信息电子化、网络化建设，建立完善电子政务技术平台，大力推广使用信用产品，引导和鼓励企业提高信用体系建设的投入力度。

（二）建立和完善政府信用、企业信用、个人信用三大主体信用共享机制

结合不同类型信用体系的特点和客观需要，抓住社会信用体系建设的重点，对政府部门、司法机关、中央人民银行和企事业单位掌握的各类企业的身份信息、业绩信息、提示信息、警示信息，进行归集整合，

实现信息互联和共享，为政府监督管理和社会信用查询提供公共管理支撑。同时，通过信用信息系统，逐步提高政府信用信息、企业信息和个人信用信息的披露范围和披露程度，向社会提供社会监督和信用信息的查询服务。

（三）强化守信受益和失信惩戒机制

在大力弘扬信用制度理念、普及信用知识、营造信用社会氛围、鼓励守信主体的同时，着重提高失信成本，加大行政监督和执法力度，制定和细化信用违法处罚办法，依法强化对违约失信当事人的处罚，尤其对严重失信并造成恶劣后果的当事人，要依法从重处罚，并及时披露其失信行为，对于尚未触及法律的失信行为应发挥社会监督作用，使其付出相当的失信代价，从而减少失信行为的内在动机，积极引导社会、企业和个人加强相关信用建设工作。

（四）加快推进信用法制建设

根据现阶段我国社会信用体系建设的需要，借鉴国内外的做法和经验，制定适合我国国情的信用法律法规体系，为社会信用体系建设提供有力保障。建立完善信用信息征集和披露、信用咨询和评价、信用惩戒和激励、征信机构管理等法律法规。通过建章立规，明确征信服务的基础性信息标准，界定信用信息的公开范围，规范信用管理部门、信用服务机构及从业人员的行为，确定政府行政管理和执法部门、企业及个人提供基本信用信息的义务等，为各种社会信用活动的开展提供法律层面的支持。

（五）培育规范中介组织，实现信用服务业的科学监管

按照完善法规、特许经营、商业运作、专业服务等原则，培育发展信用调查、咨询、评估、担保等信用中介组织和服务机构，引导中介组

织恪守职业道德、完善自律机制，发挥中介作用，维护和促进市场交易公开、公平、公正。加强对社会中介机构的信用监管，严厉打击非法中介机构和违法、违规中介活动，对蓄意合谋出具虚假验资报告、评估报告、审计报告、质量认证担保证明的中介机构，要依法严惩。建立社会中介服务机构的市场准入、退出机制，促进社会信用服务业的规范发展。

执笔人：刘卫民

第十章

制约我国服务业发展的税收制度障碍分析

近年来，随着我国城市化水平的快速推进和工业化水平的不断提升，服务业已经进入一个加速发展的阶段，专业分工不断细化，服务业与制造业的融合度不断加深。但现行的税收制度还存在与服务业发展不相适应的问题，税率偏高、税负不均、税制复杂、税收支持力度不够等因素已经成为制约服务业进一步发展的主要障碍。

一、制约服务业发展的税收制度障碍分析

（一）税负较重、税负结构不合理制约了现代服务业的发展

与制造业相比，我国现代服务业税收负担较重。2008 年，批发和零售、金融、房地产、租赁和商务服务、居民服务行业的总体税收负担分别为 29.6%、38.8%、26.6%、25.1%、28.5%。而同期制造业的税收总负担为 21%（见表 10.1）。上述服务业增加值之和占整个服务业增加值的比重达到了 50%，占 GDP 的比重约 21%。

从税负结构来看，服务业流转税负担相对较低，但企业所得税和个

表 10.1　　2008 年分行业总体税负比较　　单位:%

行　业	总税负	流转税	企业所得税	个人所得税	其他
制造业	21.0	12.9	2.6	0.7	4.8
服务业	20.6	7.2	5.7	1.9	5.8
其中：交通运输	9.3	4.3	2.9	1.0	1.0
信息传输、计算机服务及软件业	11.3	3.1	6.9	0.8	0.4
批发零售	29.6	12.8	6.1	1.2	9.4
住宿及餐饮	7.8	5.0	0.9	1.0	0.9
金融业	38.8	9.4	18.1	3.1	8.2
房地产	26.6	11.7	8.5	0.9	5.5
商务租赁	25.1	10.7	6.5	5.5	2.5
居民服务及其他	28.5	8.4	4.0	4.2	11.9

资料来源：根据《中国统计年鉴》（2010）和《中国税务年鉴》（2009）的数据计算。

注：①流转税是指国内增值税、营业税和国内消费税的合并。

②分行业税收负担 = 分行业税收收入/分行业增加值。

人所得税税负普遍较重，是制造业的两倍。其中，由于税率较高、企业不能进行加速折旧等方面的原因，批发零售业、信息传输、计算机服务及软件业、房地产和商务租赁的企业所得税负超过了服务业平均水平，而金融业甚至是平均水平的 3 倍多；个人所得税方面，金融、商务租赁、居民服务及其他这三个人力资本投入比较密集的行业的税负分别为 3.1%、5.5% 和 4.2%，而制造业的个人所得税负担仅 0.7%；服务业其他种类的税收负担平均看也高于制造业，其中批发零售、金融和居民服务及其他行业问题最为突出。

（二）服务业营业税重复征收，阻碍了分工的进一步深化

我国营业税以流转全额为税基，除了部分行业（例如交通、旅游）外，没有进项抵扣政策，上一环节的营业税也将作为价格的一部分而成为下一环节的税基。营业税这种在流转环节全额征收的特点会导致重复征收的问题，从而使得服务业的营业税负随着流转环节的增加而上升。

营业税重复征收的弊端让服务领域流转税税收负担总体上高于商品领域。根据测算，2008 年我国规模以上工业企业的流转税税收负担大约为 3.5%，其中制造业为 3.1%，而服务业营业税税收负担超过了 5%（见表 10.2）。

表 10.2　　2008 年我国主要服务行业流转税实际税负情况　　单位：%

行　业	税收负担
营业税	
服务业（按增加值加权平均）①	5.3
服务业（按增加值加权平均）②	5.1
其中：铁路	3.3
装卸搬运和其他运输服务业	2.4
仓储业	1.1
计算机服务业	2.6
软件业	1.0
租赁业	18.2
商务服务业	4.3
居民服务业和其他服务业	21.1
电信	3.0
房地产	6.4
餐饮业（限额以上）	8.9
住宿业（限额以上）	4.5
与增值税的对比	
批发	1.3
零售	1.9
规模以上工业企业	3.5
其中：制造业规模以上	3.1

资料来源：根据《中国统计年鉴》（2009）和《中国税务年鉴》（2009）的数据计算。

注：①不包括批发零售行业。②不包括批发零售及住宿餐饮。

税收负担 = 营业税或增值税税额/销售收入

营业税重复征收特点限制了产业分工的进一步深化。这在服务分包和转包等领域体现得尤为突出。在服务业尚不发达、分工尚不细致的时期，重复征收的现象对服务业发展的影响还不显著，尤其是针对交通等行业出台的过渡性规定一定程度上也缓解了重复征收的不利影响。但随着近年来我国服务业内部的细分以及服务业与制造业的融合逐步加深，分包转包现象已经相当普遍。以目前蓬勃发展的咨询服务业为例，客户往往希望咨询机构能够以总承包的方式提供一站式服务，开展涉及法律、咨询、会计、评估等多项服务。但一家咨询机构往往只能完成部分业务，其他业务必然要分包给其他专业咨询机构。按我国对营业税征收的规定，除特殊领域外，普通咨询业不属于可以实行抵扣的情形。因此，分包转包的结果是不增值但增税，从而带来服务经济交易成本的上升，制约了专业分工。

（三）增值税税收抵扣范围狭窄，影响了生产性服务业的进一步发展

随着制造业不断向更高阶段发展，进一步提升生产效率的客观需求促使产业链条的专业化和精细化程度不断加深，制造业企业内部服务型业务外包和业务分离的要求在逐步提高。但是，由于增值税税收抵扣链条中断，造成不同产业之间或者同一产业链上不同环节的税制不同、税负不均，影响了生产性服务业的进一步发展。

一方面，增值税抵扣范围狭窄，延缓了制造业内部服务功能的“外化”。尽管主辅分离之后的生产性服务企业较制造业企业的内部服务机构更具有专业化的优势，但由于服务业企业不能享受进项税额抵扣，导致分离之后的服务企业成本偏高，竞争能力下降。从上海的情况来看，因流转税制不衔接所导致的生产性服务业成本差异平均值超过2%，而在物流运输、信息服务等资本密集型行业，这一成本差异甚至达到了5%以上。

另一方面，同一产业链条上不同环节也存在税率不同、税负不均的问题，不能适应产业的高度融合。以物流行业为例，由于现行营业税的税目注释产生于20世纪90年代初，当时并没有物流的概念。目前物流

业务按照产业链条分别适用于税目注释当中的交通运输、邮政电信和服务业，税率分别为3%、3%和5%，对兼营不同税目并且不能分别核算的从高计征。在实际经营中，综合型物流企业各环节业务上下关联，很难区分各个环节的收入。税率不同、税负不均不仅有碍于物流业“一体化”运作，也不利于税收征管。

（四）多环节征税和长期“重货物轻服务”的进出口税收政策制约了服务贸易的发展

我国对外贸易近年来发展迅速，但服务出口贸易发展与货物出口相比相对滞后。2009年我国服务贸易出口金额为1295亿美元，仅相当于同期货物出口的10.8%，而且服务贸易持续逆差。大力促进服务贸易发展不仅可以拓展对外贸易的市场空间，避免贸易摩擦，而且还可以提高出口商品或服务的附加价值。但是与服务贸易发达的国家相比，我国尚未建立比较完善服务出口免退税制度，目前只有在境外提供劳务才能免征营业税的政策，限制了人员在境内而劳务出口到境外的行业的发展。现行的《营业税条例》规定，如果提供服务和接受服务都在境内，就按中国境内服务征收营业税；涉及进口服务的，无论最终产品或服务是否出口都要对进口服务征税，这与国际统一按消费地征收的原则并不一致。此外，鼓励进出口的税收制度存在“重货物轻服务”的状况，少数仅有对服务贸易的营业税优惠，也体现了对制造业产品出口的支持，比如保险机构对出口货物提供保险所取得的收入可以免征营业税。

（五）企业所得税不适应企业异地经营的特点，同时对服务业优惠力度不够

企业所得税是我国第二大税种。2008年1月1日新的《企业所得税法》正式实施，内外资缴纳企业所得税标准统一对企业的公平竞争起到重要促进作用。但目前企业所得税对服务业发展还存在以下两个方

面的制约。

一是现行的企业所得税不利于企业总部和分支机构的异地运营。目前国内居民企业以企业注册地为纳税地点，居民企业在国内设立不具有法人资格的营业机构，应当汇总计算并缴纳企业所得税。这一规定使得各地方政府进一步对本地营业机构的法人性质进行强化，分公司性质的分支机构发展遭遇了重大障碍，“母子结构”被进一步强化，即总部和分支、分支与分支之间变成了相互独立的企业法人，企业只能在子公司的基础上分别缴纳所得税。这种缴纳所得税的方式，使得企业无法将亏损子公司的亏损额在计算汇总纳税时扣减，加大了企业税收负担。以上海的百联集团为例，每年仅因为所得税无法汇总计算和缴纳而给企业带来的额外税收负担超过了 5000 万元，若加上难以执行集中采购、综合配置所带来的效率损失，总的税收负担接近一个亿，约占集团年盈利的 6%。

二是企业所得税优惠政策一般仅针对生产型企业的研发活动，但很多重要的现代服务业并没有覆盖。以融资租赁行业为例，融资租赁具有金融和实物贸易的双重属性，对促进大型设备的销售、解决中小企业融资难、盘活闲置存量资产等具有重要作用，是非常重要的生产性服务业。但国内租赁行业的发展和我国总体经济地位并不相称，我国租赁渗透率（通过租赁投资额占社会固定资产投资比率）不到 1.5%，而发达国家一般保持在 10%～25% 之间，美国更是长期保持在 30% 以上，相比之下我国租赁业发展空间很大。但从其发展的税收环境来看，税收优惠政策并不明确。首先是缴纳企业所得税时，我国融资租赁相关的固定资产折旧基本上仍按照使用年限折旧，加速折旧并不适用。而加速折旧往往是发达国家促进融资租赁业发展的重要税收优惠措施。其次，融资租赁的坏账准备金计提也受到限制，融资租赁业积聚的风险不能得到有效释放，不利于租赁业的审慎经营和风险防范。

（六）个人所得税税率较高和征收方式不合理，限制了知识和技术密集型服务业的发展

知识和技术密集型服务业是现代服务业的高端领域，是现代服务业中创新水平和附加值最高、产业带动和辐射能力最强的行业。加快发展知识和技术密集型服务业，不仅有利于扩大就业、增加税收，也有利于集中推进技术外溢，激发自主创新，提升我国国际竞争力。知识和技术密集型服务业自身的特点决定了其发展关键要依靠高端的人才。高端人才收入水平普遍较高，个人所得税的税率成为影响高端人才聚集的主要因素之一。与主要经济体相比，我国个人所得税征收税负水平偏高。目前，我国适用的个人所得税税率高达45%，大大高于我国香港（17%）、新加坡（20%）、美国（35%）、韩国（39%）等国家或地区（见图10.1），严重影响了人才的引进和积聚。目前一些地方政府在不能改变个人所得税税率的前提下，通常采用人才奖励、财政资助等方式来平衡较高的税负，但这样的措施往往延续时间不长而且不透明。

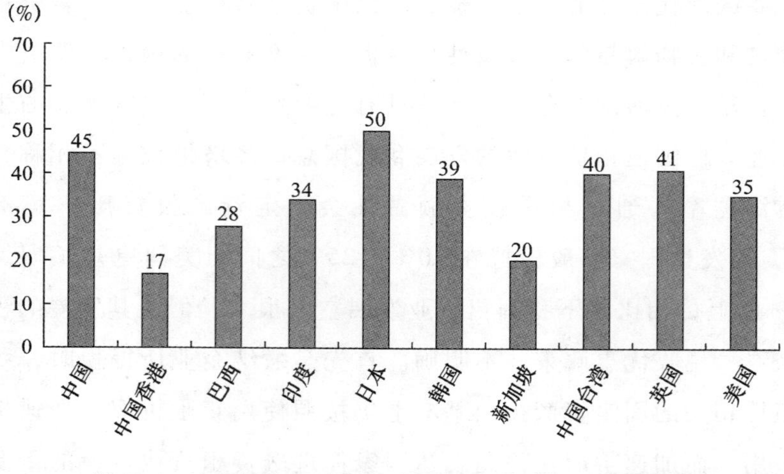

图10.1　主要国家（地区）个人所得税的最高边际税率比较

资料来源：Economic Freedom of the World：2010 Annual Report。

此外，各地在个人所得税征收的具体政策上，也存在一些影响服务业发展的问题。例如，对于跨区域承接服务项目的企业，不仅要在企业

注册地缴纳个税，而且还要按照项目所在地政府要求缴纳个税（如按照项目合同金额的1%缴纳），而且不能计入企业成本。

（七）现行的中央和地方财税制度安排不利于调动地方政府发展服务业的积极性

1994年的财税改革是我国制造业快速发展、工业化进程持续推进的重要保障。改革形成的财税制度是服务和适应工业尤其是制造业发展的，其中存在很多不利于服务业发展的因素，不能很好的调动各地发展服务业的积极性。这主要体现在：一是以生产性增值税为主的财税制度，决定了各级政府的财政收入主要来自生产环节，为增加税源和财力，各级地方政府均倾向发展短期内见效快、能够迅速带来税收的制造业；二是中央和地方税收划分不尽合理，在一些与服务业有关的中央税和共享税的税种划分以及分配比例方面失调。比如，在大量占用地方资源的前提下，电信、银行、证券等大型服务业企业的税收却主要由中央收缴（见图10.2）。财税体制方面存在的上述问题，使地方政府发展服务业的积极性不够。

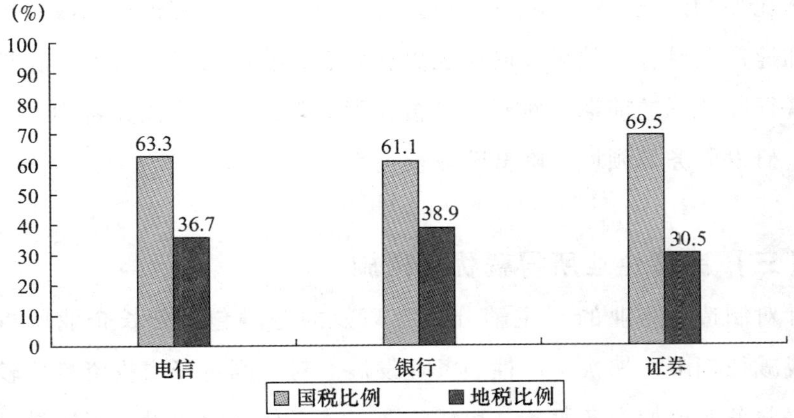

图10.2　2008年电信等重要服务业税收缴纳比重

资料来源：根据《中国税务年检》（2009）计算。

二、政策建议

（一）扩大增值税征收范围

针对增值税和营业税分割所带来的抵扣链条中断、税负不均等方面的问题，在合理调整中央和地方的财政收入比例、严格征管的前提下，分阶段扩大增值税的征收范围。首先，可以从与生产结合更为紧密的物流行业、金融服务业以及融资租赁开始，进一步扩大增值税的抵扣范围，然后渐次延伸到其他服务业。其次，增值税扩围以后，由于增值税率较高，部分服务业企业可能会由于进项抵扣不足，造成征增值税之后的税负反而比征营业税时高，因此增值税扩围之前还需要明确抵扣范围、计量方法以及是否适用差别税率。

（二）重新修订营业税税目，简化税制和降低税率

在充分考虑产业分工和产业融合发展的前提下，针对一些重要的新兴业态比如物流业，简化税制或单独设立税目，以起到促进税收负担公平、加速产业融合的效果，同时也更有利于税收的征管。另外，在扩大增值税征收范围的前期，对于没有覆盖到的现代服务业比如咨询、文化创意、研发服务等领域，降低营业税税率。

（三）完善企业所得税优惠措施

针对制造业企业的“主辅分离”以及服务外包，延长企业所得税免征或减征期限，加快生产性服务业发展。对于固定资产投资量比较大的新兴服务业比如商务服务、租赁行业，或者信息化建设投资比重日益上升的零售业，允许其缴纳企业所得税时固定资产加速折旧。

(四)完善促进服务出口贸易的免退税税收制度

对服务贸易行业在境外取得的境外收入免征营业税，对于缴纳增值税的服务贸易企业实施出口退税。具体税收优惠程度可以参照货物贸易的做法选取重点行业差别对待。同时，为了进一步鼓励大型服务贸易企业“走出去”，可以允许服务贸易出口在集团项下“合并纳税”。

(五)适当降低个人所得税最高边际税率，减少税率档次

我国个人所得税有9级，税率最高的一级为45%，中高收入的税负超过了35%。而香港税率只有4级，最高一级17%，中高收入者的平均税负仅为15%；美国税率有5级，最高一级为35%，中高收入人群的平均税负不足30%。税收是吸引服务业高端人才的重要杠杆，可以通过根据简化税制、降低税率的原则，缩减累进税率结构，降低最高边际税率，适当提高起征点等措施促进在人力资本方面的投入。

执笔人：许　伟

第十一章

金融服务业发展的主要制度障碍分析及政策建议

改革开放30多年来，我国多层次的金融市场体系逐步形成，金融监管体系和金融法规建设逐步健全，市场参与主体逐步成熟，金融产品逐步丰富，金融对外开放进一步扩大，金融业在国民经济当中起到越来越重要的作用。但是，与欧美等主要的发达经济体相比，我国金融服务业在总体上仍然存在不小的差距。通过对制约金融服务业发展的原因进行调查，发现金融服务业发展对制度环境的要求较高。其中，法治化水平、信用体系、税收制度、民营企业发展环境、市场准入、行业监管和要素市场化等对金融服务业发展约束比较突出。[①]

一、金融服务业发展的突出障碍

（一）法律法规不健全，法治环境还需优化

改革开放以来，我国金融服务业领域的改革一直是坚持市场化和法

① 资料来源：国务院发展研究中心市场经济研究所关于金融服务业的调查问卷。金融服务业细分为：银行业、保险业、证券业以及风险投资及私募股权基金。调查项包括：法治水平、信用体系、中小企业和民营企业发展环境、政府职能、产权制度、要素市场化、教育制度、行业监管、社保体系、户籍制度、知识产权保护、商品或服务市场化、税收政策、开放程度。

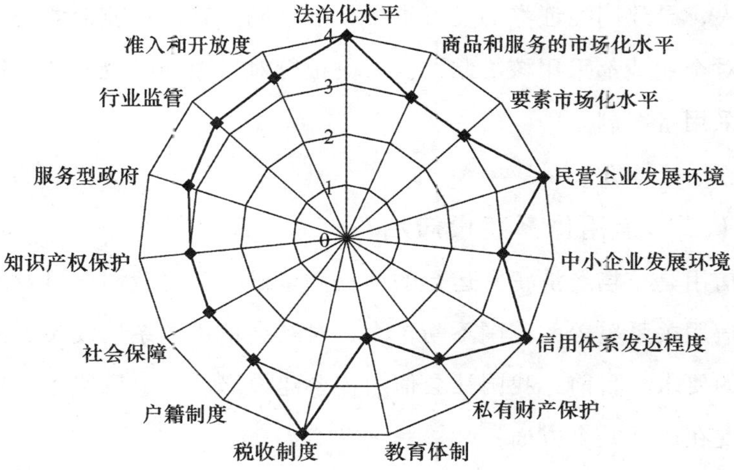

图 11.1　金融业对不同制度的依赖度和敏感度

治化的道路。但是，当前法治水平和效率还不能适应金融服务业的快速发展。

首先，金融法制建设不完善，还不能满足服务创新和服务质量进一步提升的要求。当前的金融法律法规，在一些方面限制得过严，不能做到“非禁即入”，但同时又在投资者和消费者保护、对金融机构开展综合性业务的监管、征信等领域存在空白。比如，我国至今尚未建立存款保险制度，实质上推行的是以政府信誉做担保的隐形存款保险制度，缺乏法律明确规定。对保护金融服务消费者的立法也很欠缺，由于金融机构刻意隐瞒产品风险、夸大产品收益、混淆产品概念等手段损害顾客正当权益而导致的纠纷日渐增多。

其次，政府干预过多，市场在资源配置过程的主体作用还没有得到充分发挥。比较突出的是证券发行环节存在行政控制环节过多、审批程序过于复杂、发行溢价过高等问题。一是股票发行体制仍然采用行政色彩较浓的核准制，从发行人资格审查、发行规模、上市时间等很多方面都由主管机构决定，中介机构和专业机构投资者在发行定价当中的作用没有得到充分发挥。而在成熟的境外市场，股票发行普遍实行注册制，程序更加便捷和标准化，定价机制市场化。二是不同部门制定的规则差异较大，导致同类证券的发行审批标准不同。目前证监会对公司债、发改委对企业债都采用核准制，而人民银行对于短期融资券和中期融资券等则采用备案制。

（二）信用体系建设滞后

信用是市场经济正常运行的前提和基础。随着我国金融业的迅速发展，信用关系覆盖的范围不断扩大，对社会信用体系的发展提出了更高层次的要求。目前，我国社会信用体系建设滞后于金融服务业发展，主要体现在以下几个方面：

一是条块分割现象比较突出，信息共享受到制约。目前只有少数部门基本实现了部分信息数据向社会开放，但开放的数据不完整，大量有价值的信息被闲置，信息资源浪费严重。同时，信息垄断问题比较突出，各部门、各行业的信息难以共享，给信息的采集、使用带来很大困难。

二是信用产品较为单一，针对性和权威性不足。当前，国内有实力来提供高质量信用产品的机构或企业还很少，信用产品供给还无法满足服务业结构升级和创新发展的客观需要。比如，信用管理方面的薄弱和社会信用中介服务的匮乏，使得银行为规避风险在开展中小企业的融资业务时难度更大。

三是信用管理中介服务业缺乏自律和有效监管。征信机构之间为争夺有限市场竞争很激烈，业务开展过程存在较多不规范的地方，比如出于自身利益的考虑，一些机构往往滥用被征信对象的秘密或隐私，或者出具误导性的征信结果。同时，我国征信行业监管的法律法规体系尚不完善，合理的监管模式还没有形成。现有征信机构、尤其是外资征信机构，在市场进入环节和营运过程中缺乏监管。

（三）税负过重，税收结构不合理

金融服务业领域税收主要由企业所得税、印花税、营业税以及个人所得税等组成。目前，我国金融服务业领域的税收还存在税负过重、税收结构不合理的问题。其中营业税方面，以流转全额为税基，除了部分行业（比如交通、旅游）外，没有进项抵扣政策，上一环节的营业税也将作为价格的一部分而成为下一环节的税基。对于金融保险业这样流转环节较多的行业征收营业税，可能会导致重复征收的问题。个人所得税税率方面，我国适用的个人所得税税率高达45%，严重影响了人才的引进和积聚。印花税方面，资本市场建立20年来，印花税数次调整，造成了股市的较大波动，同时印花税税率过高也成为制约我国证券市场快速发展的一个因素。从资本市场发达的国家经验来看，证券税收体系以所得税为主，并不通过对交易环节征税来调控证券市场。同时，为了降低交易成本，刺激市场，提高本国证券市场的国际竞争力，多数国家下调证券交易税，直至最终将其取消。

（四）民营资本进入限制过多，行业竞争程度不够

当前，我国金融服务领域对内和对外开放不够，尤其是对民营资本进入限制过多，现有机构缺乏竞争，使得国内金融服务供给不足，质量不高，难以满足非金融机构和家庭多样化的投融资或避险需求。

首先，对于民营资本目前还缺乏明确的金融市场准入和退出条件的规定，针对民营资本进入金融业的支持和保障力度明显不够。2010年的“新非公三十六条”明确提出要在加强立法、规范准入、严格监管、有效防范金融风险的前提下，允许非公有资本进入甚至发起设立金融服务机构，或者参与金融机构的改组改制。但目前民营资本参与金融服务业常常遭遇各种有形和无形的障碍。比如，小额贷款公司增资扩股手续繁琐，而且转变为村镇银行必须以银行业金融机构作为主发起人，其他条件也较苛刻。

其次，民营金融机构进一步发展面临后续资金不足的问题，对小额贷款公司而言尤其明显。2009年12月末，全国小额贷款公司注册资本金是821.98亿元，实收资本817.20亿元，实收资本占资金来源的

86.85%，而从商业银行融入资金比例只占全部资金来源的6.71%[①]。《贷款通则》不允许商业银行向小型的贷款公司发放批发贷款。实际操作当中，已经有一些大的商业银行进行了尝试和突破，向小型金融机构发放一些批发贷款，利用小型金融机构的网络优势以及识别风险的独特技术，把批发贷款获得资金零售出去。但目前对批发贷款的限制过大，特别是促进民营机构发展的信用担保机制和财税支持政策也跟不上。

（五）多层次的监管体系还不完善

随着金融开放程度的不断加深，我国的分业监管模式受到全球金融一体化和混业经营的挑战。目前我国金融服务业监管还存在行政管制手段偏多，各监管机构的联系不强，行业自律组织建设不健全等方面的不足。

首先，监管手段相对单一，行政性手段过多。按照发展市场经济的要求和发达国家的经验，完善的金融监管手段应该以法律手段为主，辅以行政和经济等手段。但由于我国金融体系具有新兴加转轨的特征，现代金融监管起步较晚，现阶段金融监管着重直接监管和合规性监管，行政性干预较多。行政监管手段的一大弊病就是在具体监管过程中随意性大，实施监管措施上"一刀切"，各种审批手续较为繁杂，监管的导向性和互动性不强，监管效率亟待提高。

二是监管范围较窄，难以适应金融创新的快速发展。从监管内容看，目前我国金融机构把监管的重点放在对传统业务的监管上，对于金融创新推出的各种新业务和新产品还缺乏有效的监管。目前金融创新的快速发展给金融监管提出了新的要求，如果金融监管范围无法与金融创新相适应，一方面可能出现监管真空，从而产生金融风险，另一方面也会由于分业监管本身就具有风险厌恶的特征，跨银行、证券和保险领域或者其他一些新兴金融业务或者品种较难得到批准，从而抑制金融创新。

---

① 资料来源：中国人民银行。

三是监管协调机制效率不高。目前，境内的银行、证券、基金和保险等机构之间日益紧密交融和合作，金融混业经营的趋势逐步显露，如果相应的金融监管跟不上，就有可能导致系统性的金融风险。同时，外资金融机构进入中国，他们往往凭借能够在母国开展混业经营优势，在中国境内开展业务，这也对协调监管提出了挑战。纵使人民银行、银证保监管机构等部门之间有多方联席会议制度，但这只涉及到信息的分享和沟通，无法真正做到对跨行业、跨业务、跨品种的有效监管。

四是行业自律性组织建设滞后。我国的金融监管主要依靠外部监管。由于自我约束、自我管理机制不健全，自我监管能力低，金融同业工会等行业自律性组织在我国发展滞后，尽管数量较多，但水平参差不齐。与欧美、日本等国家或地区的金融业协会相比，国内的协会在服务、咨询、监督、自律、协调等方面做得还不够。

（六）要素价格形成机制的市场化程度不够

一是利率市场化程度还需提高。目前人民银行的管制利率种类依旧超过 20 种。利率管制虽然保证了商业银行的盈利能力，但同时也束缚了直接融资市场的发展、金融创新活动的开展以及商业银行自身竞争能力的提升。由于目前还没有建立完善的金融产品市场化定价机制，商业银行的竞争能力和创新动力难以进一步提升，反而商业银行之间竞争不足，盈利过度依赖传统的存放贷业务，业务同质化现象突出。根据各家银行公布的年报，2009 年中、工、建、交四大上市银行的利差净收入占整个全部收入的比重分别为 68.4%、79.4%、78.7% 和 82.2%，而中间业务收入比重均不到 20%。与国内的商业银行严重依赖利差收入不同，同期的美洲银行、汇丰银行和瑞穗银行利差收入比重分别只有 39.4%、51.8% 和 57.7%，中间业务收入比重均超过了 20%（参见图 11.2）。

二是人民币汇率的市场化形成机制不完善和资本项目管制需进一步放开。首先，人民币汇率形成的市场化机制并未完全建立，现行的汇率制度隐含了政府对汇率风险的担保，弱化了产品创新需求和动力。目

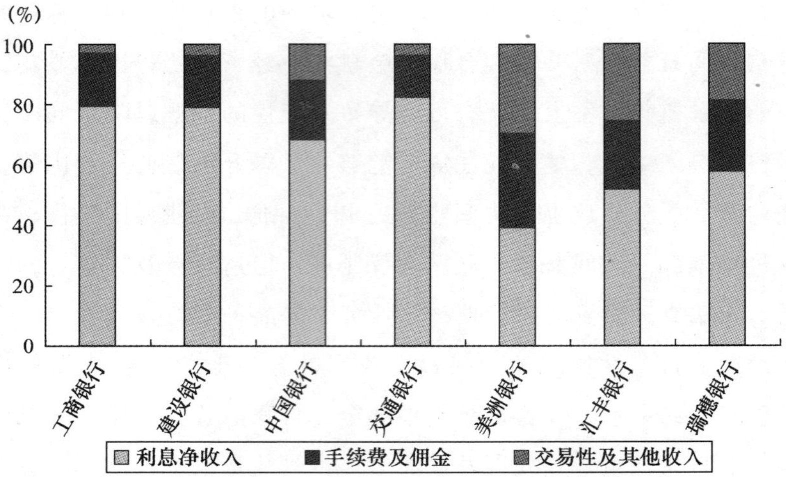

图 11.2　银行收入结构对比

资料来源：各银行公布的 2009 年年报。

前，外汇市场交易品种不足、交易机制不完善、参与主体不够多元化等问题突出。根据国际清算银行的统计，2010 年 4 月上海外汇交易中心的交易规模占全球外汇交易的规模仅 0.4%，与中国经济总量和外贸总量在世界的地位很不相称 。其次，我国资本项下的人民币还不能完全兑换，对非居民在境内自由发行或买卖金融工具、非居民在境内自由发行或买卖金融衍生工具、居民个人对外借款和放贷、居民个人用汇等方面还有比较严格的限制。在全球金融一体化和金融行业普遍实行综合经营的背景下，不仅压抑和扭曲了外汇的有效需求，而且降低了居民、企业和机构跨境配置资产的能力，使得资金运用效率偏低。

二、政策建议

（一）进一步完善金融法律法规

一是尽快完善金融服务机构退出机制，防范道德风险。根据《中华人民共和国企业破产法》的原则，制订针对金融企业的条例；出台《存款保险条例》，建立符合市场化改革要求的存款保险制度。二是重视金融服务领域消费者的诉求，加快推进消费金融领域的立法，加强信息披露，保护消费者正当权益。三是出台私募基金、产业基金的法律规范，承认私募基金、产业基金的法律地位。四是加快征信法制建设和标准化建设，加强对信用评级机构的管理。

（二）调整税收结构，适当降低税率

一是逐步下调印花税税率，税收征收对象逐步从交易环节向交易所得环节转移，采取宽税基、低税率。二是适当降低金融业营业税税率，对符合国家产业发展方向的业务实施营业税和所得税减免，并研究金融行业增值税代替营业税可行性和操作方案。

（三）降低准入限制，强化金融服务领域的竞争

结合我国各地的实际情况，合理引导社会资金进入金融服务领域。适当降低社会资本进入金融服务领域的限制条件，简化审批程序，提高审批效率，适当时候逐步由审批制向核准制甚至备案制转变。同时，加强对民营和外资金融经营行为的规范和引导，逐步细化对合法经营与违法经营之间界限的认定，通过法律法规保护合约双方的正当权益，保证民间金融机构的合法生存和发展空间。另外，还要降低农村金融市场准入门槛，拓宽社会资金进入农村金融市场路径，提高农村金融市场民间资本投资比例。

（四）处理好金融创新和监管的关系，完善多层次的监管体系建设

在金融全球化程度不断加深的背景下，金融创新是提升我国金融服务业竞争能力和整体实力的动力源泉。但 20 世纪 90 年代日本和美国等

国家放松监管和规制的教训表明，金融创新需要适度有序；金融监管必须审慎规范，防止道德风险。要完善以人民银行、银监会、证监会和保监会依法监管为基础的金融监管机制，逐步向功能性监管转变，淡化行政色彩；健全金融风险的监管、预警、处置机制，特别要加强对具有系统性影响的金融机构的监管；加强金融机构内控体系建设，健全金融机构的信息披露机制；完善行业自律制度，构建由法定监管机构——中介机构——自律组织等构成多层次监管体系；建立信息共享责任制度，完善信用体系；积极参与国际规则制定，加强监管合作协调，防止金融不稳定的跨境传染。

（五）稳步推进利率市场化，进一步完善人民币汇率形成机制

继续先长期、后短期，先大额、后小额，先外币、后本币的思路，结合当前宏观经济运行的有利时机，允许存款利率向上浮动一定幅度，逐步将加息预期转变为市场定价；进一步促进以 Shibor 为基础的市场定价体系建设；并允许金融机构推出更多替代融资产品，降低利差收入在金融机构总收入中的比重。同时，抓住当前人民币汇率稳步升值利大于弊的有利时机，继续推进人民币汇率改革，扩大人民币汇率弹性区间；简化购汇用汇手续，鼓励国内投资者积极走出去。

执笔人：许　伟

第十二章

影响我国经济鉴证类服务业发展的制度因素分析

经济鉴证类服务业是社会中介服务业的重要组成部分。国际上一般称之为“专门职业”或“专门服务”。是指运用特定专业知识或智力技能，为市场各类主体提供特定服务的行业。

一、经济鉴证类服务在市场经济运行中的作用不可替代

经济鉴证类服务是重要的市场专业服务门类之一，是由专业人员组成相关机构，运用特定的专业知识和智力技能，向各类市场主体提供经济领域的法定受托业务或其他业务，并出据相应鉴证报告，实行有偿服务，同时承担相应法律责任的社会服务行为。经济鉴证类服务主要包括注册会计师、注册审计师、资产评估、律师以及社会公证、税务代理、不动产估价、工程监理、专利代理等服务业务。

经济鉴证类服务业的概念体现出几个突出的要点：其一，从事这类服务的从业人员需要掌握并运用特定的专业知识，主要是付出一种专业性很强的智力劳动；其二，从业者必须是取得特定资格的专业人员，其

服务机构必须依法或经必要的市场准入程序设立，且准入门槛相对于一般服务业要高；其三，有相当部分业务属于法定受托业务（如法定审计、代理等），或者是为政府和各类经济主体提供带有鉴证性质的中介服务。这三个要点相互联系、相辅相成。对其概念的准确理解和把握，有助于对影响这类服务业发展的制度障碍进行深入分析。

经济鉴证类服务的突出特征就是公开、公平和公正。经济鉴证类服务业对市场机制的有效运行发挥着不可替代的作用。这类服务机构依据法律设立，独立于政府与企业之外，通过运用专门知识和智力劳动提供特定的专业服务，发挥其公证、鉴证、维权、监督等作用。一方面，这类服务业依靠其特定的服务，规范市场微观主体的经营活动，是企业经营管理行为的评价者，是企业财务的规范者和监督者，是资本流动的引导者，也是投资人以及相关市场主体权益的维护者。另一方面，在宏观经济领域，经济鉴证类服务机构依据法律规定以及按政府的调控和治理要求进行专项监督，保证将政府的宏观调控政策具体落到实处，又是市场经济活动的有效监督者。因此，在许多市场经济国家这类服务被形象地比喻为“经济警察”。

二、经济鉴证类服务业发展对制度环境的要求较高

其服务特点和职能性质决定了经济鉴证类服务业的发展对制度环境有很高的要求。除了对市场经济制度和体制的最基本要求之外，对制度环境的要求主要包括以下几点。

（一）对法律制度和环境有很高的要求

与其他服务行业相比，经济鉴证类服务业对法律制度和法律环境要求更高。主要体现在两个方面。

一是对服务提供过程中所遵循的法律法规和制度规范的要求较高。

经济鉴证类服务大多属于法定受托业务，必须依据国家相关法律、法规和制度规则为市场主体（当事人）提供专门服务。以会计服务和法定审计为例，国家颁布的“会计准则”是注册会计师从事会计服务业务的规则和指南；“审计准则”是提供审计服务时所必须遵循的行为规范，是审计人员执行审计业务，获取审计证据、形成审计结论、出具审计报告的专业规则和标准，而相关法律法规更是律师从事鉴证业务的基本保证。相关法律制度、规则越健全、越完善，客观上鉴证服务所依赖的执业环境就越良好。

二是对鉴证服务业本身的机构设立、执业等方面的法律法规和制度规范要求较高。《注册会计师法》、《律师法》等就属这类法律规范。例如，《律师法》是为了完善律师制度，规范律师执业行为，保障律师依法执业而制定的，包括对律师执业许可、事务所设立、业务、义务和权利、协会组织、法律责任等作出的具体法律规定。由于鉴证类服务业的执业门槛较高，对机构设立、从业者执业等都必须有明确的法律规范。这类法律制度的完善程度，直接影响着鉴证类服务业的规范化程度和执业水平。

（二）对产权制度的规范和完善有很高的要求

所谓产权制度，是指在既定产权关系和产权规则下结合而成且能够对产权关系实现有效组合、调节和保护的制度安排。经济鉴证类服务业对产权制度环境有很高的要求。这是因为，一方面，经济鉴证类服务的主要功能之一，就是维护产权所有者的合法权益，只有产权关系明晰化，才能在专门服务中更好地体现这一功能。无论是法定会计或审计服务，还是资产评估、专利代理等服务，都要求服务对象的产权关系是清晰可辨的、责权利关系是明确的。对产权关系不清的主体没有办法为其提供公平、公正、客观的鉴证服务；另一方面，只有产权制度相对完善，产权关系清晰的市场主体，才会形成对鉴证类社会服务的真正需求。例如，要想解决国有企业对注册会计审计服务需求动力不足的问题，就必须解决国有企业产权主体缺位的问题。在传统的“大锅饭”体制下，软预算约束无法真正形成对法定会计、审计服务的真正需求。

（三）对服务机构的组织制度、从业者执业资质有很高的要求

由于鉴证类服务机构作为独立的第三方依法从事受托业务、且必须出据客观公正的鉴证报告，还要承担相应的法律责任，因此，这类服务机构的责任和风险比其他服务行业要高得多，由此要求在机构组织制度设计上必须体现责任、风险、利益相匹配的原则，而且必须以法律形式予以规定。以注册会计师为例，各国注册会计师事务所主要有独资制、普通合伙制、有限责任制以及有限责任合伙制等四种组织形式，主要区别是出资人不同、承担的连带责任不同、从业者结构的相对稳定程度也不同。我国《注册会计师法》规定，合伙制和有限责任制为会计师事务所的法定组织形式。前者是指合伙人按出资比例或协定，以个人财产承担事务所的债务，且合伙人对事务所债务承担连带责任；后者是每个股东以其认缴的出资额为限对事务所承担责任，事务所则以其全部财产对债务承担责任。

由其服务性质决定，鉴证类服务业的执业者必须具备业务所需要的专业胜任能力，包括专门知识、执业经验、专业素养和业务能力等。许多国家注册会计师、注册税务师、律师、资产评估师等从业人员，必须经国家严格考试取得执业资质方能执业，且有严格的资质年检制度和退出制度，以保证公正、高效的执业质量。

（四）对信用制度和诚信环境有很高的要求

独立客观、诚信公正是经济鉴证类服务的本质要求。所谓独立客观，就是在执业中必须保持形式上和实质上的独立，坚持实事求是，

不受来自于任何方面的干扰和左右，也不因个人好恶而影响鉴证结果的客观性；所谓诚信公正，就是执业时必须秉承高度诚信的原则，不为各种利益诱导或俘获。这是因为，鉴证类服务的最终服务对象是社会公众，而不单纯是会计、审计对象或客户本身。特别是在资本市场越来越发达的情况下，会计审计等服务的重要作用在于判断融资主体经营状况和会计信息的真实性，进而决定着资本市场上企业和投资者信息的对称程度，并直接引导和影响着市场投资者的决策行为。从这个意义上说，会计师、审计师、资产评估师的服务行为、职业水平和诚信操守直接影响着社会评价、监督功能的发挥。如果鉴证报告人为失信，造成信息失真，必然造成市场秩序混乱，并对市场主体的决策形成误导。

然而，鉴证类服务机构也是自负盈亏的市场主体，会计师、审计师、资产评估师等也是具有趋利目的和动机的个人。一旦社会责任与趋利动机产生矛盾，一些服务机构和执业者就容易放弃社会责任和诚信道德操守，而单纯追求所谓的“生存”和“发展”。近年来国际上一些著名会计师事务所严重的失信、造假行为破坏了其诚信的形象，失掉了社会信任，最终导致生存危机甚至破产。这充分表明，诚信原则和良好的道德操守决定着鉴证类服务机构的生命。因此，许多国家的专门服务机构和行业协会，尤为注重职业道德机制和诚信体系建设，不断完善与行业要求相适应的组织形式和风险约束机制；政府也不断完善对这类服务机构的失信惩罚机制，加强行业监管。

（五）对政府正确的职能定位有很高的要求

经济鉴证类服务业是在法律规范下由专门机构为市场主体提供服务的市场行为。政府的职责主要是通过完善相关法律法规和政策加以规范和约束，通过政府必要的行业监管惩治不正当竞争及违规行为，维持市场服务秩序。但鉴证类服务的客观、独立和公正性质决定了政府不应该直接插手干预具体鉴证服务业务，更不能干预鉴证结果，不能将政府的权利和意志渗透到鉴证服务之中。因为这样做不仅有悖于市场公平竞争的原则，更有悖于鉴证类服务客观、独立、公正的原则。

（六）对市场竞争和开放程度有较高的要求

专门服务的质量和公正性在一定程度上取决于市场竞争环境和开放程度。一方面，这类服务对垄断行为具有天然的排斥性。因为，一旦形成服务市场的垄断，就很难保证鉴证服务的客观性和独立、公正性，影响鉴证结果的真实可信度，不利于服务质量的提升，也极易产生垄断价格。因此，行业的良性竞争环境是保证鉴证类服务业健康发展的基本条件。另一方面，开放的服务市场能够为市场主体提供更多的选择，有利于形成服务市场的良性竞争和发展。所谓市场开放不仅仅是指放松对外国机构的准入限制，更是包括对国内各类所有制主体的开放。只要是在国家相关法律允许的范围内，应该允许符合条件的主体进入这一服务领域。在对外开放方面，也需根据本国国情，采取渐进式的开放原则，尤其在转轨型的发展中国家更应如此。

（七）对税收制度的合理安排有较高的要求

由于专门服务行业的经营特点使其对税收制度安排有较高要求。主要涉及两个层面的税收：一是对服务机构（如事务所）经营所得征税，二是对执业人员的个人所得征税。对这类服务业的税收制度安排应充分考虑这一行业服务经营的特性。经济鉴证类事务所的特点是“人合”组织，其最主要的资本是“人力资本”而不是“物质资本”，其主要经营成本不是购买设备、原材料等固定、流动资产，而是支付给员工的劳动报酬。因为，执业者付出的是专门性智力劳动，一般都具有较高学历，经严格考试获得注册会计师、审计师等执业资格，在执业过程中还需不断对提升自身执业能力进行投资，以持续保持专业胜任能力。因此，他们的劳动报酬中实际上包含更多的“人力智本”的投资成本。另外，这类执业者风险和责任一般较大，其高风险与高薪酬相适应具有合理性。而且高水平的执业者是市场稀缺人才，没有较高的薪酬，难以保证执业人员的稳定性。因此，相关税收制度安排需要考虑这些特点，否则，就容易产生事务所税收负担过重、执业人员税赋压力很大的问题，不利于鉴证类服务业的可持续发展。

三、影响我国经济鉴证类服务业发展的制度障碍

经过30多年的市场发育，我国经济鉴证类服务行业取得了长足发展，基本形成了适合我国国情的经济鉴证类服务体系和技术标准，基本建立了相应的管理制度和相关法律体系，基本形成了具有一定规模的专业服务队伍，市场规模逐步扩大（见附表12.1、附表12.2）。

（一）行业发展现状

一是为市场和社会主体提供经济鉴证服务的体系基本形成。主要包括会计师事务所：其服务范围已从单纯查账验资发展到为企业的会计报表、审计、财务制度建设、清算核算、申报纳税、并购重组等方面提供服务；资产评估机构：业务范围包括企业资产评估、工程造价评估、房地产和土地评估等，其中业务涉及最多的是国有企业股份制改造和中外合资企业创办过程中的资产评估；工程造价师事务所：主要服务内容为建设项目的可行性研究投资估算、项目经济评价、工程概、预算、工程结算、竣工决算、工程招标标底、投标报价的编制和审核、对工程造价进行监控、提供有关工程造价信息资料等工作。律师事务所：其业务范围发展到为金融、证券、房地产、国际国内贸易、高新技术行业等产业服务，从传统的服务项目发展到企业并购重组、知识产权、技术贸易和服务贸易领域；公证机构：其业务领域不断拓宽，为房地产、金融市场的培育、企业股份制改造、证券的发行和转让提供了多方面的公证服务和保障，并为保护知识产权，技术合同、专利商标及著作权的证据保全

等提供公证服务。这些鉴证类服务内容对我国市场经济的发展和运行起到了服务、沟通、协调、监督的作用。

二是服务机构和执业人员规模不断扩大。以注册会计师行业为例，自20世纪80年代恢复重建以来发展迅速，事务所数量大幅增加。至2010年初，我国已有会计师事务所6813家、分所789家，且已遍布各个省份；至2008年，律师事务所共1.4万多家，成为维护司法公正、服务于市场主体的重要力量。在执业人员方面，目前全国共有注册会计师92124人，设立分所的会计师事务所拥有注册会计师23509人，平均每家分所拥有注册会计师15名，3倍于《会计师事务所审批和监督暂行办法》中对分所注册会计师人数的最低要求。2008年，全国执业律师总数已达14万人。

三是鉴证类服务业协会组织得到长足发展。如注册会计师协会、律师协会、资产评估协会等，在为会员服务和促进业内沟通、交流、、监督、自律等方面发挥了重要作用。

四是政府监管体系和监管制度基本形成。确立了监管部门，建立了监管组织体系，建立并不断完善监管制度。

（二）存在的突出问题和制度障碍

我国经济鉴证类服务行业在其快速发展过程中，也出现了一些不容忽视的问题，存在一些制度性障碍。

1. 法律法规不够健全，服务环境仍待改善

目前，我国与鉴证服务相关的法律、法规体系仍不够健全，对经济鉴证类服务组织的性质、职能、经营范围，权、责、利划分等仍不够明确。一是法律法规自身不够完善，如评估鉴证服务类一直没有专门的法律法规；也有些法律条款不能适应现实执业的要求。二是法律法规和相关规定过于笼统、原则，对某些执法程序和执法环节缺乏更明确的规定，给依法服务带来困扰。例如，一些法律规定弹性太大，对标准的理解不一致，不统一，服务机构按各自的意向去理解和执业，往往导致对同一标的的评估，不同的服务机构得出不同的结论。三是鉴证类服务机构在执业中缺乏必要的法律保障。例如，一些律师执业中存在会见难、取证难、阅卷难的问题；一些部门对会计师的依法取证要求不配合，拒绝提供相关资料，严重影响工作质量和效率。四是监管制度跟不上。国家对鉴证服务业虽然制定了一些监管制度，但对注册会计师、评估师等机构和从业人员违规行为的处理规定不具体、不完善、不配套，使一些违规行为屡禁不止。且惩处制度偏软，威慑力不够。

2. 政府行政干预和条块分割问题突出

在鉴证类服务领域仍存在条块分割的体制障碍。例如，不动产评估中的注册资产评估、房地产评估、土地价格评估、工程造价评估等服务，在业务主管上分属于财政、建设、国资、国土、价格主管部门等不同的部门。各行业主管部门对鉴证类服务的资格认定标准、资质考试和行业准入方面仍有各自的权限。由于执业范围存在交叉，往往为争夺同一块服务市场，各部门在资质认定上互不认账，甚至发生相互排斥、干扰竞争的现象。

对鉴证类服务的行政干预现象也比较突出。一些职能部门利用行政手段干预经济鉴证类机构依法行使职责。如有的领导批条干预注册会计师、律师执业，甚至干预律师的办案程序；一些政府职能部门将一些本属于鉴证服务的业务揽在手中，政府职能尚未真正转变；有的政府职能部门与相关鉴证类服务机构过从甚密，把中介服务组织当成自己的附属物，甚至将行政权利以各种方式渗透于鉴证服务执业中。

3. 产权关系仍欠清晰，主体责任不到位

面对我国经济体制处在转轨时期的客观实际，经济鉴证服务相当部分从事涉及公有资产的业务，在此过程中，涉及产权关系的问题突出表现在两个方面：一是国有产权关系不够清晰，预算约束软化，对一些法定审计、资产评估等服务不积极、不配合，甚至有抵触；二是打着鉴证服务合法程序的旗号行国有资产流失之实，其根本原因在于国有产权主体责任不到位，监管漏洞多。一些参与国有资产管理监督和处置的人员利用权力，授意鉴证业务弄虚作假，侵吞国有资产。

4. 行业组织形式和规范化管理水平亟待提高

目前，我国促进鉴证服务业组织形式多样化发展的法律法规不健全。鉴证服务产品的无形性、不可运输性以及在技术特点、市场需求等方面的差异，决定了企业组织形式的多样性。目前符合我国法律要求的鉴证类组织形式种类有限，缺乏法律引导。

同时，我国鉴证类服务组织管理水平相对滞后。一些经济鉴证类服务机构缺乏长远发展规划，内部经营管理机制不完善，对现代管理技术和手段运用不到位，对信息资源的管理能力不足，难以很好地履行自身的职责和提供高质量的鉴证服务。一些事务所法人治理机制不健全，股东加入、退出及股份转让程序不明，导致各类执业质量下降，报告的可靠性、真实性无法得到保证。同时，行业不正当竞争现象比较突出。例如，一些机构以低价或高提成、高回扣的办法招揽业务；出具迎合委托方意图的鉴证报告等。

5. 行业信用体系建设滞后，执业的诚信环境堪忧

由于执业环境不理想和执业人员素质参差不齐，我国一些鉴证类服务机构和人员的自我约束能力不强，信誉度不高，抵御不住各种利益诱惑，陷入五花八门的鉴证造假事件中，严重影响了鉴证服务行业的公正形象，降低了应有的社会监督作用。例如，在我国曾先后出现过“银广夏”、“黎明股份”、“郑百文”等虚假信息发布和虚假鉴证等事件。也有一些评估机构不顾职业道德，按相关利害人的意愿操控评估结果；还有一些会计师事务所为相关当事人出具不实审计报告等等。这些问题的根源在于我国信用体系建设整体滞后，鉴证类服务机构及从业人员缺乏应有的执业操守和诚信规范；同时，由于缺乏必要的失信惩罚机制，监督和约束的强制力不够，对服务机构及从业人员违规的处罚力度不足，恶化了诚信环境。

另外，目前一些鉴证服务机构注册资本金少，承担有限责任程度低，其风险、责任、收益严重不对称，弄虚造假的成本过低，失信收益

远大于所受处罚的成本，助长了失信行为的蔓延。

6. 现行税收制度不利于鉴证类服务业的可持续发展

按我国现行税法规定，国家对公司制的会计师事务既按营业收入的5%征收营业税和按营业税额征收附加税，又按收入总额减去准予扣除项目金额（允许税前扣除的部分）后的应税所得额的25%征收企业所得税。对会计师事务所支付给员工的劳动报酬，国家要向员工个人征收个人所得税，又要对超过国家规定的计税工资标准部分，再向会计师事务所征收25%的企业所得税。使得会计师事务所实际支付给员工的劳动报酬不能据实在税前扣除，这是会计师事务所负担过重的主要原因。

鉴证类机构的特点，是付给员工的报酬较高，劳动报酬占总成本比重较大，这是由行业的职业特殊性决定的，其人力资本是鉴证服务的基础和保证，也是最大的资本投入项。然而，国家的现行税收政策，没有充分考虑鉴证类行业的特殊性，其税收制度与制造业、流通业和一般服务业同样对待，导致这种税收制度安排实质上存在重复征税问题，影响了其再发展能力。

在税收制度方面，国内外会计师事务所存在很大的差别，如国际会计公司支付给员工的劳动报酬允许全额在税前扣除。国内外事务所的人员报酬承担着不同的税收负担，也是导致我国会计师事务所等服务机构市场竞争能力较弱的原因之一。

四、政策建议

（一）完善市场经济体制，加强与鉴证服务相关的法律体系建设

加快建立统一、开放、竞争、有序的市场体系，搭建市场机制发挥作用的有效平台。着力健全和完善鉴证类服务领域的各项法律、法规，

形成一整套完整的法律体系。重点包括对未有明确法律规定的行业应尽快出台法律规范；对于已经有法律法规的行业应按实际需要修改完善相关法律条款，出台实施细则，统一法律解释。

（二）建立和完善责权利明确的国有产权制度

健全权属清晰、责任明确、保护严格、流转顺畅的现代产权制度。重点解决国有企业所有者缺位的问题。明晰产权，解决政企不分、政资不分的问题。同时，还要进一步健全和完善公司治理结构，健全股东大会、董事会和监事会，完善公司治理的组织体系，形成有效的制衡机制。

（三）加快政府职能转变，明确政府的合理定位

政府部门必须摆正与鉴证服务类中介机构的关系。一方面，加快政府职能转变，按市场机制的要求，把一些政府不必做的事务交给中介服务机构，充分发挥其客观、独立、公正的服务功能。政府部门应当为鉴证服务机构创造良好的外部环境，维护其独立性，杜绝对鉴证服务的任何形式的行政干预，防止行政权利对鉴证业务的渗透。打破部门分割和封锁，按照服务业应有的客观规律和市场规则监管鉴证类服务行业，明确合理有效的监管制度安排。

（四）加快信用体系建设，建立健全社会的诚信联防机制

一是尽快建立鉴证类服务行业的信用数据库，形成机构和个人的信用档案和征信平台。二是尽快制定出台相关的信用法律法规，完善职业道德准则和规范，强化诚信约束机制；三是完善与行业要求相适应的组织形式和风险约束机制。从国外经验看，合伙制事务所的最大优点在于合伙人的权、责、利高度统一，有利于从机制上有效维护执业的独立性。我国应当加快鉴证类事务所组织形式的调整，普通合伙制应成为事

务所的基本组织形式，从而建立起有利于行业诚实守信以及风险、责任和利益高度统一的组织制度。四是尽快建立和完善行业的失信惩罚机制。通过有效设立失信者“黑名单”等制度，形成行业、社会联防机制，使失信者难以立足，排斥害群之马，激励诚实守信者。

（五）完善鉴证类服务行业的自律监督机制

加强政府监管，保证行业的客观公正性是经济鉴证服务发挥作用的基本保证。政府的审计部门、财政监督部门、证券监管部门、银行监管部门以及建设部门、国土等部门都应从其监管职能出发，依据相关法律法规和规则，加强对鉴证类服务机构的有效监督和管理。同时进一步发挥行业协会、商会等行业自律组织的职能和自觉规范行业行为的作用，积极探索行业协会开展监督自查的有效途径。对财政、审计、证券、银行等监管部门移交案件进行认真查处；落实对署名举报、重大问题举报和检查线索举报的查处；加强对检查中发现的问题和查处结果的通报与披露工作。同时，完善“同业互查”制度，严肃查处虚假资信证明、虚假评估、虚假鉴证等违规或不法行为。

（六）调整和完善有利于促进鉴证服务业发展的税收制度

在“十二五”期间，国家大力发展服务业、促进经济结构调整的有利背景下，有关部门应加强对服务业发展的整体税收环境进行系统调研，尤其对经济鉴证类服务业的税收制度进行有针对性的调研和制度研究。

建议借鉴国际经验，对各类鉴证业事务所实际支付给员工的劳动报酬能够按照国际通行的做法据实允许在税前扣除，以减轻鉴证类服务机构的税收负担，提高可持续发展能力。

执笔人：任兴洲

附表 12.1　我国经济鉴证类服务业发展的基本现状

执业资格及取得方式	机构及资质	业务范围	服务对象	行政主管部门及职能	行业组织及职能
注册会计师，全国统一考试，主管部门发证、注册	会计师事务所	审查国有企业、有限责任公司、股份公司、外资、中外合资企业会计报表、出具审计报告；验证企业资本，出具验资报告；办理企业合并、分立，清算事宜中的审计业务，出具有关报告；法律法规规定的其他审计业务；会计咨询、服务业务	服务对象包括：政府有关部门（如税务、财政、公安、房地产管理、国土资源管理等等）、法院、检察院、金融机构、保险机构、各类企业、社会公众	国家财政部门。主要负责拟定注册会计师主要准则并监督执行；拟定注册会计师事务所的资质标准；提出注册会计师专业技术人员资格标准；制定注册会计师的考试制度和发证工作等	中国注册会计师协会。主要职能：负责制定行业执业规则并监督执行。对违反规定的给予处分；组织业务培训和继续教育。调解和裁定纠纷；组织国际间业务交流，具体组织注册会计师资格考试工作等
注册资产评估师，全国统一考试，主管部门发证、注册	资产评估事务所、会计师事务所等	在企业重组过程中，对固定资产、流动资产、无形资产和其他资产占有单位发生产权变动的；及用其抵押、担保、租赁的必须经过资产评估机构进行资产评估，出具鉴证报告	服务对象包括：政府有关部门（如税务、财政、公安、房地产管理、国土资源管理等等）、法院、检察院、金融机构、保险机构、各类企业、社会公众	国有资产管理部门，主要管理职能：负责拟定资产评估的规章制度并监督执行；拟定资产评估服务机构的资质标准；提出资产评估师专业技术人员资格标准；管理注册资产评估师的考试和发证工作等	中国资产评估师协会。主要负责制定并执行专业守则的评估标准；协助政府主管部门进行注册资产评估师考试、注册等方面的管理工作。组织专业培训；指导注册资产评估师课程设置，开展对外合作与交流等

续表

执业资格及取得方式	机构及资质	业务范围	服务对象	行政主管部门及职能	行业组织及职能
注册税务师，全国统一考试、主管部门发证、注册	税务代理事务所、会计师事务所等	受企业委托代理税务登记、纳税申报、申请退税、税务行政复议、进行税务咨询和税务筹划等	范围对象包括：政府税务部门、各类企业、纳税个人	国家税务部门。主要负责拟定税务代理的规章制度并监督执行；拟定税务代理服务机构的资质标准；提出注册税务师专业技术人员资格标准；管理注册税务师的考试和发证工作等	中国税务咨询学会。职能：负责制定行业管理规章并监督报告；对违反规定的给予处分；组织培训和教育。调解和裁定纠纷；组织国际间业务交流，组织注册税务师资格考证工作等
注册房地产估价师，全国统一考试，主管部门发证注册	房地产评估所、资产评估事务所等	土地、房屋、在建工程、预购商品房等。与房地产交易（买卖、租赁、抵押、入股、房地产相关税收、析产与合并等）相关评估业务。房地产咨询、与房地产估价有关的其他业务	服务对象：政府有关部门（如税务、财政、公安、房地产管理、国土资源管理等等）、法院、检察院、金融机构、保险机构、各类企业、社会公众	国家建设部，主要负责拟定房地产评估的规章制度并监督执行；拟定房地产社会中介服务机构的资质标准；提出房地产估价专业技术人员资格标准；管理对房地产估价师的考试和发证工作等	中国房地产估价师学会。主要负责制定并执行专业守则的估价标准；协助主管部门进行房地产估价师考试、注册等方面的管理工作。组织专业培训；指导房地产专业的课程设置，开展对外交流等

续表

执业资格及取得方式	机构及资质	业务范围	服务对象	行政主管部门及职能	行业组织及职能
注册土地估价师，全国统一考试，主管部门发证、注册	土地评估事务所、房地产评估事务所等		服务对象包括：政府有关部门（如税务、财政、公安、房地产管理、国土资源管理等等）、法院、检察院、金融机构、保险机构、各类企业、社会公众	国家国土资源部。主要负责指导基准地价、标定地价评测、审定评估机构从事土地评估资格、确认土地使用权价格，负责土地评估师资格考试、发证和注册工作	中国土地估价师协会。主要职能：负责制定行业管理规章并监督报告。对违反规定的给予处分；组织业务培训和继续教育。调解和裁定纠纷；组织国际间业务交流，具体组织土地估价师资格考证工作等
工程造价师，全国统一考试，主管部门发证、注册	工程造价咨询事务所	建设项目的可行性研究投资估算、项目经济评价、工程概、预算、工程结算、竣工决算、工程招标标底、投标报价的编制和审核、对工程造价监控、提供工程造价信息资料等工作	面向社会接受委托，主要是项目法人、承包商、审计部门、法院	国家建设部。主要负责制定工程造价咨询的有关管理办法和造价工程师的执业资格标准并监督实行。进行甲级咨询单位资质的审批；负责工程造价师的考试发证和注册认定工作	中国建设工程造价管理协会。主要研究行业的职业道德规范行业标准；对违反行业规范的行为进行处罚；组织行业的考试、注册．培训和业务技术交流；组织对外交流与合作

续表

执业资格及取得方式	机构及资质	业务范围	服务对象	行政主管部门及职能	行业组织及职能
价格评估师	价格事务所	对各种刑事、民事、经济、行政案件中涉及的涉案物品的价值进行估价鉴定；对价格行为的合法性、价格水平的合理性进行认定；对生产、流通领域的资产进行估价；协助价格主管部门开展非决策性工作；各种价格咨询等	国家机关：包括公检法、工商、税务、物价、海关、边防、监察、纪检、经济仲裁等部门；各种市场主体（法人、非企业法人、公民）；政府价格主管部门	国家发展和改革委员会	
乡镇企业资产评估师，全国统一考试	乡镇企业资产评估事务所	乡镇企业资产转让、联营、股份经营、合作、承包、租赁、抵押或担保所涉及的固定资产、无形资产、流动资产等资产评估	服务对象包括：政府有关部门，乡镇企业、农村私营企业	农业部乡镇企业管理局，主要管理职能：拟订乡镇企业资产评估的规章制度、评估机构和评估人员的资质标准，组织全国考试	乡镇企业资产评估协会。主要职能：组织职业培训、资格考试和行业的自律管理

资料来源：根据中国注册会计师协会、中国房地产估价、中国土地估价师协会提供的资料整理。

附表 12.2　我国法律类鉴证服务市场发展基本现状

执业资格取得方式	机构准入制度	行业管理组织及职能	政府管理部门及职能	法律依据
律师资格，全国统一考试。司法部考试、发证	国资所占8.3% 合作、合伙所占42.7% 省级司法部门审批	中华全国律师协会。职能：保障律师依法执业，维护其合法权益；组织律师业务培训；进行律师职业道德和纪律的教育、检查和监督；参与立法活动，向有关部门提出法制建设及律师制度的建议；组织律师开展对外交流；调解执业中的纠纷；组织实施全国律师资格考试的具体工作；法律规定的其他职责	司法部。职能：对律师、律师事务所和律师协会进行监督、指导，制定律师资格全国统一考试办法，授予律师资格，颁发律师执业证书、律师事务所执业证书，审批设立律师事务所分所，律师惩戒，对非法执业人员的行政处罚权，制定律师收费办法，制定法律援助办法等	《律师法》1996 年 5 月 1 日
公证员考试考核	事业单位部分自收、自支	中国公证员协会。协助主管部门管理、指导全国公证工作，指导各地公证员协会工作；维护会员的合法权益，支持会员依法履行职责；对会员进行职业道德教育，协助司法行政机关查处会员的违纪行为；负责会员的培训，组织业务交流；负责全国公证员统一考试的组织工作；负责与国外交流与合作；对外提供公证法律咨询服务等	国家司法部。主要职能：指导统一考试，授予专业资格；办理执业执照；公证员注册；审批公证机构：执业监督、惩戒；批准成立公证员协会等	（1）《民事诉讼法》 （2）《公证暂行条例》（1982 年 4 月 13 日国务院发布）

续表

执业资格取得方式	机构准入制度	行业管理组织及职能	政府管理部门及职能	法律依据
专利代理人考试考核，国家知识产权局考试、发证	专利事务所500个，90%为事业单位，部分自收自支	中华全国专利代理人协会，主要负责协调专利代理行业的市场秩序；专利代理人培训；职业道德教育，国际交流。没有全面实行行业管理	国家知识产权局（原国家专利局），负责制定有关政策，监督执行；资格授予，执业证书发放，后续教育；审批执业机构；执业奖惩	《专利代理条例》（1991年3月4日国务院发布）
商标代理人，考试考核，国家商标局考试、发证	代理事务所，事业单位		国家商标局	《商标代理组织管理暂行办法》（1994年6月29日国家工商行政管理局发布）
法律服务工作者，考试考核，司法部考试发证	法律服务所，35385个，自收自支占60%，独立法人占23%		国家司法部，主要职能：资格授予、注册、年检、奖惩，执业机构审批，工作指导，日常监督管理	《基层法律服务所管理办法》2000年3月31日颁布、《基层法律服务工作者管理办法》、《乡镇法律服务业务工作细则1991年司法部发布）、《乡镇法律服务所财务管理办法》1990年财政部、司法部发布、《乡镇法律服务收费管理办法》1993年国家计委发布

续表

执业资格取得方式	机构准入制度	行业管理组织及职能	政府管理部门及职能	法律依据
企业法律顾问，考试，国家经贸委、人事部、司法部	企业内部法律事务机构	企业法律顾问协会		（1）《企业法律顾问执业资格制度暂行规定》（人事部、国家经贸委、司法部1997年3月12日发布） （2）国家经贸委《企业法律顾问管理办法》1997年5月3日
证券律师考试考核，证监会、司法部考试、发证		无协会	同律师	司法部、证券监督管理委员会《关于从事证券法律业务律师及律师事务所资格确认的暂行规定》（1993年1月12日司法通［1993］008号文）
企业登记代理人，考核，国家工商局考核、发证	企业登记代理事务所，事业单位	无行业协会	国家工商局	《企业登记代理机构管理暂行办法》（国家工商局1996年7月19日）
土地登记代理人，考核	土地登记代理事务所，事业单位	无协会	国家土地局	（1）《关于开展土地登记代理制度试点工作的通知》1996年11月18日、（1996）国土（籍）字第198号 （2）《土地登记代理人员及机构管理办法（试点试行）》

续表

执业资格取得方式	机构准入制度	行业管理组织及职能	政府管理部门及职能	法律依据
集体科技企业产权界定资格，培训、考核	没有形成独立的执业队伍和执业机构	无协会	国家科委和国家国有资产管理局联合委员会	《从事集体科技企业产权界定业务的中介机构资格认定的暂行规定》（1996年12月6日，国家科委、国有资产管理局发布）
基本建设大中型项目招标投标代理 培训考试	没有形成独立的执业队伍和执业机构	无行业协会	司法部、国家计委	《司法部办公厅、国家计委政策研究室关于律师从事基本建设大中型项目招标投标法律业务的通知》1998年1月4日
国有资产产权法律事务资格，培训、审核	没有形成独立的执业队伍和执业机构	无协会	司法部、财政部	财政部、司法部《关于法律事务所介入国有资产产权法律事务试点工作的通知》（1999年8月23日，财管字［1999］264号文）

资料来源：根据相关资料整理。

第十三章

影响我国物流业发展的体制机制障碍及改革思路

进入新世纪以来，国家在一系列发展政策中，将物流业发展列入国家经济发展和服务业的重点发展领域之一，使我国物流业迎来了新一轮大发展的契机。但不容否认，目前我国物流业整体发展水平还比较低，仍然面临着市场准入机制不完善、行业监管机制不健全、税收制度不合理、基础设施投入机制扭曲、行业信用制度缺失等一系列体制机制障碍，极大地影响着我国物流业的持续健康发展。

一、我国物流业发展的主要特征

第一，物流业发展迈上新台阶。进入新世纪以来，特别是2003年以来，伴随国民经济进入快速发展通道，我国物流业出现了高速发展的新态势，全社会物流总额规模迈上新台阶。2010年我国社会物流总额超过百亿元，达到125.4亿元，是2000年的17万亿元的7.3倍，年均增速高达22%，比同期GDP年均增速高12个百分点。

第二，全社会物流效率仍有待提高。在物流业快速发展的同时，物流运作效率有所提高，全社会物流总费用与GDP的比率趋于降低。

2010 年我国社会物流总费用与 GDP 的比率为 17.8%，比 2000 年的 19.6% 下降了 1.8 个百分点。与欧美国家 8%、日韩 12% 的水平相比，我国物流成本水平依然较高，物流运作效率仍需加快改善。

第三，物流业结构调整升级仍需加快推进。近年来，我国物流企业成长迅速，行业内兼并重组、资源整合日益频繁，使物流产业集中度进一步提高。据 2010 年全国重点物流企业统计调查显示，前 50 位物流企业主营业务收入共达 4756 亿元，平均每个企业物流业务收入超过 95 亿元，与 2005 年不足 10 亿元的水平相比，大型物流企业出现快速发展势头。在前 50 强物流企业中，中国远洋运输（集团）总公司主营业务收入超过千亿元，中国海运集团总公司等 6 家企业主营业务收入超过百亿元，同比增加 3 家。但不容忽视的是，目前我国有注册物流企业多达 70 万多家，绝大多数为中小企业，户均拥有车辆不足 2 台，物流行业“散、小、低”的状况尚未得到根本改变。

第四，物流现代化水平进一步提高。近年来，我国物流业基础设施与装备投资增长迅猛，极大地促进了物流基础设施加快完善和现代化水平提升。2010 年我国物流业投资总额已超过 3 万亿元，“十一五”期间年均增速达到 25%，其中 2009 年高达 48%。更为重要的是，物流业信息化、标准化程度得到明显提高，据中国物流采购联合会统计，其近 70% 的会员企业建立物流信息管理协调，全国多数省市均建立了公共物流信息平台，2005 年以来已发布物流标准 267 项。

二、我国物流业发展面临的主要制度障碍

（一）物流业的市场准入机制不完善

我国物流业的市场准入机制的不完善，突出表现在运输服务等物流基础服务领域，导致物流领域呈现出过度竞争和高度垄断并存的扭曲市场格局。

首先，铁路运输服务的行政垄断格局尚未打破。虽然国家对各类社会资本投资铁路基础设施建设已经放开，并在铁路系统内部形成了中铁快运、中铁集装箱等从事物流服务的多个经营主体，但尚未对社会资本开放市场准入。铁路运输服务的高度垄断，不仅使铁路运输服务能力和水平难以满足国民经济和社会发展的需要，而且在相当程度上制约了物流统一市场的形成和全社会整体物流效率的提高。

其次，行政审批机制依然困扰着相关航空运输市场的发展。一方面，依据《民航法》，我国从资金规模、技术水平等方面对社会资本进入航空运输服务，确定了严格的市场准入标准，有利于保障运输安全和促进合理市场结构的形成。另一方面，我国仍然保留了民航总局对航权（市场主体准入与退出）、航线（产品准入）及运输价格的行政审批制度，在相当程度上制约了航空运输市场合理竞争格局的形成，不利于航空运输和物流服务行业整体服务水平的提升。

最后，公路运输领域统一规范的市场准入机制尚未形成。虽然公路运输服务市场是我国物流领域市场开放较早、市场化程度较高的领域，但迄今并没有形成统一、规范的市场准入标准和机制。一方面，市场主体获得经营资质、营业许可的准入门槛过低且不完善，特别是在技术、安全和环保方面的准入标准不健全、不配套，这是造成我国公路运输市场过度竞争、大量不符合相关技术安全标准车辆上路运营的重要原因。另一方面，全国各地公路运输服务的市场准入标准不一、程序各异，全国统一的公路运输服务市场难以形成，也在相当程度上影响着物流市场的规范发展。

（二）物流业缺乏有效的行业监管体制机制

受行政管理体制改革滞后等因素影响，我国尚未形成适应市场经济发展要求的物流监管体制机制，极大地影响着物流行业的有序健康发展和运行效率的提升。

一是监管方式与手段落后。经营秩序混乱是我国物流领域长期存在的问题，特别是在公路运输等领域，超时驾驶、货物超载、排放超标等现象屡见不鲜。虽然相关部门也采取了一些治理措施，但往往是集中整治、以罚代管等行政措施，治理成效甚微。这说明，物流领域的行业监管方式还比较落后，在规范经营行为、维护运输安全、实施环境保护等方面的监管措施非常缺乏，甚至还存在许多监管空白，不利于物流行业竞争水平和服务质量的提高。

二是监管体制条块分割。根据物流行业本身的综合服务性特点，其活动涉及到铁道、交通、民航、邮政、海关、质检等多个部门，横跨运输、仓储、装卸等不同的行业和领域，这就必然要求相关监管部门之间综合协调，构建统一、高效的现代物流管理体制。然而，我国现行的条块分割的物流管理体制，使得物流业的管理权限被分割在若干个部门和地区，各部门和地区之间在监管标准、方式及手段等方面存在较大差距，对物流企业跨地域、跨行业经营带来极大困扰，也极大地制约了物流行业的服务创新。

三是社会化监管机制缺失。突出表现在行业组织、行业信用体系等中介组织发展滞后，不能有效发挥其应有的社会化、专业化监管作用。一方面，物流领域行业协会、商会及同业公会等行业组织发展水平较低，行业服务能力不强，在资质检查、超载记录、信用评估、标准制定等方面的监管作用还没有形成，尚未成为物流行业的监管主体；另一方面，为物流行业发展提供专业化服务的专业机构和中介组织发展滞后，如物流行业信用体系缺失，不仅加剧了物流行业经营秩序混乱状况，而且也直接影响到物流企业的融资和规模化发展。

（三）物流基础设施投入机制亟待加快建设

物流产业是一个高度依赖基础设施的行业，特别是完善的交通基础设施，已成为物流业的运营和发展的前提。近年来，我国物流成本居高不下，以过路过桥费为代表的高昂的基础设施使用成本，已引起全社会的广泛关注。虽然相关管理部门已采取了诸如取消二级公路收费、建立农产品绿色通道等政策措施，对降低部分环节或产品物流成本有一定的积极作用，但并未从根本上解决路桥等基础设施的收费问题。问题的关键在于，基础设施是公共产品，需要依靠政府大量投入来支撑基础设施的建设和运营。改革开放以来，我国政府高度重视交通基础设施的建设，在加大财政投入的同时，积极进行投融资体制改革，广泛吸收社会资本参与基础设施建设，使公路、港口、机场等交通基础设施建设实现了跨越式的发展。实践证明，迄今我国已比较好地解决了基础设施建设的投融资体制，但并没有建立相应的财政投入制度安排，基础设施投资和运营主体主要依靠收费来回收投资和维持运营，使得本应是公共产品的公路、桥梁、机场及港口等大量基础设施，成为经营性设施，部分基础设施投资和运营主体甚至成为以营利为目的的上市公司。

（四）税收制度与政策不尽合理

我国目前现行的税收制度与物流业发展不相适应的问题，税率偏高、税负不均、税制复杂、税收支持力度不够等因素已经成为制约物流业进一步发展的主要障碍。

第一，营业税重复征收加大物流业税负负担。我国营业税以流转全额为税基，除了部分行业（比如交通、旅游）外，没有进项抵扣政策，上一环节的营业税也将作为价格的一部分而成为下一环节的税基。营业税在流转环节全额征收的制度安排，使物流业，特别是从事物流配送业务、仓储租赁业务的物流企业，普遍存在着重复纳税问题，在物流企业开展合作、总包－分包服务方式时，会出现营业税负随着流转环节增加而加重的趋势，这是造成物流业流转税税收负担总体上高于生产领域的主要原因。

第二，营业税税率设置不合理造成物流企业税负不均。按照我国目前的税收制度，物流业务按照产业链条分别适用于税目注释当中的交通运输、邮政电信和服务业，税率分别为3%、3%和5%。而在实际经营中，物流企业往往涉及运输、仓储、配送等多种业务，很难区分各个环节的收入，根据税法对兼营不同税目并且不能分别核算的从高计征的规定，出现了物流企业税率相对偏高的情况。这种情况不仅妨碍物流业的“一体化”运作，同时也不利于国家税收的征管。

第三，增值税抵扣范围狭窄。一方面，物流企业作为资产密集型企业，需要大量购置物流设施设备，但是由于增值税和营业税两种流转税制不衔接，设备采购的进项增值税不能抵扣，使得物流企业购买先进设施的成本增高，不利于物流企业技术水平的提高。另一方面，对于制造业而言，其增值税进项抵扣仅涵盖了货物运输劳务，而对为企业降低生产成本起到同样至关重要作用的装卸、仓储、配送等物流劳务均不能进入增值税进项抵扣范围，不仅影响了物流企业为生产企业提供更加全面综合的物流服务，也影响了制造企业服务外包的进程。

第四，所得税属地缴纳原则制约物流企业跨区域发展。由于现代物流业的跨区域经营特点，大型物流企业在全国各地都有自己的分支机构。但在所得税属地缴纳原则下，各地方政府要求进入本地的营业机构进行法人注册，使得物流企业总部和分支、分支与分支之间变成了相互独立的企业法人，企业只能在子公司的基础上分别缴纳所得税，而不能采取汇总缴纳所得税的方式，使得企业无法将亏损子公司的亏损额在计算汇总纳税时扣减，加大了企业的所得税负担。

第五，物流业兼并重组缺乏税收政策支持。目前我国物流产业组织化程度较低，大型物流企业竞争能力不强，“小、散、乱”问题突出，今后一段时期必然有一个资源和资本兼并、重组、整合的过程。目前各地物流企业正在加快探索加盟、承租经营、以车入股等多种整合模式，但现有的税收制度安排和相关优惠政策对这些新兴经营模式并没有及时给予支持，使企业经营与现有税收和相关管理政策产生冲突，在一定程度上影响了物流业的资源整合和兼并重组的步伐。

三、政策建议

（一）加快完善物流业市场准入机制，促进统一市场加快形成

对于公路运输等竞争性领域，需从两个方面加快准入机制的完善。一是建立更为完善的准入标准体系，特别是要强化技术、运输安全、环境保护等方面的准入标准，尽快改变准入门槛过低、标准混乱的局面，促进物流市场有序竞争和市场主体加快调整升级；二是尽快形成全国统一的市场准入标准，打破物流市场的地域分割和准入壁垒，促进全国统一物流市场的形成。

（二）加快转变物流业监管方式，有效规范物流主体行为

欧美发达国家经验表明，单纯放松市场准入，并不能形成有效竞争。为此，发达国家在促进交通运输、物流等服务业发展过程中，更加注重改变监管方式，注重从经济、技术、社会等方面进行监管，建立包括经济性规制、社会性规制及安全性规制的监管规范体系，重点加强合规性监管和执法力度，逐步引入对市场集中度、运输安全、运力监督、信用评估等新的监管方式和手段，有效地规范各类物流企业的市场行为，促进物流市场整体效率提升。

（三）加快转变政府职能，促进监管体制机制创新

一是加快推进政府职能转变，最大限度地减少行政性审批；对确需要审批事项，应建立透明、公开的审批标准和程序；

二是强化政府公共服务，加强物流相关主管部门的电子政务建设和推进网上办公，加大政府信息公开力度，加强对物流业发展状况的经常

性调查，建立健全物流业发展的监测体系，为物流业及相关市场主体提供高效的政府管理和及时的信息发布。

三是积极推进监管主体改革，在转变政府监管部门职能的同时，加快推进行业协会、商会转型发展，在专业资质认定、经营资格认可、服务标准的制定、服务行为管理与监督、信用信息收集与评估等方面，注重发挥相关物流行业协会等中介组织的行业管理作用，加快形成合理有效的社会化管理机制。

四是加强物流业监管立法，为物流业监管体制改革和监管方式改变提供强有力的法律保障。

（四）加快物流税收政策调整，加大对物流业发展的政策激励

加快物流业相关税收政策调整、给予物流业更大力度的税收政策激励，是促进物流业健康发展的重要政策杠杆，也是促进物流业、制造业联动发展的重要制度保障。为此建议如下。

第一，重新修订营业税税目注释和税率，将现行税目解释中“交通运输业”、“邮政电信业”和“服务业”中物流业所涉及的行业集中合并，单独设立物流业税目，统一税率为3%，以起到公平税收负担、加速产业整合的效用，更有利于对物流业的税务管理，方便实践基层操作。

第二，修改《营业税条例》中关于货物运输业营业税纳税地点和代扣代缴的有关内容，建立“纳税人自主申报和付款方代扣代缴相结合”的税收征管模式。以省或市为地域范围，当纳税人从事跨地区经营，在付款方所在地（劳务发生地）没有办理税务登记或临时税务登记的，由付款方代扣代缴相关税收，从而实行源泉控管，方便纳税人就地纳税，加强异地零星分散税收的征管。

第三，加快物流业增值税扩围降率试点，结合增值税转型，将物流业纳入增值税扩围降率试点范围，将修订后装卸、仓储、配送等营业税

物流业税目内容均纳入抵扣范围，降低物流发展的税收负担，促进制造业加快物流范围外包。

第四，出台专项税收政策，促进物流资源整合和物流业兼并重组。现阶段鼓励物流业加盟、合作、以车入股经营等多种整合模式的探索，鼓励现有物流企业通过兼并、联合、收购等形式进行资产重组，不断壮大经营规模。鼓励生产企业主辅业剥离，进一步减免相关税费。

第五，允许物流设施设备加速折旧并予以企业所得税税前列支。

（五）尽快建立和完善物流基础设施投入机制

为了加快降低我国全社会物流成本、提高物流运行效率，促进交通及物流基础设施尽快从经营性向公共产品回归，需加快建立基础设施的财政投入机制，在各级财政中设立专项基金，专门用于交通及物流基础设施新建、回购、还贷、运营，从而降低或消除地方政府、基础设施投资和运营主体的收费营利动机，为物流业健康发展提供良好的运行环境和基础设施支撑。

执笔人：王　微　邓丹萱

第十四章

我国商贸服务业发展面临的制度约束及政策建议

改革开放以来，商贸服务业①作为我国服务业的主要组成部分，是最先进行市场化改革、市场化程度最高的行业之一。随着基础设施的不断增强和市场体系的日益完善，商贸服务业保持了快速增长的势头，取得了长足的发展，在引导生产、促进消费、扩大就业、增加税收、保供应急和促进经济社会平稳运行等方面发挥着重要作用，是拉动国民经济增长的重要力量。特别是 2008 年爆发国际金融危机以来，面对复杂的国际经济环境，一揽子刺激消费、扩大内需的政策经由商贸服务业得以落实，凸显出商贸服务业对保持我国经济平稳较快增长的地位和作用。但与此同时，商贸服务业总量偏下、结构欠合理、市场秩序欠规范、国际竞争力不强等问题仍然较为突出，造成这些问题的一个重要原因是当前仍存在着制约我国商贸服务业发展的制度性障碍。中共中央关于制定“十二五”规划的建议提出：加快发展服务业。这就需要为包括商品流通在内的服务业发展创造有利和宽松的制度环境，从根本上消除制约商贸服务业发展的制度性障碍，加快发展商贸服务业。

① 本章所称商贸服务业是指发生在国内市场的贸易活动，主要涉及批发业、零售业、生产资料流通业、餐饮业、商品交易市场、会展业、美容美发业以及部分居民生活服务业和部分商务服务业。

一、商贸服务业发展面临的制度约束

（一）市场机制发挥作用的条件不充分

市场机制发挥作用的必要条件是有规范的市场主体、完善的市场体系和规范的市场运行规则。规范的市场主体要求市场主体众多且可以在法律规范下自由进出市场和从事经营活动；完善的市场体系意味着建立起完善健全的商品市场和包括技术市场、劳动力市场、金融资本市场、信息市场等在内的要素市场，要素可以在市场内自由流动；规范的市场运行规则要求有完善的法律法规来规范市场中的各种行为。而我国当前商贸服务市场看，市场机制发挥作用的条件仍不充分，导致市场机制作用发挥不充分，从而制约和阻碍了商贸服务业的发展。

（1）商贸服务领域的市场准入、退出门槛尚未彻底消除不利于有效竞争格局的形成。我国政府近些年一直致力于积极推进政府职能转变，放松管制，减少并取消了大量行政性审批事项，对商务服务业等竞争性行业微观经济行为的干预大大减少。但是，在市场进入、市场退出等关键性环节仍有较为严格的管制，行政审批事、报备事项仍然存在。例如：对一些从事小规模商贸活动的商贸企业，在注册资本等市场准入方面仍有较高要求，而世界多数国家对小规模商贸企业的注册资本大都没有要求。

（2）要素市场化程度低，不利于商务服务业资源配置效率提高。商贸服务业发展更多依靠的是流动资金、商铺、能源、人力资源、信息、品牌等要素和无形资产。在当前我国的制度安排下，各级政府在土地、资本、人力资源、信息等要素资源配置上具有很强的控制权，并采取计划、审批、政府定价等传统的配置机制和手段进行要素分配，特别是在水、电、油、运等要素配置中，规范的市场价格形成机制尚未完全形成甚至缺失，造成市场价格的扭曲，极大地影响了要素资源的合理配置和整合，难以提高要素的配置和使用效率，也在相当程度上影响了商贸服务市场的发展。

（3）规范的市场运行规则尚未形成，不利于商贸服务业规范市场秩序的形成。改革开放使我国服务业的发展环境发生了万史性的巨变，但服务业发展的法规制度环境发展明显滞后，市场经营秩序不尽规范，经营行为未能得到有效监管，突出表现在我国商贸服务业法律、标准体系建设相对滞后。

首先，市场所需的法律、法规存在缺失，已出台的流通法规不健全约束力不强，商贸流通领域依法行政、依法管理难度较大。如《商业网点条例》迟迟没有出台，批发市场、美容美发、住宿、餐饮服务业等未出台具体管理办法，长期处于监管无法可依的局面，《酒类流通管理办法》作为部门规章，也约束力不大，管理的力度、手段比较弱、依法行政的职能不能充分体现。

其次，商贸服务业标准化建设滞后。商务服务业是跨地区、跨行业的运作系统，标准化程度的高低不仅关系到商贸流通业功能、要素之间的有效衔接和协调发展，也在很大程度上影响着全社会商贸流通效率的提高。我国服务领域的标准化覆盖程度远不如工业领域，已有的行业标准往往不适应产业发展的新形态，无法体现现代化服务业标准，各地标准不统一，商贸服务业亦是如此。行业标准和行业规范的缺乏，造成了服务质量差异很大，制约了商贸服务市场的健康发展，也不利于培育国际化服务品牌。

（4）全国统一市场尚未形成，不利于商贸服务业的健康发展。我国商品市场处于买方市场格局，在现行的行政体制下，地区经济持续发展和地方政府政绩要求不断提高，地方政府出于局部利益考虑，存在保护地方市场和地方利益的倾向和动力，形成了许多有形和无形地方保护和地区封锁的政策和做法，导致市场竞争以区域内部竞争为主，无法有效开展统一、公平的市场竞争，极大地影响了全国统一市场的形成和商贸服务业的健康发展。

（二）税费制度不尽合理

1. 商务服务业税负较重

一是与工业企业、外贸企业和其他服务业相比，商贸服务业的税负水平偏高。根据商务部研究院 2007 年的一份报告，我国内贸行业的总体税负水平为26.4%，比房地产业税负水平高4.6个百分点，比金融保险业高5.8个百分点，比信息通讯业高13.6个百分点。这说明，我国商业服务业的税负不仅比计划经济时期要重，而且比房地产、金融保险等行业重，也重于信息通讯等服务业。这种税制设计缺乏合理性和公平性。

二是现行所得税征收制度安排不利于商贸企业总部和分支机构的异地运营。目前国内居民企业以企业注册地为纳税地点，居民企业在国内设立不具有法人资格的营业机构，应当汇总计算并缴纳企业所得税。这一规定使得各地方政府进一步对本地营业机构的法人性质进行强化，分公司性质的分支机构发展遭遇了重大障碍，“母子结构”被进一步强化，即总部和分支、分支与分支之间变成了相互独立的企业法人，企业只能在子公司的基础上分别缴纳所得税。这种缴纳所得税的方式，使得企业无法将亏损子公司的亏损额在计算汇总纳税时扣减，加大了企业税收负担。以上海的百联集团为例，每年仅因为所得税无法汇总计算和缴纳而给企业带来的额外税收负担超过了5000万元，若加上难以执行集中采购、综合配置所带来的效率损失，总的税收负担接近一个亿，约占集团年盈利的6%。

三是缺乏税收优惠政策。从所得税优惠政策看，工业企业可获得的税收优惠较多，如对设在国务院批准的高新技术开发区内的高新技术企业，可减按15%的税率征收企业所得税，新办“双高企业”自获利年度起，免征企业所得税两年等，工业园区内的工业企业也可享受税收优惠政策，而商贸服务业基本没有任何税收优惠；从增值税来看，对工业企业征收的增值税，可以进行进项和销项的抵扣。与外贸企业相比，外贸出口可获得退税，而商贸服务业没有退税、减免税等优惠政策。

2. 商贸服务业费用负担较重

在现行制度下，商贸企业使用土地、水、电灯资源和公共服务方面的价格和费用明显高于制造业企业。由于我国正处于工业化过程中，土地、水、电、气、热等价格政策长期以来都向制造业倾斜。以用电为例，工商企业长期水电不同价，2008年12月国务院出台包括实现工商企业水电同价等20项措施搞活流通扩大消费，在政策层面实现了工商企业水电同价，但由于商贸企业的经营特点和用电峰谷差价计费客观上使得商贸企业的实际用电成本仍然高于工业企业。

（三）信用制度不完善

改革开放使我国商贸服务业的发展环境发生了历史性的巨变，但商贸服务业本身的信用制度环境并没有根本性改善。突出表现在：一是我国商贸服务业信用体系建设相对滞后。与我国信用体系建设一样，商贸服务业信用体系长期无法可依，目前我国尚未建立全国统一、全开放的商务服务业征信体系，严重影响了商贸服务业的融资能力和商业信誉。二是中小商业企业贷款难。由于中小商业多数注册资本规模小、固定资产少，即没有资产抵押，没有担保人，没有健全规范的财务报表，没有信用记录，因此通常银行不予贷款。中小商业既使获得银行贷款，也往往是审查严格、条件严苛，除基准利率要上浮10%～100%外，还要负担财产评估、审计、公证等费用，并承诺购买银行的理财产品、缴纳保证金等。由于在银行很难贷到款，我国中小商业的融资绝大部分来自民间斥资、地下融资和高利贷，极大增加了经营成本和偿债风险。

（四）信息统计制度建设滞后

目前，我国的统计指标体系仍以制造业为主，工业统计的制度和方法相对健全，包括商贸服务业在内的许多服务行业的统计制度不健全，统计方法相对滞后，很多统计数据是通过抽样方式估算出来的，难以及时、全面、准确地反映商贸服务业发展情况。不仅如此，商贸服务业发展过程中出现的包括电子商务等在内的新型业态、新型流通方式等，尚未纳入国家统计体系，缺乏权威、准确、可靠的统计数据，十分不利于商贸服务业的监管和研究。

（五）财政支持机制不健全

目前，我国大部分流通设施已由政府投资转为市场化投资，因此，商务服务业在基础设施投资、信息化建设等方面，获得的政府投资、国家贴息贷款的额度很有限。但商务服务领域某些基础设施具有明显的公益性和准公益性，不应也不宜完全由市场提供。主要包括：一是国家商品储备设施、跨区域中继性物流中心、大型农产品批发市场、公共商务信息网（平台）等，这些设施在使用上具有开放性，一地一项设施可以供多方使用，多方受益。二是由于经济和自然、技术等方面原因，建设一个大型设施提供流通服务比建设多个设施开展竞争更能有效的利用土地资源，降低流通成本，避免投资浪费。三是流通基础设施往往一次性投资规模大、回收期长、项目专用性强，一旦建成很难转型或退出。例如一万吨的冷库投资多在亿元以上，建成后形成的专用资产是无法转移用途的。

（六）专业人才培育制度不完善

目前商贸服务领域极度缺乏熟悉现代流通管理的人才，而适应新形势的流通专业教育体系没有建立起来，专业教育学科设置不合理，许多大专院校甚至取消了商贸流通的相关学科设置。由于商贸服务领域目前还没有形成规范的职业资格标准和从业人员培训标准，行业协会以及社会培训机构的培训服务比较混乱，难以适应商贸服务业对现代化经营管理人才的需求。

二、政策建议

（一）加快转变政府职能和推进行政管理体制改革

商贸服务领域作为竞争性行业，要进一步明确政府的主要职能，使政府从过多、过度、过强介入微观经济领域中退出，从“全能型”政府转向服务型政府。在此基础上加快推进行政管理体制改革，理清和整合相关部门职责，明确权力和责任，建立促进服务业发展部门协作和协调机制，理顺各部门之间、中央和地方之间的体制机制。在中央行政管理层面，进一步理清部门职责，加快法规建设步伐，继续加快政府职能转变，减少不必要的行政审批，提高依法行政、合规监管水平。要加强中央引导和规划职能，并通过制度创新和政策创新，充分调动地方政府的创新积极性，对于成功经验，及时总结提升并加以推广。

（二）促进要素市场体系建设和机制改革

逐步减少政府对要素资源的配置权力，加快推进包括知识、技术、人力资源、金融等在内的要素市场发展；加快要素价格形成机制改革，尽快形成以市场为基础的要素价格形成机制；加快发展多元化市场主体，加快推进要素产品创新，促进要素市场竞争机制和供求机制的加快形成；加快建设一批现代化的市场交易平台，促进要素市场规范发展。

（三）进一步打破部门、行业垄断和地区封锁，构建和完善统一市场体系

清理并取消各种阻碍商品（或服务）在全国范围内顺畅流通的制度规定，推进全国统一、公平竞争、规范有序的市场体系建设。在形成全国统一市场尚有较大困难的情况下，可考虑率先在有着广泛经济联系

的经济区域内实现区域统一市场（如长三角、珠三角和京、津、冀等区域），实现商品在区域内的自由流通。放宽内贸流通相关领域的市场准入，除国家规定的自然资源垄断性行业、涉及国家安全的行业和公益性行业外，都应放开准入，使不同经济成分的企业获得公平竞争的机会和条件。

（四）积极改进财税制度，促进商务服务业健康发展

中央财政应每年安排一定资金支持全国商贸领域公共信息服务系统等基础设施建设，地方各级财政要加大资金投入，支持当地商贸基础设施的建设和运行维护。各级政府适时投入必要的引导资金，按管理权限给予相应扶持，改善民营企业的投资环境，积极吸引民间资本参与商贸设施和相关设施的建设和改造。

落实国务院办公厅（国办必［2002］49号文件）精神及有关部门关于连锁企业跨地区发展中的统一纳税的相关政策。对增值税一般纳税人购进免税农产品实施进项税抵扣；对试点企业从农业生产单位购进农产品的，鼓励其取得农业生产单位开具的普通发票，作为进项税额抵扣凭证。

（五）强化信用和法规体系建设，优化商务服务业发展环境

加快社会信用体系建设，制定商贸领域信用建设规划，完善《商务信用信息管理办法》、《商贸企业信用管理技术规范》，建立和完善社会信用的评估体系和监测系统，充实融资担保、贸易信用险、商账管理及网上交易等信用信息内容，逐步在行政审批、许可证管理、资质认证、行业管理、政策支持等方面引入信用管理机制，推行重点人群执业行为记录和信用评价制度。

进一步完善相关法律法规体系，做好立法和法律修订工作，加强法规政策的透明度，促进服务业的发展。特别是要适应人力资源服务业改革与发展的新形势，研究起草人力资源市场法律法规；尽快修订并出台

《征信管理条例》，建立有效的失信惩戒机制；修订和完善信贷相关法律，从法律上明确界定非法定吸收公众存款、非法集资和正常民间借贷的界限，使民间金融合法化，促进中小企业和民营经济的发展。研究和制定适合我国现阶段商贸服务业发展特点的统一的行业标准和行业规范，并适时与国际标准接轨，促进我国商贸服务品牌的培育和走出去。

（六）构建商贸领域人才队伍培养体系

加强国内商贸人才培养和培训，通过专门培养、合作办学、定向培训等多种途径和方式，形成部门、学校、企业、行业协会协调协作的人才培养机制，不断提高国内贸易领域人力资源的素质与知识水平，建设具有较强竞争能力的内贸人才队伍。

执笔人：漆云兰

第十五章

我国研发和信息服务业发展面临的制度障碍

经过30多年的改革开放，中国在研发和信息服务领域的水平与能力有了很大提升，并且具备了一定的技术实力，培养了一大批企业和人才，初步具备了培育具有国际竞争力的企业乃至产业的能力。

然而近年来，在新技术大量涌现的条件下，新产业难以快速扩张，创新企业难以做强做大，新技术产业化步履维艰的情况依然明显和普遍。

问题的关键在于有利于创新和创业的制度环境还没有建立起来，特别是缺乏鼓励创新和创业的涵盖经济、政治、法治、社会等一整套的制度环境。

一、研发和信息服务业对制度环境高度依赖

研发和信息服务业主要包括两个领域，一是与研发和创新相关行业，包括工业设计、科技服务等行业和研究与开发、产学研合作、研发成果商业化、专利交易等业务环节；二是信息服务业，是指以信息服务为主要业务的行业，具体包括软件业、系统集成、整体方案提供、数据

库、云计算和信息服务贸易等。

为了具体了解研发和信息服务业对制度的敏感度和面临的制度障碍，课题组组织了调查，其中研发领域包括研究与开发、工业设计、产学研合作；信息服务业选取软件、系统集成和数据库服务。调查结果显示，研发和信息服务业发展最为敏感的三个因素依次为制度环境、政府职能和市场需求（见图 15.1）。

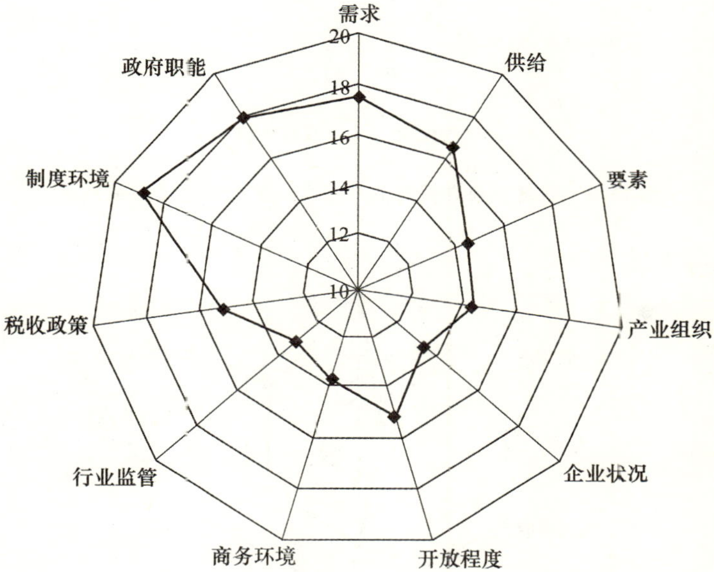

图 15.1　研发和信息服务业对不同因素的依赖度和敏感度

而从各种制度影响因素来看，研发和信息服务业最为敏感的制度因素依次是知识产权保护、法治化水平、税收制度、信用体系等，除此之外，它对商品和服务市场化水平、民营企业发展环境、中小企业发展环境和教育体制也具有较高敏感度和依赖度（见图 15.2）。

研发和信息服务业的不同行业或领域对制度的敏感度也有很大差异，其中研发、软件、产学研合作和工业设计对制度环境的要求最高，而软件、系统集成和数据库对制度环境的要求相对较低，如图 15.3 所示。

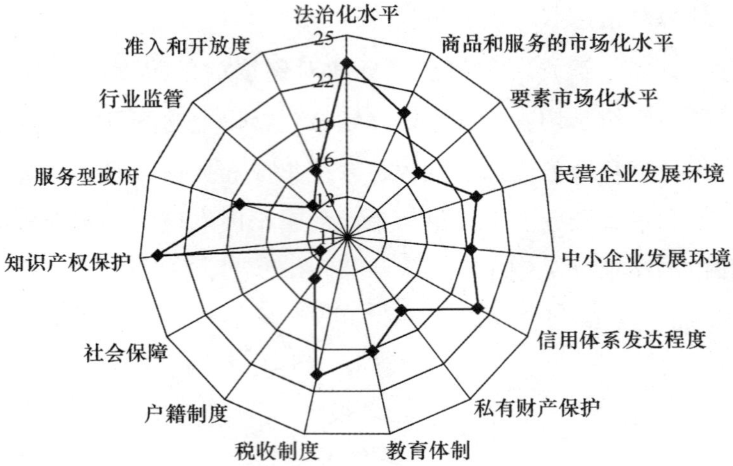

图 15.2 研发和信息服务业对不同制度的依赖度和敏感度

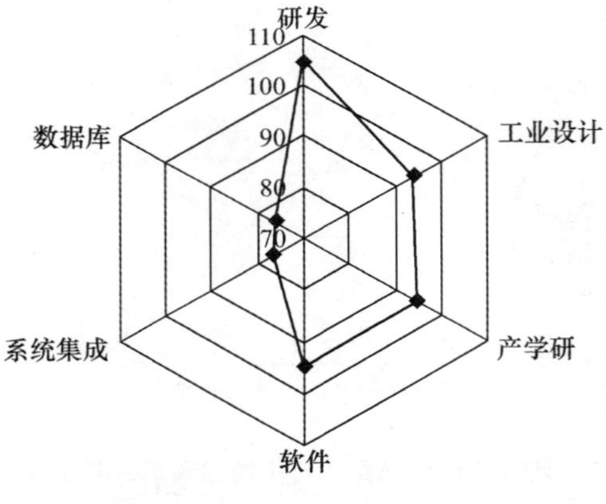

图 15.3 研发和信息服务业主要行业对制度的依赖度和敏感度

二、研发和信息服务业发展面临的体制性障碍

（一）政府职能不顺，影响创新和信息服务业发展

各级政府在支持技术创新和发展信息服务业方面，更习惯于直接干预研发过程和企业微观行为，特别是在政绩考核和财税体制影响下，重

制造轻服务、重硬件轻软件的情况依然突出。进入21世纪以来，在部分发达地区或城市，各级地方政府对技术创新和信息服务业的关注有所提高，特别是近两年来各级政府在转变经济发展方式、鼓励创新和在发展战略性新兴产业方面，都加大了自己的作为，但是仍然存在一些问题，突出表现是以扶持制造业的思维和手段支持技术创新和信息服务业发展。例如2010年国家制定发展七大战略性新兴产业指导意见公布之后，有的地方政府不考虑本地的比较优势和实际情况发展七大产业，由政府确定本地产业发展路线，甚至直接确定投资项目，导致新一轮的同构化发展。而在发展高等教育体系、在科研体系方面的支撑力度相对较弱。

（二）“条块分割”导致的不平等竞争严重抑制创新

创新和信息服务业的发展，具有明显的规模效益，要求有统一的市场甚至国际市场作为条件和支撑。然而，我国目前依然存在的适应于制造业的“条块分割”管理体制，特别是准入、竞争和税收制度，极大影响了创新及信息服务业的快速发展。创新和信息服务是高度综合和融合的产业，例如三网融合、电子商务、系统集成等，目前的产业和准入管理依然存在行业主管、多头领导、交叉监管的问题，企业发展还面临一些部门下属企业的不平等竞争；再如，新能源汽车企业在跨市、跨省发展业务时，普遍面临地方保护和市场封锁，当地政府在实施新能源汽车补贴的过程中均规定或在实际操作过程中照顾当地汽车企业。这些问题都极大影响了企业拓展市场的能力和积极性，导致大量创新企业和信息服务企业长不大、做不强。

（三）政府实施的创新政策存在明显偏差

技术创新的前期投资大、风险高，而且研发成果具有“正外部性”的社会效益，政府应该加以支持。但需要明确支持的方式和途径。目前我国在技术创新和鼓励信息服务业发展方面，制定和落实扶持政策与发达市场经济国家的通行做法有很大偏差，导致重复建设、资源浪费和寻租腐败的普遍化。

一般来说，政府对企业技术创新补贴应当是“竞争前”[①] 的，而我国大量补贴直接介入市场竞争领域，导致不平等竞争；专项补贴应当做公开透明的招标，公正的评选，而我国目前大量存在所谓“定向招标”的办法，让内定的企业中标。又如，创新资金的发放普遍采用认定和评估的方式，在执行过程中产生大量串谋腐败、外行评估等问题。再如，节能、环保产品的补贴最好的方式是补“需方”而不是要补“供方”，而我国大量补贴均给予厂商而非消费者，导致政策效果大打折扣；等等。

（四）金融体系不健全导致创新和信息服务企业创新融资困难

金融体系是创新的重要支撑，创新型企业和信息服务企业大多是中小企业，由于这些企业主要依靠人力资本和创新创意获得发展，因此普遍缺乏不动产等抵押物进行融资。

我国融资体系目前仍然以商业银行间接融资为主，资金投向大多以大中型制造业企业为主。尽管风险投资、私募基金、债券市场和资本市场等直接融资市场近年来有很大发展，但依然无法满足大量创新及信息服务企业的融资需求，并且在发行债券、创业板等资本市场上，企业融资的盈利年限等门槛较高，依然不适应高风险、高回报的创新企业的实际需要；同时对于风险投资和私募基金而言，普遍存在短期包装上市退出的情况，而即使上市后又会面临股东分红等压力，对于创新型企业的长期发展存在一定影响。总之，我国金融体系依然存在的金融压制[②]、

---

① 竞争前技术是一种基于能应用于未来商业或为特殊的商业原型所进行的早期非常不确定的技术研究与开发活动。

② 金融压制（financial repression），是指由于政府对金融业实行过分干预和管制政策，人为压低利率和汇率并强行配给信贷，造成金融业的落后和缺乏效率从而制约经济的发展，而经济的呆滞反过来又制约了金融业的发展时，金融和经济发展之间就会陷入一种相互掣肘和双双落后的恶性循环状态。造成金融压制的原因之一是金融市场落后，尤其是资本市场发育不健全。

风险机制和准入监管问题，以及金融产品亟待创新等问题，已对我国技术创新和信息服务业发展产生明显的制约作用。

（五）产学研分工不清晰，协作机制尚未形成

由于长期实行计划经济体制，在我国创新体系中，产学研之间的有机联系长期被割裂，自成体系并服务于各自所属的部门或机构，通过市场相互连接和服务的协作机制难以形成。产学研具有明确的分工，技术创新的主体是企业，科学创新的主体是科研院所或者高等院校；一般而言，企业侧重于应用性技术的研究和开发，科研院所侧重基础研究和有针对性地应用研究，而大专院校则侧重于基础研究和人才培养，各自具有明确的职能和分工。

在现代市场经济中，政府往往通过科技资金投入、知识产权制度创新和构建共性技术研究及扩散平台，来形成产学研合作机制，而高等学校、科研院所则借助制度创新促进应用性技术研发和产业化。例如，发达市场经济国家或地区一般都将大量资金投入到基础研发领域，知识产权以及相关应用性研发专利归属研究承担方，高等学校和科研院所取得成果或专利后，采取授权、交易或鼓励研究人员停薪留职创业等方式使新技术扩散到产业以实现商品化。而这些制度创新在我国严重缺乏，导致技术创新的研发、应用开发和产业化各环节不通畅，大量存在研发成果束之高阁，应用开发程度较弱，创新和市场相互脱节等问题。

此外，我国当前所普遍采用的产学研合作方式，大量采取以国家资金扶持为纽带，以各方独自运行的方式进行，缺乏支撑平台、协作机制和商业模式，也影响了产学研合作的实效。一方面，由于企业、高等学校和科研院所有各自的创新目标，导致研发、论证、成果发布、中试、工艺和产品之间缺乏衔接，合作各方相互指责对方不关心自己的创新关注点；另一方面，现行研发体制形成的大量企业搞基础研发、高等院校和科研院所搞产业终端开发甚至直接注册企业的情

况，也弱化了各自的比较优势，对于基础研究、人才培养、产业开发等质量和水平提升产生消极影响；同时，还容易滋生科研腐败和学术腐败等一系列问题。

（六）企业从事技术创新的微观环境还有待完善

对于研发和信息服务业，目前还在微观环境方面面临一些具体的制度性障碍，主要包括以下几个方面：

一是法治环境有待完善，特别是知识产权保护难以落实，创新风险和收益不对称，严重影响企业积极性；同时，在地方保护下，司法地方化情况突出，导致地方企业不平等竞争，违约成本较低。

二是民营企业和中小企业发展环境亟待完善，在部分行业或领域的准入和融资方面，依然受到实质性歧视。

三是缺乏公平有序的市场秩序，与部门和部分地方政府有利益关联的企业，普遍借助有利地位实施不平等竞争，利用不公正手段抑制和打击技术创新企业，导致创新成果难以产业化，同时地方保护和市场封锁问题相对突出，跨区域贸易和投资开放度不高，统一市场难以形成。

四是政府在公共产品和技术及服务平台方面，供给严重不足，且资金低效使用和重复建设情况突出。

五是适应和配套于制造业的税收制度与生产性服务业的发展要求极不适应，特别是工程服务业务重复纳税、高端人才个人所得税率偏高等问题，严重影响人才聚集和创新创业积极性。

除以上反映较为集中和突出的问题外，监管缺乏透明性，行业协会等中间组织发育不够，标准体系不完善、不健全，要素价格形成机制市场化程度低，现行教育体制导致高端人才培养和基础学科研发水平不高，以及对生产性服务业扶持缺乏针对性、有效性和体系性等问题，也成为影响研发和信息服务业健康发展的重要制度因素。

从以上分析可以看出，作为生产性服务业的重要领域，研发和信息服务业面临的突出制度性障碍主要集中在法治环境建设方面，政府职能定位不清、过多干预微观企业的创新以及行业保护和地方壁垒，也成为抑制自由竞争和技术创新的主要因素。同时，作为技术创新的重要公共服务，政府扶持政策的有效性和公共服务及公共平台的提供，成为研发和信息服务业的迫切需求。而在高端人才税收、深化关键领域改革、改善政府监管等方面，研发和信息服务业与其他生产性服务业有着相同的制度诉求。

执笔人：王　青

第十六章

我国教育行业发展的制度障碍及政策建议

随着经济体制改革的深入和公共财政体系建设的加快，我国教育行业发展取得了长足进步，但是在政府职能转变、教育管理体制改革等方面还面临不少制度瓶颈，制约和束缚着教育行业的发展。必须切实提高财政性教育资金使用效率，加快落实和扩大学校办学自主权，进一步理顺教育管理体制，大力扶持民办教育加快发展。

一、我国教育行业发展的总体状况

近年来，我国各级各类教育快速发展，尤其是民办教育大量涌现，成为教育行业发展的重要增长点。截至 2009 年，全国民办学校及教育机构共有 10.7 万所，各类学历教育在校生达到 3065.4 万人，分别比 2005 年增长 24.1% 和 41.4%。但总体上看，我国教育行业的社会化、市场化程度依然偏低，难以有效适应和满足多层次教育需求增长的需要。

一方面，多元化办学主体和投资主体发育还不充分。尽管民办学校的办学范围涉及学前、初等、中等和高等教育以及成人教育、职业培训等各个领域，但公办教育和民办教育共同发展的格局尚未完全形成，民办学校数量和招生规模远低于公办学校。2009 年，我国公办普通小学共有 274688 所，招生规模为 1553.78 万人，占普通小学总量及招生总数的比例均在 95% 以上；公办普通初中、职业初中学校分别有 51836 所和 149 所，招生规模为 1637.92 万人和 2.04 万人，学校数量和招生数量的占比高于 90%；公办普通高中数量分别为 11937 所，招生规模为 748.97 万人，占比均在 80% 以上。只有民办高等教育、中等职业教育的学校数和招生规模略高，但其学校数量占比也不超过 30%，招生数量占比在 20% 以下（见表 16.1）。与此同时，2009 年，我国教育行业的国有投资所占比重高达 83.7%，远高于整个服务业的国有投资比重，私人投资所占比重仅为 11.0% 左右。这种过于单一的办学模式与社会主义市场经济体制下的多种所有制经济共同发展是不相适应的。

表 16.1　2009 年我国各级公办、民办教育学校数量和招生规模的对比

		普通小学	初中阶段教育		高中阶段教育		高等教育
			普通初中	职业初中	普通高中	中等职业教育	
公办	学校数（所）	274688	51836	149	11937	8126	2031
	占比（%）	98.0	92.3	97.4	81.7	71.8	75.5
	招生数（万人）	1553.78	1637.92	2.04	748.97	583.74	700.82
	占比（%）	94.9	91.7	98.6	90.2	82.0	83.3
民办	学校数（所）	5496	4331	4	2670	3198	658
	占比（%）	2.0	7.7	2.6	18.3	28.2	24.5
	招生数（万人）	84.02	148.47	0.03	81.37	128.04	140.15
	占比（%）	5.1	8.3	1.4	9.8	18.0	16.7

资料来源：根据《中国教育统计年鉴》（2010）整理而成。

虽然各国的经济发展水平、市场化程度、文化背景不尽相同，但教育民营化和办学主体多元化已成为一种普遍趋势。义务教育主要由政府负责，经费由政府提供，而在非义务教育阶段则更多的是调动社会力量，使其与公办教育相补充，从而形成多样化的办学模式。具体来看，发达国家私立学校在基础教育阶段所占比例有所减小，如美国小学阶段的私立学校数量占总数的 11%，中学阶段为 8%左右，英国中学阶段的私立学校数量占比约为 10%；而私立高等教育一直呈上升趋势，如日本、韩国私立大学数量占比高达 80%和 79%。在发展中国家，基础教育阶段和高等教育阶段的私立学校数量所占比例均呈上升趋势，如印度的私立小学数量占比为 25%，私立中学数量占比为 52%，私立大学数量占比为 57%。① 由此可见，私立高等教育是目前世界各国发展的重点，在缓解公共教育经费短缺、提高全民教育水平、促进教育机会均等方面都发挥了重要作用。

另一方面，学校的办学自主权受到一定限制。虽然近年来我国各级学校办学自主权不断扩大，但远未成为真正的自主治理主体。由于公共财政支撑能力有限，束缚了学校师资、设备等软硬件的可持续发展能力。教育主管部门与学校之间形成行政意义上的上下属关系，学校很大程度上只是履行政府有关指令的执行者，办学自主权并未真正落实，距离“政校分开、管办分离”还有一定差距。与此同时，学校内部以行政权力为主导的运作模式还未得到实质性转变，各类资源的配置中行政权力的影响较大，官本位意识较为严重。

二、我国教育行业发展存在的主要制度障碍

（一）政府职能的缺位与越位问题仍显突出

改革开放以来，我国政府职能转变取得了重要进展，但政府在行使

① 闫凤桥：《民办教育规模在同级教育中所占比例的影响因素分析》，载《北大教育经济研究》，2004 年第 2 期。

职能上仍存在着“缺位”、“越位”等问题，有限政府模式还没有完全确立，导致教育等公共服务资源的有效供给不足且结构不合理。

一方面，政府教育经费投入水平相对偏低。近年来各级政府在教育领域的投入力度不断增强，2009 年财政性教育经费支出达到 11975 亿元，占 GDP 的比例上升至 3.6%，但仍未实现 1993 年《中国教育改革和发展纲要》提出的 2000 年财政性教育经费占 GDP4% 的目标。从国际范围看，公共教育支出总额占 GDP 比例的世界平均水平为 4.9%，其中发达国家达到 5.3%、发展中国家为 4.5%，我国目前的公共教育投入与世界平均水平、甚至与发展中国家平均水平还有一定差距（见图 16.1）。

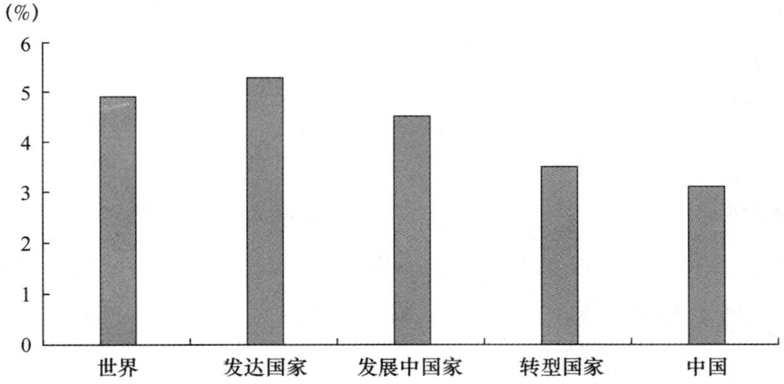

图 16.1　公共教育支出占 GDP 比例的国际比较

资料来源：联合国教科文组织《全民教育全球监测报告》（2010）。

另一方面，不同层次教育资源投入的不合理加剧了教育供求矛盾。从现实来看，我国中央财政的投入偏重于高等教育，义务教育管理重心过低、资金缺口大，难以适应城乡区域统筹发展的迫切需要。2006 年新修订的《义务教育法》规定，义务教育实行国务院领导，省、自治区、直辖市人民政府统筹规划实施，县级人民政府为主管理的体制。与之前相比，尽管强化了省级的统筹实施，省、市两级财政承担了部分保障经费，但对一些财力较为薄弱的县级政府而言负担仍然较重，学校软硬件设施的资金投入难以有效保障。此外，在农村地区，村、镇两级办学职责不清，导致农村义务教育投入渠道不畅，进一步加剧了城乡和地区之间教育发展的失衡。从国际上看，虽然各国财政体制差异很大，但是大部分国家在义务教育公共投资体制上选择了集中模式或相对集中模式，投资主体或是中央政府，或是高层地方政府。而完全采取以基层地方政府作为投资主体的分散模式的国家却为数不多。

（二）教育管理体制尚未完全理顺

随着改革开放的不断深入，原有教育行业管理体制的弊端日益凸显，制约着教育行业的可持续发展。

第一，教育管理体制套用行政管理体制模式，存在典型的政府包办、管办合一问题，行政权力过大、统得过多、管得过多。教育行政主管部门长期以来习惯于直接管学校，大量的时间和精力用于处理具体事务，导致职责不清、运行效率不高、公共服务职能削弱等弊端。

第二，教育中介组织不完善。现阶段我国许多教育中介组织依附于政府，独立性较差。另外，由于管理上的不顺畅和缺乏规范约束，中介组织的人员素质参差不齐，进而影响了专业性、权威性功能的发挥。这也导致了我国目前中介组织无论从数量还是质量上，还难以适应教育发展的需要。

第三，职业教育管理缺乏宏观层面的统一协调。教育部门与人力资源和社会保障部门各自为政，自成体系，存在着职业教育资源缺乏与资源分散并存、政策缺位与政出多门并存、投入不足与多头领导并存的问题。具体来看，职业教育中的职前学历教育由教育部门负责，而职业技能培训及其等级证书的颁发则由人力资源和劳动保障部门负责。尽管有国务院部际联席会议协调，但在一些重要问题上，各部门意见仍难以有效统一。即使在教育部门内部，职业教育也因层次而分割，中、高等职业教育之间无法形成有效的衔接和沟通，难以形成相对完整、符合职业教育特点的体系，不适应实施科教兴国战略、可持续发展战略的现实需要。

（三）对民办教育仍然存在歧视性限制

目前，我国教育发展在行业准入等方面还存在诸多不合理的歧视性、限制性规定，给民间资本的公平进入带来一定的负面影响，阻碍了行业有效竞争格局的形成。20 世纪 90 年代以来，国家先后制定了包括《民办教育促进法》在内的一系列法律政策，规定“民办教育事业是社会主义教育事业的组成部分”、“民办学校与公办学校具有同等的法律地位”，对民办教育的发展起到了鼓励和促进作用。然而，由于《民办教育促进法》制定后相关法律法规未能作相应调整和修改，同时也未能及时制定配套法规，不少影响民办学校发展的瓶颈问题始终未得到完全解决。

一方面，公、民办学校的法律地位仍不平等。一些政府在财政性教育经费的拨付上对民办学校存在歧视，民办学校在承担义务教育责任的同时，无法享受与公办学校一样的生均经费资助。与此同时，民办学校与公办学校的教师身分存在差异，使得民办学校的教师与公办学校的教师在事实上无法享受同等待遇。此外，我国现阶段经教育部批准的实施全日制高等学历教育的普通高等学校具有招收外国留学生的资格达到 500 多所，而民办教育机构则被拒之门外。

另一方面，民办学校投资者产权界定缺乏法律依据。对于《民办教育促进法》中规定的“民办学校出资人可以从办学结余中取得合理回报”中的合理回报的理解存在歧义，办学结余、净收益、净资产的计算缺乏与之相适应的会计制度可遵循。

（四）市场化服务和公共服务的界限不清

从发达国家发展经验来看，随着社会阶层之间利益关系的高度多元化，政府一方面是公共服务特别是基本公共服务的提供主体，同时还需制定一系列政策措施，鼓励其他市场主体参与提供公共服务。另外，随着经济全球化程度的不断提高，发达国家都将公共服务中可市场化的产业部分以市场化手段加以运作，特别是一些国家将教育服务出口摆在整个国家对外贸易的重要位置，并从战略高度以市场化原则来指导教育产业的发展，积极拓展国际市场。

然而长期以来，我国教育行业的发展偏重于强调公益性和非营利性，许多可以市场化的业务被视作纯粹的公益性、福利性社会事业来发展，而忽视了其作为产业的经济含义和要求，导致公益性服务领域政企不分、营利性与非营利性不分，产业发展缺乏活力。尤其是随着经济的发展，民间资本具有兴办教育的实力，然而由于缺乏有效的激励性制度安排，导致社会力量参与办学的渠道不畅，未能发挥应有的作用。

除此之外，自我国加入 WTO 并对教育市场做出有限开放承诺以来，教育服务贸易进出口贸易失衡始终存在，尽管近年来我国派出留学生与接收留学生比例严重失调的问题已经得到了很大程度的改善，但是从资金流向来看，我国赴外留学的费用要高于来华留学的费用，导致大量教育资金流向国外，形成了较大的教育服务贸易逆差。

三、政策建议

（一）切实提高财政性教育资金使用效率

依法规范和保障财政性教育经费的增长，确保实现 2012 年我国教育经费投入占 GDP4% 的目标。将义务教育全面纳入财政保障范围，把有限的教育资金相对集中地办好义务教育。借鉴国外发展经验，将义务教育重心适度上移，切实改变中央和省级政府承担义务教育投资比重偏低的情况。与此同时，建立规范的义务教育财政逐级转移支付机制，增加中央和省级财政对教育的转移支付金额。进一步加大农村、边远贫困地区、民族地区教育投入，缩小教育地区差距，促进教育均衡协调发展。

（二）加快落实和扩大学校办学自主权

进一步减少和规范对学校的行政审批事项，依法保障学校充分行使办学自主权和承担相应责任。完善高等学校治理结构，按照国家法律法规和宏观政策，自主开展教学科研、社会服务，自主设置和调整学科专业，自主制定学校规划并组织实施，自主设置教学、科研、行政管理机构，自主确定内部收入分配，自主管理和使用学校财产与经费。扩大普通高中及中等职业学校在办学模式、资源配置、人事管理等方面的自主权。

此外，还要健全学校议事规则与决策程序，逐步规范行政权力与学术权力各自发挥作用的领域和范围，使两者在学术管理活动中形成一种有机的分工、合作与制约关系。

（三）进一步理顺教育管理体制

按照政校分开、管办分离的原则，理顺教育主管部门与学校的关系。适应国家行政管理体制改革要求，明确政府管理权限和职责，明确各级各类学校办学权利和责任。探索适应不同类型教育和人才成长的学校管理体制与办学模式，避免千校一面。随着国家事业单位分类改革的推进，探索建立符合学校特点的管理制度和配套政策，克服行政化倾向，取消实际存在的行政级别和行政化管理模式。

加快改革职业教育的办学体制，调动社会办学的积极性，建立有利于社会力量参与、公办民办共同发展的体制，逐步形成多形式办学、多渠道投入的发展局面。建立健全教育中介组织体系，赋予教育中介组织以权威性和合法性。

（四）大力扶持民办教育加快发展

依法落实民办学校、学生、教师与公办学校、学生、教师平等的法律地位，对《民办教育促进法》中“合理回报”问题做出明确、可作为法律依据的具体解释，切实维护民办学校的合法权益。与此同时，积极推动民办职业学校在贴近市场和产业上改革创新，设立扶持民办教育发展专项基金，对民办学校实施土地使用和减免税收等政策，允许通过合资、合作等方式投资办学，实现产权结构和办学形式的多样化。

执笔人：刘　涛

第三篇

实 践 篇

本篇是我国部分中心城市服务业发展的案例研究，也是市场经济研究所近年来围绕服务业发展问题在实地调研基础上形成的研究成果。这些成果既有助于深入观察我国服务业的发展经验和政策实践，也可为促进各地服务业发展与改革提供值得借鉴的思路和政策，更具有推动全国服务业发展的决策参考价值。

第十七章

上海市加快服务经济发展的路径分析[①]

一、发展服务经济是加快经济发展方式转变的必然选择

加快转变经济发展方式，是当前我国经济领域中的一场深刻变革，关系改革开放和社会主义现代化建设全局，意味着经济发展在内容、动力、路径、机制等方面将面临一系列重大乃至全新的调整和转变。服务经济发展的国际经验表明，服务经济发展方式与农业经济、工业经济的发展方式存在明显差别，加快服务业发展可以逐步扭转传统经济发展方式对大量物质资源的依赖和消耗，改变以不断扩大投入、增加物质消耗为动力的粗放型发展方式，通过创新发展内容、发展机制、提升经济运行效率，促进国民经济持续快速发展。因此，推动我国服务业发展，促进经济结构优化调整，加快服务经济的发展步伐，已经成为实现经济发展方式转变的必然选择和重要战略任务。

上海是我国经济发展水平和工业化程度最高的城市，已经具备加快

① 本章是国务院发展研究中心市场经济研究所课题《我国服务经济发展及其对制度环境要求》（2009 年）的分报告。

服务业发展、实现经济结构调整升级的经济基础、产业条件和市场空间，正处在服务经济加快形成、经济发展方式转变的关键阶段。近年来，国家高度重视上海的经济发展，并将推进上海加快发展现代服务业和先进制造业、建设国际金融中心和国际航运中心上升为国家战略，给予上海“先行先试”的政策优势，全力支持上海举办2010年世博会，为上海加快服务经济发展提供了难得的历史机遇和发展环境。因此，加快推进服务经济发展，应当也必须成为新时期上海经济社会发展的核心战略，成为推进科学发展、加快经济结构调整和实现发展方式加快转变的突破口，成为当前乃至今后相当时期经济社会发展的工作重点和政策优先领域。

二、加快服务经济发展必须实现整体突破和率先发展

服务经济发展的国际经验表明，服务业的持续快速发展和服务经济的形成是建立在发达的市场经济基础之上的，健全的市场经济体制和日益完善的制度环境是服务经济发展的前提和基础。因此，加快推进经济发展方式转变、实现经济结构优化调整、加速向服务经济转型步伐，不仅需要推动多样化的服务业竞相发展，更重要的是要从根本上改善服务业发展的制度环境，通过加快完善社会主义市场经济体制，通过体制机制创新，为上海服务领域的创业、创意、创新注入全新的动力，激发上海服务业发展的市场活力，推动上海服务业发展驶入长期健康快速发展的轨道，使服务业发展成为新时期上海经济社会发展的主要动力和带动长三角乃至全国经济发展的新引擎，成为我国服务经济发展的龙头。

为此，“十二五”时期上海应将加快发展服务经济作为社会经济发展的核心战略和关键目标，以改革开放和体制机制创新为动力，充分利用发展服务业的比较优势，着力解决制约服务业发展的突出矛盾和问

题，着力优化发展环境，在促进现代服务业各行业竞相发展、加快向服务经济转型方面实现整体突破和率先发展。整体突破的核心和路径是：以浦东新区为先导，率先在上海市建立“服务业创新发展综合配套改革试验区”，在更高的起点、更宽的领域先行先试，消除制约服务经济发展的障碍性因素，完善服务业运行机制，理顺管理体制，增强服务业的发展活力，实现服务业高水平发展，在全国形成辐射和示范效应。

三、促进服务经济发展实施综合配套改革试点的建议

（一）尽快构建上海服务经济发展的组织协调机制

加快服务经济发展是上海加快推进经济体制改革与机制创新，实现发展方式转变取得实质性进展的重要突破口，需要充分发挥各级党组织和政府的作用与职能，调动行业组织及各类市场主体积极性。为此，必须加强领导，建立必要的促进服务经济发展的领导协调机制，为加快推进改革创新提供必要的组织保障。一方面，要从市、区（县）层面上，建立推进服务经济发展的高层议事和决策机制，由市区主要领导牵头，由相关部门领导参与，以研究制定加快服务经济发展的相关规划和政策措施，协调有关部门的改革进程和形成政策合力。另一方面，也可考虑建设服务业发展的日常协调和管理机制，可考虑在现有综合部门中建立服务业发展办公室的方式，也可参考辽宁省建立服务业发展委员会的做法，将服务业发展的行业管理、政策协调等职能进行整合，形成“大部门制”的服务业综合管理部门。

（二）转变服务业准入方式，拓宽服务经济发展空间

利用加快发展现代服务业的有利时机，上海要大力清除服务业发展的政策和制度障碍，特别是解决非公经济和中小企业的市场准入障碍，

在对服务业各行业的具体管理规章和办法进行梳理的基础上，尽快转变服务业准入管理方式，加快制定上海服务业投资目录。具体方式有二：一是可参照我国外商投资目录，按照鼓励投资、许可投资及限制投资的方式，制定面向全市和国内外投资者的服务业投资或准入政策，制定公开透明的营业场所、投资人资格、业务范围等方面的条件和规定，最大限度地减少对投资和市场主体的行政性审批，改变对非公企业设置各种门槛的做法。二是参考国际通行做法，针对少数垄断行业、公用事业及关系国计民生的重要服务行业，制定“否定式列表”行业目录，对其他行业全部放开的行业政策，为各种类型企业、国内外企业进入上海投资发展创造“非禁即入”的宽松发展环境，实现在全国率先放宽服务业的市场准入，为各种市场主体创造平等竞争的机会，吸引国内外的服务企业在上海创业和发展，从而在全国服务业发展中占得先机。

（三）围绕建设国际金融中心，大力推进金融制度创新

（1）充分发挥中国人民银行设在上海的“二总部”以及上海金融监管部门的作用，在更高层面、更广范围内尝试构建上海国际金融中心建设的综合推进协调机制，建立健全对上海国际金融中心建设的监管协调机制，形成监管合力，及时防范和处置上海的金融风险。加强商业银行内部的监管、银行业协会的同业自律及来自社会中介的监督，通过金融从业人员自律、金融机构自律、协会自律，变被动的补救为事先的预防性监管。

（2）在产业投资基金、创业风险投资、小额信贷业务、金融业综合经营、离岸金融业务、产权交易等方面进行改革试验，在全国率先建立并完善监管模式。积极争取开展金融创新活动试点，使金融新产品在上海“先行先试”，推动金融创新。加快国际金融信用体系和标准化建设。

（3）加快推进上海各大商业银行中小企业信贷服务创新，包括设立小企业贷款专营性机构，改善授信审批流程、创新信贷品种和独立的

考核问责机制；与各大银行加强协调，实现服务企业以无形资产如专有知识技术、许可专利、版权和收费权等作为抵押品的融资方式创新，解决服务企业融资难题，弥补担保和抵押品的不足，加大对有发展潜力、符合条件的服务业企业和项目的信贷支持力度。

（4）支持服务业企业利用资本市场进行直接融资，加大利用债务融资和股权融资工具力度，积极推动中小企业集合债券发行工作，多渠道筹措发展资金。落实对中小企业融资担保、贴息等扶持政策，通过资本注入、风险补偿等多种方式增加对信用担保公司的支持，提高商业银行、证券公司等金融机构对服务业企业的支持力度。支持设立专门支持服务企业发展的小额贷款公司，扩大小额贷款公司的资金来源，提高小额担保贷款单笔额度，完善监管制度，在风险可控的前提下充分发挥其作用。

（四）通过制度创新，促进上海航运中心建设

（1）配合国家有关部门开展航运税费政策研究，推出具有国际竞争力的航运税费政策。推动实施启运港退税，研究制订航运经纪人管理制度，配合出台吸引国际航运经纪、船舶管理公司在华开展业务的相关措施，提升上海国际航运中心的核心竞争力和影响力。

（2）加快航运中心功能平台建设，大力发展航运金融、航运保险、航运经纪等配套生产性服务业，拓展上海航运交易所功能，支持发展航运、船舶交易及“航运运价指数衍生品”交易，提升上海国际航运中心服务功能。

（3）进一步完善海关监管制度。“十二五”期间，上海要以实现贸易便利化为目标，采取进口分类通关等具体模式，不断提高海关的现代化和信息化水平，实现与质量检验检疫等部门的信息共享，提高通关效率。探索由上海市和沿江省市共同投资，构建与长江流域主要口岸城市联网的上海国际航运中心信息化统一平台，争取海关总署的支持，加快上海与长江黄金水道的“属地申报、口岸验放”大通关改革，将试点

口岸推广至长江沿线所有城市，并实现长江内支线通关的“一次申报、一次查验、一次放行”。借鉴国际经验，制定并不断完善对服务贸易进行监管的程序和方法，方便服务产品的进出口。建议上海的保税港区参照国外成熟自由贸易港区的监管原则，结合自身特点，在不影响贸易活动的前提下，尽可能简化手续，对保税港区内企业的合法活动给予最大程度的便利和满足。

（4）研究制定具体办法，促进保税港区向自由贸易港区转型。

（五）大力推进服务领域非公经济和中小企业加快发展

（1）加快民营服务企业的“资本化”。将民营服务企业的资本化作为上海经济发展一项重大战略，积极通过上市等方式实现民营服务企业与资本市场的对接，在拓宽民营企业融资渠道、增强发展能力的同时，促使民营企业接受资本市场的规则，促进企业治理结构、管理方式、经营模式、组织形式的根本改善，推动现代企业制度的全面形成。

（2）加强对非公有制经济合法权益的司法保护。要促进非公有制经济健康发展，就必须加强对非公有制经济合法权益的司法保护。借鉴江苏等部分省份的经验，加快制定和出台地方关于加强非公有制经济司法保护的意见，明确非公有制经济司法保护的三个原则：一是“非公有制经济司法保护必须遵循平等原则”，“人民法院必须充分尊重其主体地位，依法保护其合法权益，特别是在非公有制经济主体与公有制经济主体发生经济纠纷时，不得存有偏见、不得歧视非公有制经济主体”；二是“非公有制经济司法保护必须遵循保护与规范并重的原则”；三是“非公有制经济司法保护必须遵循效率原则”。如有可能，可以在市司法局或政法委下面设立民营企业司法保护服务中心。

（3）强化中小企业和微型企业服务体系。借鉴国内外经验，进一步强化中小企业服务体系建设，特别是建立微型企业的专项政策，把扶持创办和发展微型企业作为上海服务领域全民创业的重要内容，纳入各级政府的议事日程；加强对微型企业的服务，建立健全微型企业服务体系；构建支持微型企业发展的财税政策，对微型企业实施灵活的轻税轻费政策；建立有利于微型企业发展的金融服务体系和技术支持平台。

（4）大力发展“小金融”。所谓“小金融”，是指金融机构本身的规模小，服务对象的规模小，所经营的业务范围和地域范围小。我国非公有制经济和中小企业如汪洋大海，仅有“大金融”是不够的，“十二五”期间上海必须大力发展“小金融”。要进一步放开市场准入管制，在试点和总结经验的基础上，放宽条件，大力发展城市银行、贷款公司等中小银行，并鼓励这些机构的业务创新，更好地为规模较小的非公有制经济体提供更多的金融服务。可以将村镇银行的有关政策向城市延伸。

（六）继续加强信用制度建设

加强信用制度建设，为上海服务经济的发展提供制度支撑和有效保障，是“十二五”期间的一项重要工作。上海可采取的措施主要有：与中国人民银行等部委加强协调与合作，有效利用公共征信系统，促进信用信息资源整合和共享，建立以上海为核心的多层次的立体化信用管理运作形式。采取政府引导、社会多元化投资、市场化运作的方式积极培育信用中介机构，规范信用中介机构的行为。扩大信用行业的对外开放力度，引进国外资本、人才和先进的经营理念，加强中外合资与合作，提高行业服务水平，推动本土信用中介机构的发展壮大。

（七）调整和完善服务业税收制度

对服务业特别是生产性服务业进行税收优惠与扶持，消除歧视性或不合理的税收政策。可以采取的具体举措有：

（1）对上海服务业各个领域征税对象进行全面摸底，研究制定具体办法，消除对服务外包、科研服务、商务服务、物流、人力资源服务等服务中间环节的重复征税问题，实行差额征税，降低企业的税收负担。

（2）符合条件的服务企业，由总部统一缴纳企业所得税。

（3）对研发、设计、创意等科技服务企业可认定为高新技术企业，享受相应的高新技术企业优惠政策。

（4）鼓励上海服务业企业进行技术改造，使用国产设备，经主管税务机关审核后，按规定抵免企业所得税。

（5）充分发挥税收政策的杠杠作用和政策引导作用，使企业充分了解发展服务业的经济、社会和企业效益，鼓励上海制造业企业在生产的上游、下游环节剥离出生产性服务业，实现生产性服务业的独立发展，在市场竞争中发展壮大。深入调研企业反映的有关税收政策问题，提出有利于企业分离发展服务业、实现主辅分离的切实可行的解决办法。

（八）更大力度地促进上海服务业的对内对外开放

进一步促进上海服务业的对内对外开放，加快引导上海服务企业参与国际范围竞争，提升服务业的发展水平和国际竞争能力，促进服务经济加速形成。

（1）构建双向国际化发展模式。充分发挥上海的比较优势，加强对国内外中高端服务业的招商引资工作，积极有序承接服务业国际转移，大力吸引跨国公司和国内企业集团地区总部、研发中心、设计中心、采购中心、结算中心落户上海。充分发挥上海涉外资源丰厚和国际化程度高的优势，着力建立服务国内企业走向国际市场的体制机制，帮助国内企业参与国际竞争，开拓国际市场，增强上海服务业对全国的辐射和带动作用。

（2）促进上海服务企业“走出去”。研究制定促进上海服务企业开展境外投资的支持政策，在国际并购、外汇管制等方面采取便利化措施，鼓励有条件的服务企业走出去，开展跨国经营和跨国并购，搭建海外营销网络，整合国际资源，特别是品牌、研发等战略性资源，更好地实施“走出去”、“引进来”相结合的对外开放战略，全面提升上海对外开放水平。

(3) 高度重视发展服务外包产业。大力发展信息数据处理、金融后台服务、人力资源服务等业务流程外包，积极承接软件开发及设计、技术研发、工业设计等研发流程外包。培育服务外包产业集群，推动服务外包基地园区建设，提高对服务外包企业的公共服务能力，培育一批具备国际资质的服务外包企业。完善相关支持政策，支持服务外包企业加强国际市场营销，参加国内外重大展博会，为服务外包示范城市和企业提供网络接入和国际线路租赁提供便利，对软件和服务外包等高附加价值服务产品出口开辟进出境通关“绿色通道”。

(4) 提升与国外高端服务供应商的合资合作水平，促进上海服务业的技术引进、管理创新，提高开放质量。支持上海服务企业与世界著名大企业、大集团组建战略联盟，与国外大型连锁企业合资合作，兴办零售和批发企业。鼓励国际知名软件企业与上海企业合作建立研发基地。

(5) 创新和完善服务贸易发展促进体系，研究适用于上海服务贸易的税收、金融激励政策，重点培育金融、保险、信息服务、咨询等服务出口新的增长点，大力发展具有上海特色的服务出口，积极推进服务贸易便利化，稳步扩大服务贸易领域开放，不断提高服务贸易在上海出口总额中所占的比重。

（九）促进社会服务领域公共服务与市场化服务并行发展

一是合理界定和拆分公共服务与市场化服务。促进社会服务领域市场化服务和公共服务共同发展，是主要市场经济国家在发展服务业方面的有效做法，也是促进政府职能转变、促进公共服务均等化的重要途径。“十二五”期间，上海市可在合理界定和拆分公共服务与市场化服务方面进行大胆探索，明确公共服务以政府的公共财政作为支撑，由政府机构、公办事业机构提供服务或由政府采购、市场主体提供；而市场竞争业务则力争实现产业化、规模化发展。

二是选择重点服务领域推进试点改革。可选择教育、广播电视、社会保障、医疗卫生、体育、人力资源等领域，开展公共服务与市场化服务并行发展改革试点，明确各领域公共服务职能和公益性质，对能够实行市场经营的服务，要动员社会力量和民间资本增加市场供给，逐步实现产业化发展。例如，可将我国的公共就业服务和经营性的人力资源服务业进行拆分，拆分之后，公共就业服务机构主要为社会提供“公共产品”服务，包括以人事代理和人事档案管理为核心的各项日常管理工作、人才公共信息汇集与发布、特定目标的人才智力引进、人才预测、人才环境监测、帮助高校毕业生就业以及为困难群体就业提供无偿服务、制定人力资源市场发展规划等，这是提供政府服务的重要方面；劳务派遣、人才培训、人才测评、人力资源外包、行政事务代理、管理咨询等市场化服务部分则改制为人力资源服务企业，参与市场竞争。如果改制后的人力资源服务企业承担部分公共就业服务功能，则由各级财政对其进行适当补贴，或由人力资源和社会保障部门购买其服务。今后在大力发展公共就业服务体系的同时，要积极推动人力资源服务业实现产业化发展，以扩大就业，促进人力资源的合理流动和有效配置。

（十）促进知识产权创新、保护和运用

加大知识产权创新、保护和运用的力度，培育良好的信用环境和市场经济秩序。鼓励服务企业加大研究开发投入，开展自主创新，有效发挥知识产权制度在促进创新、技术扩散和公平竞争等方面的作用。加大对重点行业和领域的专利申请资助力度，促进知识产权的推广和交易，建立健全各类知识产权交易市场。根据知识产权创造、运用、保护和管理各环节的特点，制定配套政策，提高上海市各级政府部门和企事业单位运用知识产权制度的能力。引导上海企业加强知识产权管理，从版权、商标、专利的申请，到商业秘密的控制、信息安全的控制、知识产权保障能力等方面，整体提高企业的知识产权控制能力。积极开展国际

合作，消除假冒侵权和盗版的境外源头，保护上海优势企业。

（十一）组建和发展产业联盟

当企业遇到行业共性问题时，单个企业往往不具备解决问题的足够资源，包括：技术、市场、资本、知识产权、品牌、公共关系等等。组建产业联盟是我国生产性服务企业共同投入资源解决产业共性问题的有效工具。近年来，北京、广东等省市组建和发展了一批产业联盟，推动了企业间和产学研间的联合创新，增强了企业实现战略目标的能力。建议上海积极打造各类产业联盟，将产业联盟作为推动产业发展和实现有效社会治理的政策实施平台，整合产学研资源和产业链上关键企业，有效降低投资与市场风险和不确定性，形成优势互补、良性互动的产业链。

（十二）推动服务业集群化发展

（1）推进商品和要素市场体系建设，健全现代市场体系，提升上海在资源和要素方面的配置能力。

（2）引导生产性服务业向产业园区和重点功能区集聚，形成特色鲜明的生产性服务业集聚区和生产性服务业功能区，通过载体建设引导生产性服务业向集聚化、专业化、高端化方向发展。

（3）引导服务集群企业加强联合和开展协作，通过组建行业协会、产业联盟、构建企业优势资源信息共享平台等方式，促进服务企业之间、服务企业与制造企业之间开展多种形式的有效合作，发挥龙头企业的辐射带动作用。

（4）加强服务业集聚园区配套基础设施建设，鼓励和支持集聚区建设网络信息、投资咨询、知识产权、人才培训、展示交易、研发设计、国际交流等公共服务平台，营造良好的园区环境，为产业集群的发展提供支撑。大力发展生产性服务业，增强产业配套能力，实现服务业与制造业之间的协调、互动发展。

（十三）有效降低服务业的商务成本

（1）合理降低服务业的收费负担。组织调查和评估服务企业的收费负担，及时清理各类收费，取消和制止不合理收费项目，未经上海市政府批准的行政事业性收费项目、行政部门委托或授权的收费项目一律不得收费；对收费过高的项目，予以降低。

（2）在用水、用电、用气、用热等方面给予服务业企业公平待遇。尽快落实服务业企业在用水、用气、用热等方面与工业基本同价，按同类用户执行同一价格。加大与电网等相关部门的协调力度，实现生产性服务业、鼓励发展的服务业与一般工业用电价格基本并轨，降低企业运营成本。

（3）服务业重点领域用地纳入优先领域。将服务业发展重点领域用地列入年度国有土地使用权公开出让计划，对需要重点发展的服务业项目给予政策倾斜。以划拨方式取得土地的单位利用工业厂房、仓储用房、传统商业街等存量房产、土地资源兴办生产性服务业，土地用途和使用权人可暂不变更，依据有关政策优先办理建设用地、供地手续。实施"腾笼换鸟"，空出土地发展服务业，提高土地使用效益。

（十四）制定具体的政策措施，支持新兴服务业态发展

上海市的新兴服务业态已经初具规模，要制定具体的政策措施支持这些产业的发展。放宽市场准入，创造宽松的环境，支持工业设计、文化创意、服务外包、软件、会展、互联网信息服务、研发服务、电子商务、法律服务、信用消费、人力资源服务等新兴服务业的发展。通过发展科研服务等生产性服务业，促进电子、生物工程、环保、节能等重大科技领域的研发。要注重发展促进科技成果产业化、完善产业链条的生产性服务业，提高科技成果的转化率。鼓励高等院校、科研院所通过技术入股的股权激励方式与企业展开研究合作，提升企业创新能力。支持企业研发中心的建设和发展，使企业成为自主创新的主体。

（十五）扩大服务市场需求

加大政府采购对服务业发展的支持力度，改善消费环境，扩大服务市场需求。引导政府部门、企事业单位、社会团体等将一些服务项目，特别是一些阶段性的高端服务需求、事务性的低端服务工作，如信息咨询、会议展览、专业培训、软件开发、物流等，采取服务外包的方式，通过政府采购、公开招标等方式委托给社会上的专业化服务机构来完成，以扩大市场需求，推动服务业的发展。

（十六）完善服务业统计制度

改进上海服务业统计调查制度，完善统计指标体系，制定服务业统计报表制度和方案。加大对服务业统计工作的人财物投入，充实服务业统计力量，加强对服务业发展状况的经常性调查，提高统计数据的时效性和准确性。建立健全上海服务业发展的监测体系，及时反映服务业最新动态和发展趋势。服务业主管部门、统计部门和相关政府部门要建立通畅的信息沟通机制，及时高效地做好服务业发展的形势分析及预测、预警和信息发布工作。

（十七）完善服务业人才培养制度

要多层次、多渠道培养和引进各类服务业所需人才，构建强有力的人才支持体系。要拓宽人才培养途径，积极吸引和聘用国外高层次服务业人才，鼓励海外留学人员回国创业，强化人才奖励与保障制度，为服务业人才提供良好的创业和发展环境。重点聚集一批具备较高专业素养和丰富工作经验，熟悉国际市场运作的服务业领军人才。针对不同类型服务业从业人员的特点，开展多层次、多形式的岗位职业培训，提高职业资格培训和岗前培训补贴标准，提高服务业从业人员的职业道德素质、服务意识和业务水平。引导高等院校、职业学校和培训机构增设服务业紧缺专业，加强人才培养，发展服务业高等职业教育和高级技工教育，完善服务业人才培养机制。推进生产性服务业技能型紧缺人才示范性培养培训基地建设，支持高等院校、中等职业技术学校等与企业共建实习、实训基地。

（十八）增强上海服务业对长三角和全国的辐射带动作用

加强产业体系建设，利用产业政策的导向功能，优化资源配置，提高上海服务企业的专业化程度和自主创新能力，有效满足国内外客户的个性化服务、复合型服务需求，增加服务的技术含量和附加价值。加大上海服务业特别是现代服务业、生产性服务业的重组整合力度，推进服务业品牌建设，培育一批有国际竞争力的现代服务业企业集团，增强上海服务业对长三角和全国的辐射带动作用。引导和鼓励部分制造企业向服务化方向转型，提高在产业链上的地位。

执笔人：王　微　来有为

第十八章

北京市房山区中央休闲购物区核心区产业发展研究[①]

一、中央休闲购物区及核心区的界定和发展内涵

中央休闲购物区（Central Shopping District，以下简称 CSD），是在实现经济发展方式实质性转变、加快产业结构调整、抢抓北京建设世界城市发展机遇的背景下，房山区提出的全新发展理念与战略定位。CSD 的基本含义是以国际化品牌购物为引领，以消遣旅游、文化娱乐、体育健身、怡情养性等多种休闲消费功能为主体，集聚休闲商业、旅游业、文化娱乐业、体育业、休闲农业等多样化休闲服务产业以及相关服务业，是服务北京国际化大都市及京津冀城市群的新型休闲消费功能集聚区。

CSD 核心区是集聚 CSD 主要休闲功能和关键设施的城市地区，以大型奥特莱斯为中心，布局和建设主题公园、大型运动场所、游客集散中心、大型综合商业设施、商务服务功能区的主要承载地；是为 CSD

① 本章是国务院发展研究中心市场经济研究所课题《北京市房山区 CSD 核心区产业规划研究》（2010）的总报告。

休闲产业发展提供多样化商务服务和公共服务的功能平台，成为 CSD 对接大都市与周边城市群的主要通道，区域内外游客资源与要素资源的集散与配置中心；是依托 CSD 优越的人文自然环境、宜居的休闲氛围和完善的设施条件，吸引和聚集国内外休闲企业总部基地、文化创意产业和商务服务的现代服务业集聚区。

二、加快规划建设 CSD 核心区的背景与重大意义

（一）CSD 是顺应“休闲时代”发展要求的创新之举

（1）人类社会正在迈向休闲时代。国际上将闲暇时间内各种消费活动统称为休闲[①]，是现代社会不可或缺的消费活动。现代意义的休闲是以社会化、专业化休闲服务为特征，以大众广泛参与为基础，以满足人们身体健康、心情愉悦、促进个人发展的消费活动。目前在欧美等发达国家，休闲消费对经济的贡献度日趋显著，休闲产业创造的增加值已占据 GDP 的半壁江山，并主导了劳动力市场；发展中国家休闲消费也已起步，休闲产业处于加速发展的上升期。未来学家预测，到 2015 年人类将走过信息时代的高峰期而进入休闲时代。[②]

（2）现代休闲呈现多元化、多样化、产业化趋势。作为闲暇时间的消费活动，休闲包含的内容非常丰富。国内外通常是根据休闲的时间、空间、内容等进行分类和界定。如以内容划分，可以得休闲活动分为消遣旅游、文化娱乐、体育健身、怡情养性、社会交往、购物餐饮等类型（见表 18.1）。

---

① 约翰·特莱伯著、李文峰编译：《休闲经济》，辽宁科学技术出版社 2007 年版。该书中的闲暇时间是指工作、通勤、睡眠、必要家务劳动及个人琐碎事务之外的可自由支配时间。

② 美国著名未来学家格拉哈姆·莫利托在《全球经济将出现五大浪潮》一文中曾指出：到 2015 年，人类将走过信息时代的高峰期而进入休闲时代。

表 18.1　　休闲活动类型

类型	内　容	休闲活动举例
消遣旅游	长途旅游 市内或近郊旅游	如到异地参观自然风光、名胜古迹等 如游览博物馆、美术馆、名人故居、主题公园等
文化娱乐	影视、网络等 娱乐	如看电视、看电影、玩电脑游戏、欣赏音乐等 如观看表演、前往酒吧、歌厅等
体育健身	传统健身休闲 高端健身休闲 特殊健身休闲	如逛公园、散步、跑步、游泳、球类运动、健身等 如马术、高尔夫等 如热气球、滑翔、攀岩、漂流、野营、蹦极、潜水、冲浪等
怡情养性	养花草宠物 个人爱好 休闲教育	如饲养虫、鱼、鸟、兽及其他宠物等 如琴棋书画、摄影、收藏、打牌、打麻将等 如为了怡情养性而学习美术、声乐、插花等
社会交往	社会活动	如节庆活动、宗教活动、公益活动及各类聚会等
购物餐饮	购物 餐饮	如品牌购物、特色商品、旅游纪念品 如农家乐、特色餐饮
其他休闲	其他休闲消费	如温泉沐浴、博彩、电子游戏

资料来源：中国社会科学院：《2010 年中国休闲发展报告》，社会科学文献出版社 2010 年版。

随着休闲消费需求的逐步扩大和日益多样化，直接带动了休闲相关产业的迅速发展，形成了专业化、社会化、多样化的休闲产业体系（见图 18.1），涵盖了商业、体育、旅游、文化、娱乐、医疗等众多服务行业，还涉及到与休闲产品和服务相关农业和制造业，如体育用品、图书、影视设备、食品、农产品等。

（3）休闲产业体系发展具有明显的空间集聚趋势。从世界各国休闲产业体系的发展历程来看，休闲产业发展在空间布局上存在两个重要特征。

首先，休闲产业发展具有明显的空间差异和功能分区格局，呈现以城市核心区为中心的同心圆圈层模式，形成休闲功能、休闲内容、设施

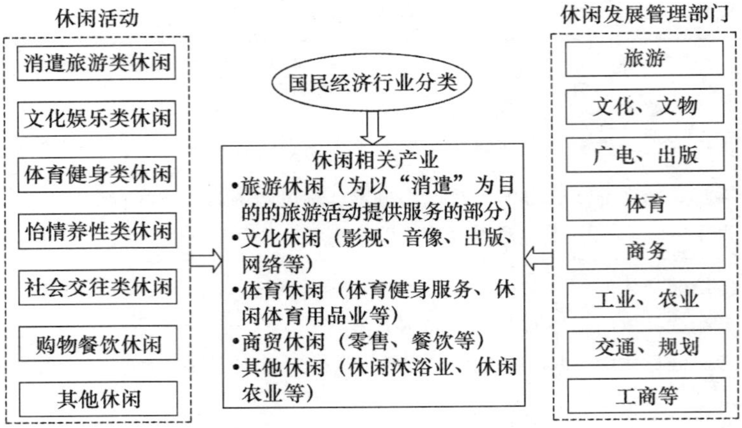

图 18.1　休闲相关产业体系

资料来源：中国社会科学院《2010 年中国休闲发展报告》，社会科学文献出版社 2010 年版。

条件等方面存在明显差异的四大休闲产业发展带（见专栏一）。在休闲功能上，城市休闲带和近郊休闲带主要面向城市居民日常、周末休闲需求以及外来游客的观光消遣需求，乡村休闲带和偏远休闲带则主要面向周末、长假期的休闲需要；在休闲内容上，城市休闲带主要以城市景观、文化休闲、购物餐饮等活动为主，乡村休闲带和偏远休闲带则以自然景观、民俗体验、农业休闲等活动为主，近郊休闲则兼有城市及乡村休闲特性，具有旅游、文娱、体育、购物餐饮等综合性休闲内容；在休闲资源设施条件方面，城市休闲带主要依靠城市景观、文化设施及商业设施等，乡村及偏远休闲带则主要依托名山大川和江河湖海等自然资源以及度假村、野营地等餐饮住宿设施，近郊休闲带的资源设施条件比较复杂，包括便利的交通、一定的自然或人文景观、体育场馆和公园等公共游憩场所、以购物和运动等为主题的大型综合商业设施、餐饮住宿及商务设施等。

其次，休闲产业呈现明显的集聚集群发展特征，成为休闲产业体系升级发展的重要标志。从国内外休闲产业发展的历程看，休闲产业集聚集群发展经历了从城市内部的社区、街区集聚，到城市中心休闲的商务

专栏1

国外大都市郊区休闲旅游空间模式

许多国际大都市如伦敦、华盛顿、巴黎，其旅游休闲地域分布呈现出明显的都市休闲旅游圈环带模式，即以大都市核心都市区为中心形成四个环型带：城市旅游带、近郊休闲旅游带、乡村休闲旅游带和偏远休闲旅游带，不同环形带区域的休闲旅游功能、资源设施特点具有明显差异（见下图）。

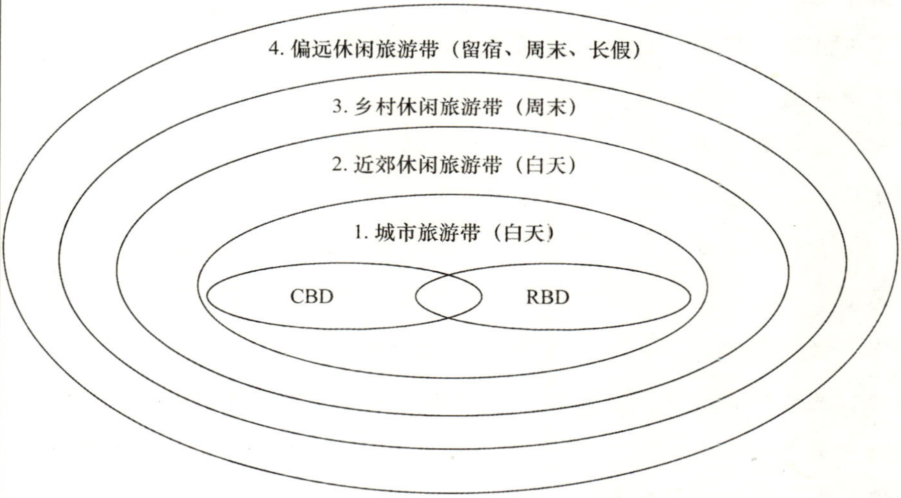

大都市旅游休闲圈环带模式

城市旅游带一般相当于内城或城区范围，是各种旅游服务设施和一些重要历史建筑、纪念地、历史街区、博物馆等吸引物的主要集中区。其主要休闲旅游资源包括中央商务区（CBD）、中央休闲商务区（RBD）、餐馆、剧院、画廊、历史景点和建筑、博物馆、体育竞技场、文化艺术类场所、广场、购物和会议及贸易中心、酒店和汽车旅馆群、少数民族街区、公园、动物园。城市旅游带往往兼顾外来游客和本地居民的休闲、旅游、娱乐需求。

近郊休闲旅游带则是娱乐公园、一般性的室内休闲设施、大型购物中心、公共游憩场、商务酒店、运动综合体、餐馆和夜总会的集中区。一些城市还包括大型野生动物园、工业旅游和野营等场所，主要面向城市居民日常及周末休闲以及外来游客旅游度假。知名休闲品牌及大型主题休闲设施的引入是近郊休闲带发展的主要特征。如迪斯尼世界和爱普科特中心等主题公园通常集中在大型城市郊区，如巴黎、东京等大型体育竞技场所，如堪萨斯的特鲁曼运动复合体等也成为郊区休闲的重要内容。大型购物中心也是主要的休闲品牌，加拿大阿尔伯特郊区的埃德蒙顿大型购物中心每年吸引两千万游客，其中许多是从美国来的。夏威夷火奴鲁鲁的阿拉摩拉购物中心曾创造了世界上最高的超市商品销售额。此外，也有一些城市将会议和贸易中心布局在靠近高速公路出口的郊区，形成靠近城区商务办公区的商务酒店集群，成功地促进近郊商务休闲发展。

乡村旅游带自然环境受工业的影响较小，河湖水系发达，乡土气息浓郁，适合开展以自然资源、传统文化为依托野营、民俗、农场休闲、牧场度假、雪上运动的多种休闲活动。休闲设施通常包括野营地、度假村、旅游服务中心、水上运动与度假地、历史与乡土建筑、特色街区、古镇、历史定居地（村落）农场与牧场旅游。是城市居民从事周末和日常休闲活动的地方。

偏远旅游带偏远旅游休闲带一般具有河、湖、溪流、山组成的风景区，大型的国家公园、自然环境保护区、森林公园等资源，适合开展野营、驾车、打猎、钓鱼、爬山、野外体验、远足等休闲活动，是为周末和有较长假期的游客提供的休闲休假地。此地带内度假村的发展很普遍，少有酒店和餐馆。

资料来源：盖恩：《设计旅游区——在旅游休闲方面的研究》，奥斯丁商业研究部，德克萨斯大学，1972 年。

区（CRD）、乡村及风景旅游度假区的集聚，再到城市郊区及城际中心区集聚，并形成新型休闲功能区的转型升级过程（见表 18.2）。从城市内部来看，商业街、餐饮一条街、CRD 等城市休闲产业集聚区，受城市空间、自然条件等因素限制，其休闲产业主要集中于文化娱乐、购物餐饮、室内健身等，满足城市居民日常休闲消费需要；而乡村的环城休闲带和风景区的旅游度假区则依托自然条件提供运动、健身、观光等室外休闲活动，往往缺乏让人娱乐、消遣、放松的休闲服务，加之这类休闲区位置偏远、假期有限等因素影响，休闲产业拓展的难度较大；而位于郊区或城际中心地带的新型休闲功能区，则可兼具城市和乡村及风景休闲集聚区之长，提供更为多样化的休闲功能，既有满足城市休闲的文娱、消遣的各种休闲服务，也可利用郊区的自然风景条件提供观光、运动等多种户外休闲，更重要的是可以引入和开发新型休闲项目，如主题公园、大型购物中心、大型运动健身场所等。而且随着城市化水平的提高和交通基础设施的发展，郊区及城际中心的新型休闲功能区的交通优势和规模巨大的城市客源的市场优势十分显著。因此，位于城市郊区及城际中心地带的新型城市休闲功能区已成为国际上休闲产业升级发展的主要趋势。

表 18.2　　　　　　　　　　休闲功能区主要类型

类型	主要特点及产业	代表地区
社区休闲体系	客源：社区居民日常休闲 休闲：文化、娱乐、健身、餐饮、购物等 产业：电影院、游戏厅、歌舞厅、健身房、零售商店、餐饮酒吧等 设施：城市基础设施及社区商业设施	各城市街区
城市中央休闲区（CRD）	客源：市民日常休闲及游客观光休闲 休闲：文化、娱乐、健身、餐饮、购物、住宿、景观 产业：博物馆、图书馆、影剧院、游戏厅、歌舞厅、健身房、零售商店、餐饮酒吧、酒店宾馆等 设施：特定城市区域及基础设施，文化广场等公共游憩场所，大型商业设施等	巴黎蒙马特高地 伦敦西区旗舰街 上海新天地 北京 CRD
旅游度假区	客源：游客度假休闲 休闲：旅游观光、运动健身、温泉养生等 产业：景区服务、旅行服务、住宿餐饮、旅游商品 设施：著名人文自然景观、便利交通	法国尼斯—戛纳蓝色海岸地带 欧洲阿尔卑斯山景区 青岛石老人

续表

类型	主要特点及产业	代表地区
环城市休闲游憩带	客源：城市居民周末休闲 休闲：钓鱼、采摘等体验休闲、户外运动 产业：农庄、渔场、野营地、以农家饮乐为代表民间餐饮和民宿 设施：自然景观、交通设施	首尔郊区民俗村 成都郊区农家乐 北京怀柔—密云山区旅游休闲带
郊区及城际中心休闲区	客源：市民日常及周末休闲，游客观光休闲 休闲：文化演艺、娱乐游戏、运动健身、餐饮购物、旅游观光、农业体验 产业：涵盖多种休闲产业 设施：城市基础设施、交通设施、公园及山水资源，综合商业设施、大型运动场所、主题公园、大学及商务会议场所	德国大科隆地区莱茵河谷休闲带 法国巴黎郊区枫丹白露区 广州番禺长隆度假区 北京房山 CSD

资料来源：课题组整理。

（4）CSD 是符合“休闲时代”发展要求的都市休闲产业体系。

世界旅游组织的研究成果表明，人均 GDP 达到 3000 美元是一个国家或地区休闲产业爆发式增长的临界点。目前我国人均 GDP 已超过 3000 美元，北京、上海、杭州等经济发达的大型城市人均 GDP 均在 5000 美元以上。按照国际标准，我国已进入休闲消费及休闲产业的快速发展期，正在迎接休闲时代的到来。

虽然我国休闲产业已有一定程度的发展，在大中型城市及其周边地区、著名风景旅游区等出现了休闲产业集聚发展的趋势，如上海的新天地、北京石景山的 CRD、四川青城山周边的农家乐等。但目前国际休闲产业发展主流形态、位于郊区及城际中心地带的新型城市休闲功能区在中国正在起步，如位于深圳湾畔的华侨城和广州番禺的长隆度假区，在主题公园开发经营的基础上开始向具有综合休闲消费功能的休闲集聚区转型升级，上海也正在加快以迪士尼主题公园为核心的新型都市休闲功能区建设。

北京作为国际大都市，城市休闲产业体系近年来已有长足发展，但仍缺乏符合世界城市发展趋势、满足北京及京津冀城市群休闲消费升级要求的多样化、综合性、具有现代休闲时尚的新型休闲功能区。房山区提出建设 CSD 不仅符合我国迈向“休闲时代”的发展要求和世界休闲产业发展的基本趋势，也将成为北京乃至中国大都市城市休闲产业体系转型升级的创新引领。

（二）CSD 是新时期北京建设世界城市的必然要求

未来 10 年，是我国全面建设更高水平小康社会的关键时期，也是促进发展方式实质性转变的突破时期。作为国家首都，北京必须在加快转变经济发展方式上走在全国前列，并着眼于世界城市的发展方向，进一步加快经济结构调整升级步伐，着力提升服务业发展水平和城市功能，增强首都经济发展的内在活力。因此，在新的发展阶段，北京加快转变发展方式客观上需要 CSD 这样的全新战略抓手，以更加有效地推进科技北京、绿色北京、人文北京建设，加速北京成为世界城市的进程。

（1）CSD 是首都加快发展方式转变、建设“三个北京”的客观需要。

首先，建设 CSD 是提升历史文化内涵、建设人文北京的重要内容。建设 CSD 将依托北京作为历史文化名城的优势，更好地提升房山区乃至北京丰富的人文、旅游资源的文化内涵，促进文化创意产业加快发展，进一步提升文化创意产业作为首都新时期战略性新兴产业的地位，是增强首都文化软实力的重大举措。

其次，建设 CSD 是推动创新要素集聚、建设科技北京的重要载体。建设 CSD 将为北京承接国家科技重大专项和重大科技基础设施建设提供更广阔的发展空间和良好的发展环境，促进创新要素不断集聚，从而为增强科研院所及科技企业的创新能力提供智力和人才支持。

最后，建设 CSD 是提升资源环境承载力、建设绿色北京的重要途径。加快转变发展方式迫切需要北京进一步改善生态环境、提高资源环境承载力。而 CSD 建设有利于改变经济发展面临的资源约束和环境压力矛盾，向有效利用山水资源、优化涵养生态环境的发展方式转变，是积极推动绿色北京建设的有效途径。

（2）CSD 是促进首都成为世界城市的内在要求。随着我国综合国力与国际影响力的不断增强，作为全国政治、文化中心和国际交往中心的北京，成为世界城市已是势所必然。在这一背景下，推进 CSD 的建设具有重要意义。

首先，建设 CSD 是北京打造国际商贸中心城市的重要支撑。国际商贸中心是世界城市的一项重要功能，所有的世界城市均是在商贸流通领域对区域乃至全球有重大影响的城市。目前，北京社会消费品零售总额达到 780 亿美元，远超出国际公认的国际商贸中心城市的标准（250 亿美元），但仍然存在着缺乏具有国际影响力的零售品牌、商业业态以及经营手段等问题。因此，要实现建成国际商贸中心的目标，就必须引入国际流行的零售业态，提升商业国际化程度，成为国际著名品牌代理商基地、总部基地。CSD 以当今世界发展最为迅速的品牌折扣销售业态——奥特莱斯为核心，并引入国际知名的奥特莱斯运营机构，将直接推动北京商业业态升级和经营管理水平的提升，是加快国际商贸中心建设的有效载体。

其次，建设 CSD 是进一步完善首都综合服务功能的基本要求。与已有的世界城市相比，北京的经济总量仅相当于伦敦的 1/5、纽约的1/6，在服务能力和水平、国际化程度等方面的差距更为明显。为此，必须在努力扩大经济总量的同时，在提升城市综合服务功能方面有新的抓手。而 CSD 作为承载休闲消费服务功能的新型城市功能区，将成为密切国际交往、吸引整合高端优质资源的重点发展区域和促进休闲产业、现代服务业发展的新型产业园区，成为未来首都经济发展的新增长点。

最后，建设 CSD 是增强首都的区域辐射和带动能力的必然要求。一般来讲，世界城市是中心城市与周边地区相互作用的产物。当前，京津冀城市群与珠三角、长三角城市群相比，还存在着经济发展水平不高、区域一体化进程滞后、核心城市带动作用不显著等突出问题，成为北京全面推进世界城市建设的重大挑战。为此，必须进一步强化中心城市的要素集聚、辐射能力，密切区域间合作，形成更大规模的人流、物流、资金流和信息流的交往与联系。而建设 CSD 是提升北京的空间影响力、拓宽服务半径的重要手段，是进一步整合要素资源和市场资源，提升区域竞争力的必然选择。

（3）CSD 是带动首都南部和西部地区、促进城市协调发展的迫切要求。近年来，北京经济发展的区域不均衡问题日渐显现，全市六大高端产业功能区[①]集中于发展较快的中心城区及东部、北部地区，而南部和西部地区发展则相对缓慢，城南五区（崇文、宣武、丰台、房山、大兴）面积占全市的 1/5，人口占全市的 1/4，GDP 仅为全市的 1/7；西部地区包括石景山区、门头沟区、丰台区西部和房山区北部及永定河流域地区，面积占全市约 1/10，人口占 8%，GDP 占比不足 1/10。日益明显的地区发展差距已影响到全市经济的协调发展和社会的和谐稳定。一方面，南部和西部地区基础设施投资不足，环境脆弱，吸引高端产业的能力弱，区域发展难以步入良性轨道；另一方面，中心城区和东部、北部地区吸纳的要素过于密集，导致交通拥堵，房价高涨，产业挤出效应出现得过早过快，不利于产业发展和环境优化。在此背景下，加快建设 CSD 不仅能更好地将城南土地资源优势转化为产业发展优势，提升对休闲产业、现代服务业等高端产业的集聚和承载能力，使之成为促进城南地区加快发展的强有力引擎。而且通过建设国际知名的大型商贸设施，积极发展休闲旅游、文化创意、教育、商务服务等休闲产业和高端服务业，加快培育城南地区的新兴主导产业，还将直接推动首都产业结构的升级和布局结构的优化，从而实现城市均衡协调可持续发展。

---

① 是指中关村科技园区、金融街、经济技术开发区、中心商务区、顺义临空经济区、奥林匹克中心区。

三、CSD核心区产业发展的基础与比较优势

目前，房山北部重镇长阳已经具备发展CSD核心功能的资源条件和比较优势，可以为CSD建设关键性基础设施提供重要支撑，是CSD建设起步和相关休闲产业发展的首选之地。

（一）基础条件与发展优势

（1）区位条件得天独厚。

一是房山区既是首都的西南门户，也是北京城市发展新区之一，更是北京面向区域发展、发挥辐射带动作用的重要节点。而长阳是房山区面向北京城区的第一窗口，通过高速公路进入市区的车程仅20分钟，从长阳环岛至北京六里桥客运主枢纽不足20公里。这为长阳镇与首都功能核心区、城市功能拓展区进行资源对接和整合，提供了非常便利的区位条件。

二是长阳镇也是连接北京南部与西部地区的重要节点。包括崇文、宣武、丰台、房山和大兴等五区在内的城南地区和包括石景山、门头沟两区全境和丰台河西地区、房山北部及永定河流域地区的北京西部地区，是北京新时期区域发展的新增长极。而位于北京西部地区和南部地区交汇处的长阳镇，不仅是北京西南的重要交通枢纽和经济重镇，更是北京城南发展计划和北京西部地区转型发展的热点区域之一，在北京新时期经济发展具有非常重要的区域地位。

三是长阳镇具备较强的经济辐射能力。如果按照2小时经济圈计算，长阳镇CSD核心区不仅可以覆盖北京全市范围，而且可以辐射与北京邻近的京津唐地区。如果按照6小时经济圈计算，还可以辐射到华北大部以及东北部分地区，因此可以说，CSD不仅是北京的CSD，更是京津冀城市群的CSD（见图18.2）。

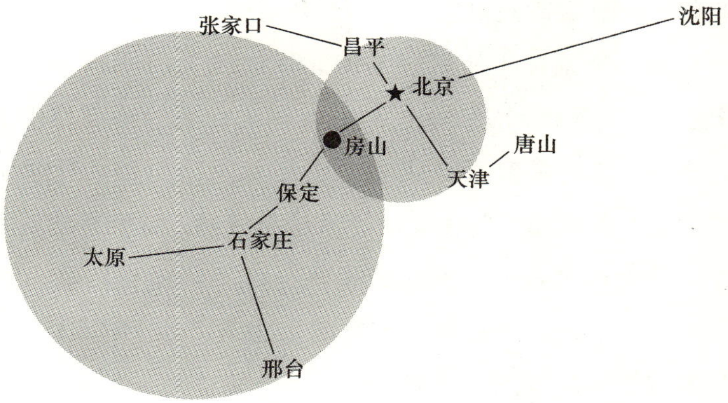

图 18.2　北京房山区的区位条件

（2）交通网络便捷通达。

一是贯穿镇内交通干道包括京石高速公路、六环路、长周路、长阳大街等，已形成纵横交错的公路网络。

二是即将建成通车的城市轻轨房山线贯穿全镇，镇内设置轻轨站点 5 个，并通过地铁 9 号线与全市地铁网络联通，成为长阳对接北京市区的快速通道。

三是房山区是首都西南的交通枢纽，是北京连接和辐射华北腹地、连通中西部地区等主要通道的交汇点。房山境内有京广、京原等多条铁路，以及京石高速和 107、108 国道等多条公路干线。截至 2008 年，整个房山区公路线路已达到 1177 条，总里程数达到 2591 公里，这为长阳对接和服务京津冀城市群提供了便利的交通支撑。

（3）资源条件特色突出。

一是历史遗迹丰富，层次品味较高。其中，70 多万年前的周口店北京人遗址，以"北京人的发祥地"著称；3000 多年前的西周燕都遗址，是"北京城的发源地"；1400 多年前的佛教圣地云居寺，保存着世界上仅存的 1122 部、3572 卷、14278 块石刻大藏经，被誉为"石经长城"；国宝汉白玉的产地大石窝，堪称北京之基、石文化的故乡等。

二是山水资源特色突出，景区资源较为丰富。一方面，房山地质遗迹奇特险峻，具有很高观赏性，是中国乃至世界温带半干旱地区岩溶景观的典型代表，特别是十渡景区是华北地区最大的峰林峰丛峡谷，有“青山野渡、百里画廊”之美誉。以石花洞为代表的溶洞群由上百座溶洞组成，洞内有5种类型33种形态，几乎囊括了全部的化学沉积物形态类型。同时，长阳镇东临永定河、西傍小清河，特别是随着永定河水环境和生态建设的推进，将为长阳提供一道不可多得的城市水岸风景线。此外，房山区以及周边地区丰富的山水资源也为CSD发展提供了丰富的休闲旅游景区资源（见表18.3）。

表18.3　　CSD核心区周边景区资源

景点名称	距离（公里）	景点名称	距离（公里）
石花洞	25.4	石经山风景名胜区	48
青龙湖水上公园	12	中华文化园	12.5
青龙湖公园	13.4	京上草原度假村	9.2
滨河公园	8.1	云居滑雪场	49.9
世界地热博览园	6.5	百花山	68.8
云岗森林公园	12	圣莲山	62.6
世界公园	18	十渡自然风景区	73.7
昊天公园	5.6	灵山	120.6
周口店猿人遗址	24.5	小龙门国家森林公园	124.2

资料来源：课题组整理。

三是地热资源蕴藏丰沛。经有关部门探明，长阳镇地热资源具有分布面积大、蕴藏丰富、出水温度高、富含多种矿物质的特点，已在宾馆、娱乐场所及民用住宅取暖、洗浴等领域得到应用，是北京地热开发利用的热点地区之一。

四是民俗文化积淀深厚传承悠久。其中，菊花白酒作为御用养生酒，因其酿制技艺独特、品质卓越，被列为国家级非物质文化遗产名录。“五虎少林会”作为北京市非物质文化遗产之一，以少林功夫为基础，是一种适合舞台、露天场地演出的大型花会，在北京甚至全国独一无二。此外，当地还拥有百年历史的葫芦垡高跷以及采摘、垂钓等民俗文化资源，具有进一步挖掘整理和发扬拓展的空间。

（4）休闲产业初具基础。长阳镇已经形成了部分具有规模和层次的休闲产业，这将为进一步培育 CSD 核心区产业体系提供一定基础条件。

一是以高尔夫为特色的休闲体育产业发展迅速。目前，区内共有大宁、东方双鹰、长阳国际和加州水郡等四家高尔夫球场俱乐部，总投资 1.61 亿元，规划面积 5800 亩。这四家俱乐部均分布在永定河西岸已沙漠化的废弃采砂场，是国内独具沙漠峡谷特色的高尔夫球场集群，已成为国内知名的高尔夫运动基地。此外，长阳体育公园占地面积 11.4 万平方米，是发展健身休闲的重要基础设施。

二是旅游产业具有发展一定规模和传统。依托房山地区丰富的自然、历史和人文旅游资源，长阳及房山区的旅游产业不断发展壮大。目前全区旅游单位数量为 2590 个，拥有 A 级景区 19 个，星级饭店 28 个，2008 年接待国内外游客人数达到 710.5 万人次，年增幅 3.1%，营业收入 10.2 亿元，年增幅达到 6.4%。

三是农业休闲发展势头向好，长阳镇以基地建设为核心的农业产业初具规模。全镇无公害农产品认证达到 30 个，标准化基地达到 23 个，各种农业专业化合作组织 16 家，协会 3 家，相继建成 4 万平方米的葫芦垡花卉基地、广阳大地农业观光园等设施农业，形成了以花卉、食用菌、蔬菜、水果等主导的种植结构，为面向休闲消费的观光农业、休闲农业和体验农业提供了良好的基础。

四是文化创意产业氛围正在形成。虽然长阳及整个房山区文化创意产业发展水平还比较低，但是 IT 服务业和与休闲相关的文化、体育和娱乐行业已经呈现加快发展的势头，2005 年至 2008 年房山区 IT 服务业增加值增加了 179%，文化、体育和娱乐行业的文化、娱乐、体育业增加了 160%，成为房山区文化创意产业中发展最为迅逭的领域（见表 18.4）。

表 18.4　　房山区文化创意产业主要行业增长情况

主要行业	2008 年（万元）	2005～2008 年增长（%）
信息传输、计算机服务和软件业	3712	179.52
租赁与商务服务业	52011	69.51
科学研究、技术服务和地质勘探业	45816	25.38
文化、体育和娱乐业	6608	160.16

资料来源：房山统计局。

五是高校园区初具规模。横跨良乡和长阳的高校园区的基础设施正在加快完善，“五横六纵”道路建设已经完成，各项市政配套设施也已齐备。截至 2009 年底，入驻高校已累计完成投资 32 亿元，占地面积达到 66.3 万平方米。入驻学校包括北京理工大学、北京工商大学、中国社会科学研究生院、首都师范大学，涵盖了理工、经济、人文社科、师范等领域，人口总量未来可达 10 万人。高教园区将为 CSD 核心区发展提供高层次、多样化的智力资源和产业资源，是促进长阳乃至房山区相关服务业快速发展的直接动力。

（5）品牌效应初步显现。自房山区 CSD 理念形成和相关宣传活动启动以来，CSD 成为未来北京及周边地区的重要购物休闲区域的品牌形象，已吸引了首创、万科、港中旅、金融街控股、中核集团等大型知名企业关注。其中，2009 年底首创集团已联合国际知名运营商进驻 CSD 核心区，投资兴建中国北方最大奥特莱斯卖场，预计将有超过 300 个国际知名品牌厂商入住。

（6）首都市场潜力巨大。北京既是我国政治中心和文化中心，也是国内经济发展水平领先的城市之一。2008 年人均 GDP 接近 10000 美元，达到中等发达国家水平。近年来北京市民服务性消费支出增长迅速，尤其文化娱乐、教育、旅游等方面，已成为首都消费市场热点。根据课题组测算，北京及天津、保定、石家庄等周边城市群中，具有较强品牌消费、旅游休闲消费和教育消费能力的潜在人数超过 2000 万人，潜在市场规模近 100 亿元（见表 18.5）。

表 18.5　京津冀城市群购物休闲产业的潜在消费人数和市场规模

		潜在消费人数（万人）	潜在市场规模（亿元）
面向北京市	商贸业	260	4.0
	休闲旅游业	585	30.3
	教育产业	29.5	2.1
	小计	874.5	36.4
面向周边城市	商贸业	700	8.4
	休闲旅游业	567	47.3
	教育产业	36	0.18
	小计	1303	55.9
总　计		2177.5	92.3

注：商贸业仅指 Outlets 的品牌消费；教育产业仅指金融业培训。

（7）政策环境日益完善。建设 CSD 核心区已经成为长阳镇和房山区的发展重点，得到了包括市政府在内的各级政府及相关部门的高度重视，直接促进了 CSD 发展环境的加快完善。

一是确立 CSD 核心区发展的组织保障体系。成立了由房山区主要领导负责、各政府部门参与的 CSD 核心区管委会，并与长阳镇政府合署办公，在快速推动 CSD 核心区建设和落实各项支持政策方面发挥着积极作用。

二是出台 CSD 核心区发展的支持政策。核心区管委会积极协调市、区政府各有关部门，在用地、规划、立项、投资等方面争取政策支持和加快审批，极大地推进了 CSD 核心区建设速度。

（8）社会环境和谐稳定。建设 CSD 核心区是对长阳镇产业结构、就业结构的重大调整，既事关长阳镇经济社会的可持续发展，也与当地居民切身利益息息相关，更加需要和谐稳定的社会氛围。为此，房山区及长阳镇坚持以人为本，按照城市化发展要求，积极创新农村集体经济组织管理体制和运行机制，加大投入强化民生保障，完善机制加强维护良好社会秩序，确保长阳镇乃至整个房山区产业转型的顺利进行。

（二）劣势与制约因素

（1）CSD 核心区休闲产业发展水平偏低。

一是现有休闲产业层次较低。如传统业态仍然在长阳现有商贸业占据主流，购物中心、大型专业连锁店、品牌专卖店、大型超市等现代化的新型零售业态发展不足，而且缺乏大型龙头企业及知名商业品牌，商贸业的服务功能和竞争能力比较薄弱。

二是休闲内容单调、缺乏创新。休闲方式还基本停留在观光游览、农家乐等方面，主题公园，户外运动、大型文艺表演、温泉沐浴、游戏娱乐等现代休闲方式发展缓慢。例如，兼具旅游与城市休闲的主题公园，是国际上现代休闲功能区发展的代表性产业，2009 年我国主题公园营业收入已达到 18 亿美元，是亚太区第二大市场，不仅吸引了迪士尼、环球影城等全球知名品牌，也培育了一系列国内知名的主题公园品牌（见图 18.3）。

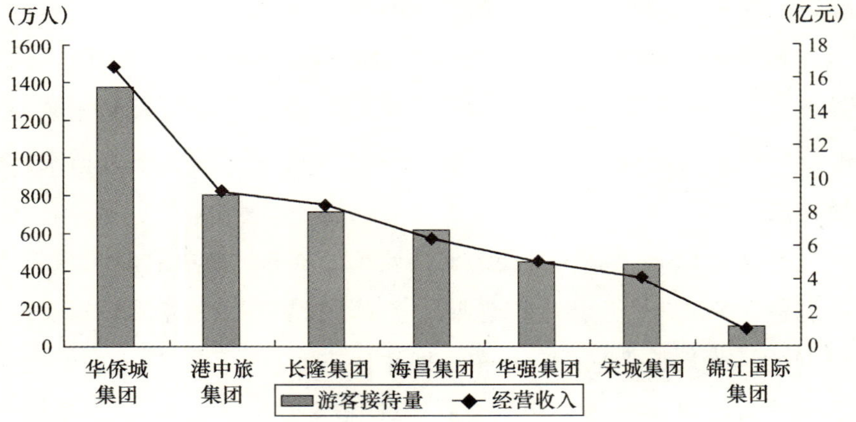

图 18.3　2008 年七大集团主要主题公园游客与收入

三是休闲产业集聚度还比较低。长阳镇原有的服务业企业数量不多，休闲服务企业数量更加稀少，且在服务业中的比重偏低，休闲消费功能尚未成为 CSD 核心区乃至房山区的主导。

（2）基础设施水平和公共服务能力相对滞后。从 CSD 核心区硬件环境来看，房山区和长阳镇的现有基础设施还不能完全适应 CSD 核心区要求，不仅需要尽快提升和完善交通、通讯、网络、信息平台等公共基础设施，而且需要针对城市新区及休闲产业发展必备的城市景观、绿地、广场、公园等公共设施加大投资力度。

从 CSD 核心区软件环境来看，与中心城区和国内同类地区相比，CSD 核心区以及房山区在政府管理、教育、医疗、社区服务等公共服务方面，还存在较大改善空间。特别是在政府管理方面，还需要尽快将转变管理理念、制定新的管理规范，提高城市和休闲产业的公共管理能力和服务水平。

（3）面临发展能力与高级要素资源制约。发展 CSD 核心区实质是产业结构的转型升级，是从城郊经济向城市经济、从农业和工业为主导向服务业为主导的转型，因此，需要更多高层次要素资源的支撑。特别是在发展休闲产业和现代服务业方面，长阳镇乃至整个房山区都面临着比较突出的高端要素制约。

一是人力资源约束。发展休闲产业需要大量的具有专业知识和服务技能的劳动力资源，以及具有创新、创意能力和管理能力的高层次人才队伍。当前 CSD 核心区不仅面临高层次人才短缺问题，而且在劳动力资源约束也十分明显。长阳本地劳动力资源主要是刚刚转换为市民的 10 个行政村 4000 多名农村劳动力，其原有劳动技能和知识水平与产业发展要求差距较大，需要经过一定培训和实践才能逐步融入休闲产业发展。

二是金融资源约束。作为新型城市功能区和产业集聚区，CSD 核心区基础设施建设、环境整治、生态建设以及新型产业发展都需要巨大资金投入，但仅依靠土地出让、房地产开发形成的有限财政资源是远远不够的。因此，CSD 核心区面临较为严峻的金融约束，迫切需要开拓融资渠道，吸引国内外金融资源。

三是创新资源约束。创新是现代休闲产业发展的重要动力，涉及休闲内容、经营模式以及品牌等方面。以品牌为例，目前 CSD 核心区正处在起步阶段，新的休闲品牌和企业品牌还比较有限，区域品牌虽然已经开始大力宣传，但彻底改变消费和投资者传统认识仍需时日。课题组调查显示：消费者对房山区的认识仍然停留在对十渡、石花洞（60.4%）和“猿人”遗址（33.9%）等传统旅游资源和偏远山区（17.1%）的认识上，而对CSD、Outlets、高校园区等方面了解相对较少。这对CSD核心区吸引外部资源、迅速打开首都休闲市场较为不利。

（4）体制机制约束亟待破除。CSD建设本身是一个创新，其发展过程必然会出现一系列新形势和新问题，可能与现行政策和管理方式产生冲突，特别是与现行的规划、土地、行政管理协调机制等方面的矛盾较为突出，如果不能及时调整体制机制，可能会对CSD核心区发展带来影响。

四、CSD核心区产业发展面临的机遇与挑战

（一）重大发展机遇

（1）消费结构迅速升级，为CSD发展带来广阔市场前景。新世纪以来，尤其是在“十一五”时期，随着我国经济的持续快速发展以及居民收入水平的提高，恩格尔系数不断下降，城乡居民消费结构持续快速升级（见图18.4），已基本完成从衣食为主的生存消费向享受、发展消费为主导的转变，为休闲、旅游、购物等行业加快发展奠定了坚实的市场基础，也创造了巨大的发展机遇。

（2）休闲时间增加与休假模式转变，为CSD发展带来巨大商机。2008年国家在保留“十一”和春节两个“黄金周”的基础上，将具有丰富文化内涵的传统节日清明、端午、中秋纳入法定节假日方案，改变了过去7～10天为主的长假休假方式，转变为由2～3天短期假日为主、与长假休假方式相结合的休假模式。休假模式的变化极大地促进了以短途出行、休闲娱乐为主的度假消费快速增长。据对全国主要旅游城市统

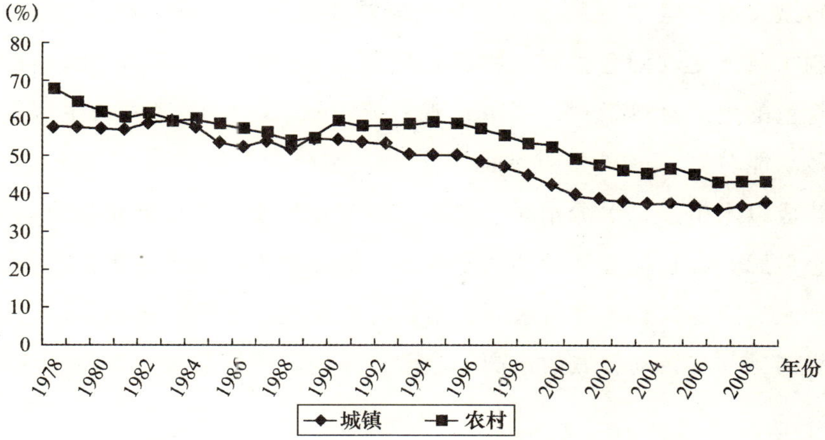

图 18.4　1978～2008 年我国城乡居民恩格尔系数变动趋势

资料来源：《中国统计摘要》

计，2008 年元旦、清明、端午和中秋四个 3 天小长假的旅游人数总和与过去黄金周基本持平。从北京情况来看，2008 年四个小长假期间，北京出行旅游的人数大幅度减少，近郊客流量则较上年同期的增长数倍。可见，休假模式的调整为城市地区、城市近郊地带的休闲度假产业发展带来了巨大的市场机遇。

（3）北京南城行动计划和西部地区转型发展，为 CSD 快速起步带来了难得历史和巨大发展机遇。

一是“南城行动计划”和“西部地区转型发展规划”，将直接提升 CSD 基础设施水平和促进发展环境完善。南城行动计划 3 年投入 2900 亿元，重点建设 7 条轨道线路、27 条跨区通道和主干道，将直接提升南城地区的交通路网状况和改善交通环境，房山区及 CSD 核心区将直接受益于南城交通路网的改善和轻轨房山线建设，促进房山区及 CSD 核心区基础设施的完善。

二是“南城行动计划”和“西部地区转型发展规划”将直接推动 CSD 及核心区生态环境改善。作为南城和西部发展重要节点，永定河北岸经济带是构成南城“一轴一带多园区”的发展格局的主线，也是西部转型发展中集中布局现代服务业的重要区域。为此，2009 年北京市编制了《永定河绿色生态走廊建设规划》，计划投资 170 亿元，建设各具特色的生态自然景观、城市景观、田园景观，形成“一条生态走廊、三段功能分区、六处重点水面、十大主题公园”的空间景观布局，最终建成以水串景、水绿相间，包括水面 150 公顷和绿化 120 公顷的绿色生态走廊。CSD 核心区紧邻大宁水库、稻田水库等永定河水系水面和湿地公园。规划的近 5 万亩水面和湿地为长阳发展旅游、休闲、度假提供了机遇，并将带动区域的地产、旅游、休闲、高端服务业等商业活动的发展。

三是“南城行动计划”和“西部地区转型发展规划”，将重点支持 CSD 核心区发展高端产业园区。一方面依托良乡高教园区，积极支持高技术产业孵化器建设运营，借助园区高校吸引高技术产业项目进入，发挥其培育人才、聚集科技要素、辐射周边发展的作用，增强可持续发展后劲。另一方面要加快西南山区旅游带的建设，重点支持房山区石花洞风景区、十渡景区等景区升级改造，发挥西南部旅游资源潜力，打造西南山区旅游精品路线，为市民开辟更多的西南休闲旅游场所。

（4）京津冀一体化发展与轨道交通快速发展，为 CSD 及核心区发展提供了广阔的市场空间。近年来，京津冀区域经济合作不断加深，一体化进程已从三省市自身的发展要求上升为国家战略，并已纳入了国家“十二五”规划。在推进京津冀区域经济一体化和加强各产业合作互动方面，国家以及京津冀三地政府采取了一系列积极措施。京津冀区域一体化进程加快，一方面将促进这一区域经济发展，可望成为与长三角、珠三角并列的中国经济发展第三增长极；另一方面将有利于促进京津冀区域内各城市之间、特别是服务业之间形成良性互动、共赢发展的局面，也有利于抑制地区差距的进一步扩大。因此，加速地区之间的合作和互动，以跨区域休闲产业合作为纽带、以服务企业为主体，积极推进和加深各城市之间旅游、休闲、商业等领域的合作与互动，已成为各城市服务业发展的重要内容之一，也将为 CSD 核心区的加快发展创造更为广阔的空间。

更为重要的是，近年来国家加大了快速轨道交通发展，特别是全国范围内的高速客运铁路网加快建设和逐步投入运营，将进一步拉近主要城市之间的距离，为消费者出行提供了更为便捷的选择，成为促进区域市场乃至全国市场的一体化的加速器。目前京津城际高速铁路已率先建成通车，京唐、京石高速铁路也将于近期建成通车，再加上北京城市轻轨网络的形成，将进一步提升 CSD 作为城际消费休闲中心的市场定位，为 CSD 及核心区的快速发展提供巨大市场空间。

（5）CSD 核心区产业发展面临一系列重大政策机遇。

一是促进服务业发展和加快经济结构调整的政策机遇。经济结构调整和经济发展方式转变是现阶段我国社会经济发展的主线和目标，依靠科技进步、机制创新、劳动者素质提高，以及效率提高来实现经济增长，是“十二五”乃至更长时期的战略任务。要实现这样的战略目标和任务，对第三产业和现代服务业的发展提出了新的、更高的要求，为此，国家近年来出台了一系列扶持服务业发展的政策措施和专项产业振兴政策，如《文化产业振兴规划》、《关于加快发展旅游产业的意见》、《关于推动体育产业发展的指导意见》等，将为 CSD 及核心区产业发展提供有力的制度保障和政策支持。

二是在加快转变发展方式、应对国际金融危机和保持经济稳定增长的大背景下，扩大国内需求，特别是扩大消费已经成为我国经济发展的重心和主要任务，国家已着手开展一系列改革创新，如加快收入分配制度改革，积极培育消费热点等；各地政府也在积极探索扩大消费的举措，如许多地方相继推出国民休闲计划等。从而为扩大消费，特别是休闲消费创造了良好的发展环境，为 CSD 及核心区休闲产业发展的提供了新的政策支点。

（二）多重严峻挑战

（1）来自首都城区先行发展区域的竞争压力。在 CSD 核心区的引领功能上，建设华北地区最大奥特莱斯将直接面临北京目前已有的3家奥特莱斯及其他商业业态的竞争挑战。根据课题组调查，首先，位于朝阳区的3家奥特莱斯（活力东方奥特莱斯、赛特奥特莱斯和燕莎奥特莱斯）均已形成较为完备经营设施和服务配套（见表18.6），其市场辐射范围已覆盖全市，而且吸引了越来越多来自河北、内蒙等地的高端消费（见表18.7）。可见，奥特莱斯这一新兴业态已成为首都消费市场的重要组成部分，现有3家企业已具有较强的市场竞争能力和品牌知名度，对CSD核心区奥特莱斯的建设和未来运营构成一定竞争压力。

表18.6　　北京市现有3家奥特莱斯对比

	燕莎奥特莱斯	赛特奥特莱斯	活力东方奥特莱斯
地理位置	东四环工大桥	朝阳区香江北路	朝阳区朝阳北路
建筑面积	35000平方米	150000平方米	68000平方米
品牌种数	国际一线、二线品牌100个，国内知名品牌500个	7大系列，近百个国际品牌	400多家国内外知名品牌
开业时间	2002年12月	2009年7月1日	2009年3月
停车位	1000	5000	
日均客流	2万人		

资料来源：课题组《北京Outlets消费者调查报告》。

表18.7　　奥特莱斯消费者来源统计

	总人数	朝阳区	北京其他城区	西部城区	外省市
活力东方奥特莱斯	81	62（76.5%）	15（18.5%）	4（4.9%）	4（4.9%）
赛特奥特莱斯	80	14（17.5%）	45（56.3%）	33（41.3%）	21（26.3%）
燕莎奥特莱斯	84	47（56.0%）	32（38.1%）	13（15.5%）	5（6%）

资料来源：课题组《北京Outlets消费者调查报告》。

在打造区域品牌和集聚综合休闲服务功能方面，CSD也将面临来自城区一些新兴休闲功能区的竞争挑战，如西城的后海，朝阳区的欢乐谷和三里屯新天地以及石景山的CRD等，其领先效应将对CSD及核心区产业发展构成较大的竞争压力。

（2）来自首都南部各区竞相发展的严峻竞争挑战。随着南城行动计划的出台，首都南部五区都在抢抓机遇、谋动发展。一方面，城南五区依托各自产业基础、资源条件，结合国家及北京的发展战略，加快了发展高端产业的步伐，并在服务业发展上各具特色，如丰台区的总部基地，大兴区国家新传媒产业基地、大兴区全长百余公里的T形农业休闲产业观光带、门头沟区正在加快建设的永定河沿岸商务休闲旅游产业等。可见，CSD及核心区未来将面临来自南部各区在服务业、休闲产业发展方面的严峻竞争挑战。

（3）来自北京各郊区县的潜在竞争挑战。作为中国最发达旅游城市，北京郊区的旅游产业围绕自然景区，已经形成了一些旅游度假集聚区，已经成为北京居民休闲度假的主要区域。例如，北京东部密云水库以西的云蒙山自然风景区，周边集聚了包括精灵谷自然风景区、黑龙潭自然风景区、桃源仙谷景区、云蒙山长城遗址公园、五座楼森林公园、云龙河自然风景区等旅游景观，景区周边也集中了许多宾馆、酒店集农家乐等餐饮住宿设施，成为北京比较著名的风景旅游度假区。再如西北部的昌平区，围绕八达岭和小汤山温泉资源，聚集了大量宾馆、会议中心、温泉酒店，是北京地区主要的旅游休闲、商务会议、健康疗养、培训学习的功能区。而且昌平区目前已在回龙观规划建设面积超过20万平方米的奥特莱斯，未来昌平区的休闲服务功能将进一步增强。

（4）来自北京周边地区的竞争威胁。随着京津冀一体化的快速推进，天津、河北两地也在加快与北京的产业对接和市场对接，特别是在发展旅游休闲产业方面，都推出了一些针对北京休闲消费市场的新举措。例如，与房山区直接相邻的保定市正在实施“对接京津”战略，明确提出要着眼京津生态环境安全，加大白洋淀流域和西北部山区生态修复、环保治理力度，构筑屏障京津的保定生态功能区，打造以大北京商贸旅游文化圈为核心的环京津休闲产业带。可见，津冀两地旅游休闲产业的崛起与加快发展，将对CSD及核心区产业发展构成一定的竞争威胁。

（5）来自区域互动协同的竞合压力。CSD核心区产业发展既要依托资源优势与周边竞争，又要融入周边、与区域资源合作。例如，要依托奥特莱斯的品牌和规模优势，时尚户外、温泉民宿、滨水亲水的资源优势，确立商贸、休闲娱乐服务的优势地位。同时，也要借助门头沟永定河绿色生态发展带功能，石景山的休闲娱乐、旅游会展、商务服务功能，融入周边旅游线路、户外休闲线路以及民俗度假线路，整合旅游商务服务、培育人文休闲品牌。然而，如何既与周边竞争、又有区域合作，哪些部门互动发展、哪些部门协同推进、哪些部门有序竞争，这也构成了 CSD 及核心区产业发展的挑战。

五、CSD 核心区功能定位与产业发展目标

（一）核心区功能定位与产业发展的基本思路

（1）立足北京，发挥优势和突出特色。北京是国家的政治中心和文化中心，也是国内经济发展水平最高的城市之一，具有巨大的休闲消费市场基础和发展空间，商贸、旅游、金融、文化创意等现代服务业发展也已居于国内领先水平，多样化城市功能区和服务业集聚区的竞相发展趋势极其显著。在此背景下，CSD 核心区的核心功能和主导产业定位必须要立足首都的巨大市场优势和产业基础，结合 CSD 核心区具有的滨水、绿色、田园的自然环境特色，突出打造时尚、休闲、文化的产业特色，成为独具特色的现代休闲产业功能园区。

（2）立足发展，长远结合和体现前瞻。CSD 核心区产业功能定位不仅要关注当前休闲市场的需求特征，更要准确把握未来进入休闲时代的需求变化趋势和 CSD 核心区社会经济长远发展要求。一方面，CSD 核心区要在满足当前休闲市场要求基础上，结合未来发展趋势和国际发展经验进行产业功能创新，以时尚、新颖的休闲方式和服务功能引领休闲产业发展；另一方面，CSD 核心区立足当前休闲产业发展，着眼北京及中国经济发展中更具展潜力和需求的现代服务业发展，加快完善城市

基础设施和发展环境，为 CSD 核心区产业发展拓展更为广阔空间。

（3）立足服务，动静相宜和统筹协调。CSD 核心区是 CSD 的关键和中枢，是 CSD 吸引市内外、国内外游客和消费者的主要窗口和服务场所，也是为整个 CSD 区域经济发展服务的功能平台。因此，CSD 核心区功能定位和产业发展，必须着眼于游客和消费者的休闲要求和整个 CSD 产业发展要求，打造 CSD 的核心功能、主体产业及关键设施。与此同时，作为新兴城市地区，CSD 核心区还将承载相当的宜居功能和服务业发展功能，也需要在 CSD 核心区功能定位和产业选择中给予高度关注，并使商贸、休闲产业与本地居民生活、城市其他产业之间形成协调互动的发展关系，使 CSD 核心区产业发展呈现以动起步，动静结合，全面发展的格局。

（4）立足创新，点面结合和整体推进。CSD 核心区功能定位和产业发展需要结合北京建设世界城市和加快转变发展方式要求着力创新，以全新的产业功能组合，体现时代特色的产业内容和富有效率的发展思路，以加快建设高起点、现代化的 CSD 核心区，尽快在京津冀乃至全国树立起品牌形象，为全面推进 CSD 建设和发展奠定坚实的基础。为此，CSD 核心区在功能定位上要在突出特色的基础上，高度重视各项产业功能之间的联系和互动，以利于 CSD 核心区功能的整体打造；在发展的思路上要突出品牌引领和大项目带动，注重引进国内外知名企业及休闲品牌，着力吸引具有强大引领功能的产业项目，以加快吸引和整合优质外部资源，为 CSD 核心区产业实现跨越式发展提供强有力的支撑。

（二）CSD 核心区功能定位

根据北京市建设世界城市和加快南城发展战略的总体目标，统筹考虑房山区 CSD 的发展内涵，长阳镇的滨水、绿色、田园的环境特色，突出打造时尚、休闲、文化的产业特色，成为独具特色的现代服务业发展集聚区。CSD 核心区功能定位是：

（1）立足北京，辐射京津冀城市群，具有突出时尚品牌特色的现代商贸功能区。适应京津冀城市居民及CSD游客消费水平提升与品牌消费、追求时尚的要求，着眼于CSD核心区及房山新城居民的日益增长的高品质生活消费需求，以奥特莱斯购物中心为核心、以新城轨道交通商业集聚区为支撑，以服务旅游休闲、社区生活、产业发展为基础，构建多层次、多业态的现代化商贸服务体系，营造CSD的时尚、现代商贸氛围，创造城市的宜居和休闲环境，增强CSD核心区在北京及京津冀区域内品牌时尚消费的辐射力和影响力的服务功能，成为具有突出时尚氛围和强大品牌吸引力的首都新兴现代化商贸功能区。

（2）面向北京，服务国内外游客，具有综合休闲功能的城郊休闲消费中心和现代休闲服务产业发展高地。根据北京建设世界城市、加快城南地区发展和促进西部发展转型的战略要求，结合我国城市居民休闲消费发展的新趋势和新要求，抓住北京加快打造永定河水岸经济带、促进西部生态涵养和培育现代产业的有利时机，结合CSD核心区具有的滨水、绿色、田园的自然环境特色，重点发展符合现代休闲发展趋势，具有游乐、运动、文化等现代休闲方式，加快形成能够支撑多种休闲功能和服务多样化休闲产业的综合性、现代化休闲服务设施和服务功能平台，加快聚集国内外知名休闲服务企业及企业总部，构建包括商贸、餐饮、住宿、文化、体育、农业等产业环节的休闲产业链，成为服务北京及京津冀区域的休闲消费功能区，面向国内外游客旅游度假和政务商务休闲的时尚休闲度假中心，北京领先、国内外知名的休闲产业发展高地。

（3）以文化创意为特色的首都西南智慧城。依托首都强大的人才优势和创新优势，以CSD核心区内的高教园区、中核科技园区为核心，加快引入和集聚优质高端教育资源、研发设计机构、创新创业园区，重点发展包括高端教育产业、科技研发、设计创意等产业的文化创意产业，逐步将CSD核心区打造成以创新创意产业集聚为特色、以高校和科技研发机构为支撑的首都西南智慧城。

CSD 核心区上述三大功能定位之间是互为条件、互动发展的关系。以奥特莱斯为引领的商贸功能区由于其强大的品牌吸引力将为 CSD 核心区发展带来巨大的品牌效应和聚客效应，不仅将成为时尚休闲消费的重要内容，也将为时尚休闲功能集聚大量消费客群，促进时尚休闲消费功能的发展和延伸；时尚休闲中心作为 CSD 核心区主体功能，是未来引领北京消费时尚的重要功能平台，也将具有巨大的品牌效应和市场吸引力，能够为商贸功能带来巨大消费客群和多样化的购物需求，促进商贸功能的拓展和创新，更为重要的是，商贸功能的完善和时尚休闲功能的形成，将成为支撑 CSD 核心区产业发展的环境条件，吸引文化创意产业、企业总部和高端商务服务业加快集聚和发展，为 CSD 核心区发展注入新的发展动力，也为商贸休闲功能带来更为稳定的消费群体。

（三）CSD 核心区产业发展目标

CSD 核心区产业发展的总体目标：在未来 10 年，围绕形成以奥特莱斯为引领的现代商贸功能区、具有综合休闲功能的城郊休闲消费中心和现代休闲服务产业发展高地、具有文化创意特色的首都西南智慧城，着力提升 CSD 核心区的滨水、绿色、田园的生态环境特色，逐步确立时尚、休闲和文化的发展特色，全面推进和发展以商贸业为龙头，以现代休闲产业和文化创意产业为主体，以商务服务业为支撑的现代产业体系，成为支撑和推动 CSD 产业发展的核心功能平台和制高点。

CSD 核心区产业发展目标将分两个阶段推进：

第一步，未来 3～5 年，CSD 核心区将以提升滨水、绿色、田园环境品质为重点，以建设奥特莱斯、主题公园等重大项目为引领，全面规划和布局建设 CSD 核心区的基础设施、主要景观设施和大型综合营业设施，积极吸引国内外商贸、餐饮、住宿、体育、旅游、文化、娱乐、研发、创意等行业的知名企业和服务品牌，初步构建 CSD 核心区产业体系的基本框架。

第二步，未来 5～10 年，CSD 核心区将形成基本完备的设施条件和发展环境，重点完善三大功能的产业链配套，形成优势产业环节，提升服务功能，促进三大功能的创新与市场拓展，形成具有较强竞争力、具有较高产业集聚度的商贸、休闲和文化产业集群，最终成为国内领先、国际知名的时尚商贸功能区，现代休闲产业发展区、具有鲜明特色的文化创意产业集聚区。

六、CSD核心区产业发展方向和战略重点

（一）全面推进以奥特莱斯为引领的商贸业发展

以奥特莱斯为特色的商贸服务业，是CSD核心区产业发展的龙头，也是最有可能依托区位和市场优势，在较短时期内形成具有规模优势和较强辐射带动力的产业。为此，要以建设奥特莱斯为重点，以长阳中心区、轻轨房山线沿线商业设施、高教园区为依托，根据区域内功能布局和未来城市规模扩张、人口快速增加的新趋势，构建满足京津冀城市群中高端人群的品牌消费和休闲需求、本地居民和产业人口日常生活和休闲消费的需求的多层次商贸服务体系，形成CSD核心区多个商贸业发展增长极。

（1）重点发展具有强大品牌影响力的奥特莱斯购物中心。奥特莱斯购物中心是CSD核心区产业发展的重中之重，也是CSD核心区能否发挥强大的吸引力和辐射功能的关键所在，奥特莱斯的发展水平将直接决定CSD核心区产业整体功能的发展水平。为此，奥特莱斯购物中心的建设和发展必须把握的要点：

一是瞄准国际主流经营规范，高起点起步设计和建设具有国际水准的经营场所，形成CSD核心区最具标志性的景观建筑。

二是引入国际著名奥特莱斯运营商，吸引300家以上的国际一线品牌厂商直接进入，并带来核心产品，给以最低折扣，尽快形成强大品牌优势和价格引力，争创北京乃至全国真正意义上的“奥特莱斯”。

三是形成完善的配套设施和功能。规划建设包括大型停车场，快餐店、咖啡店、特色美食街，儿童游乐场，电影院、百货店、大型超市、生活服务业和银行等配套设施和服务功能，在CSD核心区形成主营业态特色突出、服务功能齐全、竞争优势明显的新型商贸中心。

（2）发展CSD核心区的地区商业中心。长阳镇中心区是未来CSD核心区的主要居住功能区和产业发展区，未来将形成包括10万～20万的城市居民和产业活动人口的市场规模。要在统筹规划，整合设施资源的基础上，采取建设大型综合商业设施和商业街相结合的形式，发展包括大型综合超市、中档百货店、电器和服装等专业卖场、品牌专卖店等多种业态，包括餐饮、娱乐、游戏、室内健身等多种休闲服务功能，服务长阳中心区及房山新城、服务外来游客休闲消费的地区商业中心。

（3）建设城铁沿线的新型商业区。客流旺盛的交通枢纽是商贸业发展的最佳基础。城铁房山线在CSD核心区境内设有5个站点。应结合围绕各站点规划建设的商业设施，加快发展城铁沿线新型商业区。重点引进和发展以中小超市、便利店、品牌专卖店、快餐店、咖啡店、书报文具店、药店等业态和便利服务设施，以满足过往旅客和周边居民的日常消费需求。

（4）建设高教园区时尚商贸中心。以服务高教园区10万大学师生为核心，以高教园区的1500亩商业用地为依托，建设高教园区商贸中心。重点发展和布局的内容，一是满足教职员工、周边居民和在校大学生生活消费需求的大中型超市、便利店、餐馆、快餐厅、银行等商业业态和服务网点，二是具有浓厚的文化气息、体现青春时尚和流行文化特点文化娱乐和休闲服务业，书报音像商店、健身场馆、歌舞厅、电子游戏厅、电影院等。

（5）建设具有休闲特色的商业街区。特别是围绕CSD核心区休闲功能的发展，在主要的游客集散地、重要景观地区建设和发展各具特色的休闲商业街区。重点在小清河沿岸、永定河水岸、体育公园等景区建设具有水岸风情或乡间文化气息，集美食、酒吧、表演、创意展示为一体的休闲商业街区，以其特色成为 CSD 核心区的重要组成部分。

（6）建设满足居民需求的社区商业。在新开发的各类住宅区，积极推进社区商业发展，以开办中小超市、便利店、餐饮店、药店、洗衣店、理发店和维修等商业和生活服务项目，提升服务水平，方便居民消费，满足居民基本生活需要。

（7）发展大型龙头企业和培育市场主体。培育和发展具有先进管理理念和较强竞争力的市场主体，是 CSD 核心区商贸业发展的关键。一是引进国际著名的国际品牌直营折扣店的运营商，将长阳奥特来斯购物中心建设成国际水平的名品购物城；二是大力引进大型超市、家电、服装、手机、餐饮等方面的国内外知名连锁企业和品牌，加快提升 CSD 商贸业的经营管理水平；三是大力培育本地商贸企业主体，以为当地农民建设的配套商业设施为基础，组建本地商业管理有限责任公司，作为商业设施开发、经营、管理的市场主体，商业和服务业的经营主体。

（二）重点发展以时尚休闲为核心的休闲产业

根据 CSD 核心区功能定位，以时尚休闲为核心的现代休闲产业将是 CSD 核心区的主导产业。充分利用长阳镇的滨水、绿色、田园等环境资源优势，结合现代休闲在娱乐、健身、体验和文化等方面的发展特色，加快吸引和创新发展新型休闲方式，打造滨水亲水、文化娱乐、运动健身、绿色田园等多样化的现代休闲功能，加快形成以旅游、住宿、餐饮、体育、文化、娱乐等服务业为主体的休闲产业体系。

（1）以发展温泉民宿为重点加快发展多层次酒店住宿业。

一是依托长阳独有的温泉资源，以温泉休闲为主题，以建设融合多种建设风格特色的民宿酒店集群为基础，以集成多种温泉洗浴和休闲方式为特色，重点规划建设温泉民宿产业集聚区发展。

二是在 CSD 核心区、长阳半岛和高档体育会所等区域，重点引进和建设具有国际品牌、高星级旅游宾馆和商务酒店，特别是由国内外知名酒店管理经营的品牌酒店，提高 CSD 核心区住宿设施水平和服务管理水平，成为 CSD 核心区吸引国内外旅游度假和商务休闲客流的重要服务设施和平台。

三是适度开发和规范引导农家乐发展，为家庭休闲等大众休闲提供多样化住宿服务设施和休闲体验。

（2）大力发展体育休闲产业。依托长阳具有的高尔夫会所、体育公园和永定河水域等优势资源，大力发展和创新时尚、健康的体育休闲方式，形成 CSD 多样化的体育休闲功能，促进体育休闲产业快速发展。发展重点包括：

一是发展高端体育休闲，主要面向商务休闲人群和白领家庭休闲。以现有的高尔夫球场俱乐部为基础，加快完善俱乐部会所、酒店、练习场和培训学校等配套服务设施，定期举办赛事活动，举办高尔夫培训和市场推广活动，形成核心区高尔夫运动休闲品牌和市场号召力，打造名牌休闲项目。

二是依托体育公园和滨河水岸等资源为核心的多样化户外休闲运动休闲，如网球、门球、游艇等户外运动。目前核心区的体育公园已经基本建成，占地面积 11.4 万平方米，园内设有篮球、羽毛球、乒乓球、网球、门球等场所。围绕上述户外运动项目，重点吸引和发展各项运动的俱乐部、协会和教练机构进入，定期举办赛事活动和培训活动，结合温泉宾馆、度假村及优美的自然景观，打造以“健身、休闲、娱乐”为主题的体育运动休闲产业链。

三是依托大型体育健身综合设施的室内健身休闲，在体育公园、民宿集聚区、CSD 中心商业区和高教园区，规划建设大型室内体育设施，开设卡丁车、室内攀岩、保龄球、游泳及器械健身等多样化健身休闲项目，以满足家庭休闲、青年群体休闲等大众健身休闲需要。

（3）以打造主题公园为核心积极发展多样化体验休闲。

一是重点引进 1 ~2 个国内外知名品牌主题公园，打造具有游乐探险、文化风情等休闲体验的综合性休闲设施，创新 CSD 核心区休闲功能，形成CSD时尚休闲的品牌和引力。

二是结合CSD自然条件积极发展生态休闲，依托CSD核心区北片区与中心区之间的湿地走廊、南部生态涵养区和永定河的水域资源，营建湿地主题公园、郊野公园和亲水游乐主题公园，营造自然、健康、科学、享受的休闲氛围，拓展CSD核心区的体验休闲场所，提升核心区的休闲品质。

（4）以传统文化为依托注重发展文化休闲项目。

一是依托长阳镇南部的农村地区，开发以体验农耕文化、乡村生活、采摘乐趣为主题的传统农耕文化体验，形成以农业种植基地、民俗观光园、农家乐为依托的传统农业文化休闲产业。

二是依托长阳的文化遗产如菊花白酒开发酒庄文化休闲项目，以菊花白酒厂为依托，形成展示和体验中国皇家酿酒工艺、御酒文化的体验休闲基地。

三是结合房山区及北京郊区的传统文化项目，拓展以民间文化演艺、展示为内容的民俗观光项目。并考虑引进和开发具有一定文化品位和京郊文化特色的演艺项目。

（5）发展高端商务休闲产业。结合CSD核心区高档星级酒店开发和高端体育休闲、温泉民宿等休闲设施基础和服务功能，适度完善会议、展览展示、高档俱乐部或会所等设施，引进和培育高端会议品牌、大型培训机构和会议公司，形成针对北京大型中外企业总部和国家机关及各类协会机构的商务休闲产业链。

（6）大力发展旅游休闲服务的功能平台。在CSD核心区重点建设和发展游客集散中心、休闲度假公共信息平台、呼叫中心、汽车营地、文化广场等休闲产业发展的功能平台和共享设施，成为支撑CSD核心区及未来CSD休闲产业发展的重要产业基础。

（三）大力发展文化创意产业

以技术首都西南智慧城为目标，大力发展教育产业、科技研发产业、创意设计产业，使其成为 CSD 核心区产业发展的重要增长极。

（1）大力促进以教育培训为主体的教育产业发展。依托 CSD 核心区的高教园区资源优势和区位优势，积极引进各类教育培训机构，大力培育和发展中高端教育培训产业。

一是重点发展面向中高端商务人群的 MBA、EMBA 教育。充分利用高教园区的优势，吸引国内外知名高校和教育、研究机构来 CSD 核心区合作办学或独立创办分校、研究生院，进一步增强 CSD 核心区的教育资源和教育品牌优势。

二是积极发展面向政府官员和企业核心管理层的定向培训。基于首都政府部门多、企业总部多、培训需求大的特点，积极寻求与有关部门合作，建立政府机构和大型企业的定向培训基地。

三是面向现代服务业发展职业资格和技能教育产业。针对北京现代服务业的快速发展和对中高端专业人才的需求，通过引进行业协会、国内外知名专业教育和职业培训机构，重点发展服务领域的职业资格、业务技能的培训教育，如法律、会计、保险、证券、物流等服务行业的职业资格和证书教育，外语、计算机等职业技能的教育和培训，为青年学生及各类服务行业从业人员进一步提高专业技能、拓展自身发展空间提供支持和服务，形成服务北京及全国的职业教育基地。

四是加快引入多层次的优质教育资源和机构。在提升高教园区入区院校质量的同时，围绕 CSD 核心区城市建设和完善发展环境需要，重点引入具有较高知名度的优质教育机构，如引进北京知名中小学开办分校、双语教育机构、国际学校等，为 CSD 核心区创造高品质城市生活环境、吸引高端产业人才提供支撑。

（2）依托中核科技园，尽快形成特色科技开发产业园。随着能源问题、气候变化等问题日益凸现，各国开始日益重视核能技术的和平发展和利用。面对日趋激烈的国际竞争，尽快培育、壮大我国民用核技术产业，已成为我国新时期创新战略、加快发展战略新兴产业的重要内容。为此，CSD 核心区要依托中核科技园这一重点项目，以民用核技术研发为核心，聚集相关研发企业、科研院所以及相关生产制造企业，形成从核应用技术研发、装备开发、成果转化及产业化基地、技术培训、国际交流合作等产业功能在内的，“产学研”一体化的新兴产业体系和特色科技产业园。

（3）重点培育和发展创意型产业。CSD 核心区要以创新和创业为主题，以人才培养和吸引为重点，以制度建设为保障，大力提升 CSD 的软实力和影响力，将 CSD 核心区打造成为特色创新创意产业集聚区。

一是积极发展创意型企业。借鉴国内外著名研发中心和创意基地向大城市周边的、具有便利交通条件和良好生活环境的中小城市或郊区积聚的经验，依托 CSD 核心区的区位优势和良好发展环境，通过加大宣传力度、提供创业支持及与中关村产业园区合作等方式，重点引进中关村和北京市内的各类研发、创意、设计及文化企业，特别是大型研发机构和大型企业研发中心进入，使 CSD 核心区成为北京新兴的研发、设计及创意产业集聚区。

二是积极促进信息产业的创意创新企业发展，如以三网融合为内容的中小终端应用软件设计企业、网络游戏等创意工作室、打造有特色的创意产业积聚区。

三是建设创业创新孵化基地。利用高校集中的优势，在高教园区内建设创新创业孵化基地建设，通过整合高校资源，建设创业、见习基地等方式，鼓励高教园区内及北京各高校学生、毕业生及留学归国人员进驻基地开展见习、就业和创业等活动，进一步探索产学研结合培养创新人才和创意产业项目新途径。

四是建立一批创意产业的公共服务平台。以公共服务平台建设作为政府培育创新创意产业的重要内容，主要包括与当地产业和企业紧密结合的共性技术研发平台、公共设备和软件服务平台、公共信息平台、成果交易和展示平台以及中小企业信息化服务平台等等，进一步完善长阳文化创意产业发展环境、提升政府的产业服务水平。

（四）积极发展商务服务业

根据CSD核心区整体功能定位，以提升CSD核心区产业整体发展水平为目标，以服务CSD全面建设和完善北京高端商务服务功能为核心，重点发展生态型企业总部基地、高端商务会议中心、服务外包产业基地和配套商务服务功能

（1）打造生态型总部基地。依托首都总部经济高度积聚优势，结合CSD核心区优美自然的生态环境和区位优势，吸引和积聚国内外大型知名旅游休闲、文化创意、大型商贸企业、行业协会等企业和机构的全国总部或区域总部，以及金融、保险等大型服务企业的功能性总部，如后台数据及服务中心、金融产品研发中心、人力资源及培训中心等，在长阳中心区、长阳半岛等区域布局和开发建设低密度、具有较好生态环境氛围的商业办公设施，促进总部基地发展氛围的形成。

（2）以建设金融高峰论坛基地为核心发展高端商务会展业。以长阳半岛为中心，规划建设具有高档商务会所、酒店、会议中心的商务会展功能区，成为北京举办高层会议、论坛的高端商务会展基地。大力培育知名会议品牌，特别是以创办北京金融高峰论坛并建设永久性会议基地为契机，加快树立CSD核心区的高端会展品牌形象，吸引更多商务会议活动进入。重视相关配套服务发展。鼓励发展商务会展基地所需的专业会议服务公司、旅行社服务公司，综合提供会议接待、展览展示、商务考察、票务服务、同声传译、休闲度假等相关服务，大力延伸会议服务产业链，提升CSD核心区商务会展服务功能与水平。

（3）以信息服务为核心培育服务外包产业。依托北京市信息服务业相对发达的基础条件，把握北京市打造软件技术创新基地、新兴产业孵化基地的历史机遇，重视信息服务社会化的趋势，以大型企业、公司总部信息服务外包为契机，积极吸引诸如中科软、万国数据等行业龙头企业进驻，带动相关服务企业加快集聚，培育面向京津冀的信息服务外包产业发展，成为区域内知名的企业服务后台基地。

（4）完善CSD核心区的配套商务服务功能。结合进驻企业诉求，

配套发展金融、会计、法律、咨询、调查、广告等商务服务功能，并规范推进保安、物业、职业中介等相关服务行业发展。

七、CSD核心区产业发展的保障措施

（一）统一思想，增强认识

进一步增强对加快CSD核心区建设重要性的认识。认清CSD核心区对于促进长阳镇、房山区发展的重要地位和作用，切实增强加快建设的责任感和紧迫感，广泛动员和依靠社会各方面力量，抢抓机遇、突出重点，冲破妨碍CSD发展的思想观念，革除影响CSD发展的体制弊端，充分发掘自身的资源优势，在新起点上开创长阳经济社会发展的新局面，将长阳建设成为代表房山新城形象的示范区，推动CSD核心区产业发展走在房山区、城南地区乃至整个北京市前列。

进一步明确商贸服务业、休闲旅游业在CSD核心区产业布局中的优先地位。建设伊始就要把商贸服务业、休闲旅游业作为CSD核心区新的经济增长点和重点产业进行培育，尽快出台并完善产业发展整体战略规划和各项政策措施，促进商贸服务业、休闲旅游业的加快发展。

（二）健全管理机构，进一步强化组织保障

建立部门间协调机制。切实发挥CSD管委会的服务保障和协调推动作用，通过部门联席会议制度、领导专题工作会议等方式，统一研究核心区建设的重大问题，整合各部门出台的配套政策，形成政策合力，着力强化“两个协调”，即协调工作推动、协调问题解决。此外，针对重点发展的产业和项目，适时考虑成立若干专项工作领导小组，由CSD管委会分管领导担任领导小组组长，加强服务协调与督促。

建立规划保障与实施机制。按照法定程序做好CSD核心区产业发展规划的报批工作，确保规划实施和管理的法律效力。与此同时，做好

规划的任务分解，各部门要按照职责分工，将规划确定的相关任务纳入本部门年度计划和折子工程，明确责任人和进度要求，切实抓好落实，并及时将进展情况向区政府报告。

建立规划的定期评估和动态调整机制。定期对规划落实情况进行评估，对发现的问题要进行深入分析，并根据形势发展和实际需要对规划做出适当、必要的调整，确保规划的科学性和可操作性以及对行业发展的指导作用。

在基层干部中开展宣传和培训工作。将相关指标作为政绩考核的重要内容，进一步整合行政资源，切实加强产业发展的组织保障和机制保障。

（三）坚定发展思路，全力服务重点

实施项目带动战略。做好项目前期工作，对引进的重点项目加快立项、注册等行政审批速度，促进重点项目尽快落地。与此同时，全力抓好在建项目建设，加强协调调度，高速度、高质量、高标准完成项目建设任务；抓好奥特莱斯等已签约的招商引资项目的落实，跟踪服务，努力提高项目履约率和资金到位率。

实施龙头企业带动战略。引导要素资源在市场机制作用下向有潜质的企业聚集，促进港中旅、金融街控股、中核集团在长阳加快发展，加速以龙头企业为核心的产业链条的延伸。此外，定期组织 CSD 管委会领导、部门主要负责人与龙头企业举行恳谈会，现场办公，协调解决企业发展过程中存在的制度问题和环境问题。建立有关部门对企业的定期拜访制度和企业评分制度，把服务责任落实到具体管理者。

推动 CSD 主导产业的深度结合。进一步整合资源，充分挖掘各类资源的发展潜力。建立 CSD 核心区企业联谊和定期交流机制，促进企业之间的战略合作、信息共享及业务交流，促进各产业之间、各类企业之间形成协同发展、互动发展的新格局。

（四）加大基础设施投入，着力完善发展环境

（1）完善基础设施建设支持。加大各类交通基础设施建设，打造更为完善的交通设施网络。以轻轨建设项目为基础，建设沟通周边地区和北京市区的便捷交通网络，重点包括尽量实施客货车的分离，完善五环长阳段的交通路网，改善杜家坎收费站的交通拥堵，降低市区到长阳的交通成本，完善长阳居住、休闲和购物的交通条件。

加大生态环境综合治理。以首批循环经济示范镇为契机，充分利用长阳地热资源的优势，依托技术创新和制度创新，以节能、节水、资源综合利用为主要任务，着力将长阳镇打造为循环型生态宜居城镇，为全面建设环境友好型、“零排放”城镇打下坚实的基础。

（2）注重城市景观规划建设，加快完善城市公共设施。加大 CSD 核心区各种公共设施和商业设施项目规划协调，在规划建设公共设施和重点产业项目过程中，注重城市景观的营造，注重建设风格与色调的统一协调，以提升 CSD 核心区的整体形象。

加大城市公共场所和公共服务设施的建设投入力度。重点提升城市广场、公共绿地、公交站点等方面的设施水平，促进 CSD 核心区城市景观的形成。

（五）完善政策支持体系，加大政策支持力度

（1）加强金融扶持政策。积极探索适合不同产业项目的多种贷款模式。对于融资规模较大、项目较多的大型企业，鼓励商业银行以银团贷款等方式提供金融支持；对处于产业集群或产业链中的中小企业，鼓励商业银行探索联保联贷等方式提供融资支持。

结合重点发展行业，由镇政府出资组建产业发展引导专项基金。该基金属于引导型基金，要引入相关风险投资基金、私募股权基金和其他社会闲置资金进入，主要用于风险投资引导基金、企业投融资担保、人才引进和培养等，借助专项基金撬动社会资源和社会资本投入。

拓宽企业融资平台和建立融资担保机构。鼓励银行等金融机构积极

探索以无形资产质押贷款或以无形资产质押为主的组合贷款业务，为企业提供融资服务；对于获得的贷款或公益性项目和认定的重点产业项目发生的贷款业务，按实际发生利息额给予贷款单位贴息补助；积极探索发挥产权交易所的投融资服务功能，为企业充分利用手中的无形资本进行融资创造条件；大力发展投资中介机构，发挥其提高投融资桥梁作用；鼓励有关单位按规定发行债权信托产品为企业提供融资服务。

（2）加大税费支持政策。对于进入 CSD 核心区的龙头企业，在市场培育期可给予一定的税费减免、房租补贴政策，降低企业的运营成本，促进企业集聚发展，以增强区域竞争力和影响力。对重点扶持的项目及企业，在供水、供电、供气以及土地使用、资金融通、费用征收等方面，建议比照工业价格。将旧厂房、厂区改造为文化创意集聚区，根据北京市政府相关扶持政策，对符合国家规定、属于全市产业升级和城市功能布局优化的，经认定，原产权单位以划拨方式取得的土地使用权保持不变，政府可暂不对划拨土地的经营行为征收土地收益。对入驻的各类科技企业，给予税收减免，享受高新技术企业的相关税收优惠政策。

（3）完善人才培养及引进支持政策。广泛招纳重点产业的中高级管理人才。加强对商贸、休闲产业的从业人员培训，提高商贸、休闲产业的管理水平和从业人员素质，适应 CSD 核心区产业发展的需要。

大力实施高端人才聚集工程。以高教园区为载体，充分利用其人才溢出效应。对于入驻园区的高校、高新技术企业的紧缺人才以及商业企业的高级管理人员，在居住、子女教育、医疗、旅游等方面提供便利和高质量的优先服务，不断改善高层次人才的创新创业环境和生活环境。

鼓励相关人才培训和认证机构发展。引导人才培训机构向专业化、市场化方向发展，鼓励培训机构和行业协会开展与产业发展需求相适应，贴近用人单位需要，紧盯国内外科技发展前沿的各类人才培训。

建立高端人才储备库，为企业提供人才信息支持。鼓励各种商业咨询、猎头公司等服务机构的发展。

（4）进一步扩大对外开放。全方位开放市场，加快引进和培育

CSD 核心区产业的市场主体。加大 CSD 核心区面向国内外的招商引资力度，重点引导和支持国内外知名企业参与 CSD 核心区商贸、休闲产业的建设，利用市场主体的企业品牌、商贸休闲旅游服务品牌，吸引和集聚 CSD 核心区所需的发展资源。

进一步扩大相互开放，建立 CSD 核心区与国内外知名休闲胜地、产业集聚区的合作和交流机制。特别是注重加强与首都城南各区、中心城区主要产业功能区（如中关村等）的交流与合作，以及与临近的河北省涿州、涞水等地区在相关产业领域中的合作，创造外来企业与本地企业平等竞争的环境。

（六）优化发展环境，强化政府公共服务

（1）加大 CSD 品牌培育及整体形象宣传。实施品牌战略，增强 CSD 核心区知名度。长阳半岛是永定河水岸经济带上的重要枢纽，要将长阳半岛作为区域品牌进行广泛宣传，运用常规宣传手段和现代化高新技术相结合、行政管理部门和旅游行业、媒体宣传相结合的方式，全方位、多渠道地向北京及周边省市推介 CSD 核心区。

积极引进和支持在 CSD 核心区举办各种经贸交流活动、节庆会议、文化演出和体育赛事，多渠道宣传，吸引投资者、国内外消费者的广泛关注。

（2）加大招商引资力度。由传统招商引资向择商选资转变，将最好的资源配置给最有实力的企业，从而实现效益最大化。积极组织参加市级以上展览会、洽谈会等大型活动开展经贸洽谈、推介重点项目，在“走出去”上下功夫，对一部分有实力、有投资意向的企业进行登门拜访，有针对性地开展招商活动。进一步整合招商资源，加强与各大商会、协会等招商中介机构的联系，采取委托招商、网上招商等灵活多样的形式，加大宣传力度和政策优惠，吸引更多的资金和项目。

（3）妥善解决失地农民的可持续发展问题。以村集体为主体，以村集体持有的商业设施或资产为基础，组建商业管理公司和兴办各种商

贸、休闲服务企业。根据失地农民的具体情况，制定切实可行的组建商贸有限责任管理公司实施方案，通过集中归并、资产量化、统一经营等形式，努力实现集体资产产权变股权，农民变股民，确保集体与农民的长期收益，让失地农民的财富具备造血功能。加强对转换身份的农民的职业培训。要组织各类培训班，根据用工单位需求，免费进行多种形式的职业培训，提高失地农民的专业技能和劳动技能，增强就业本领。鼓励转换身份的农民自谋职业和创业。大力宣传创业经验，提供创业信息，积极鼓励个人创业，对于想承租商业设施开办便利店、小超市和餐馆自谋职业的农民，要给予支持，核减店铺租金，并参照《下岗失业人员再就业有关税收政策》给予税收上的优惠。

（4）强化政府公共服务和管理职能。围绕完善信息、技术、人才、交易、创业孵化等公共服务平台，逐步形成以市场化为方向、以政府政策为引导、以公共服务平台为支撑，相关管理部门、各类中介服务机构和行业协会为主体的多层次的产业服务体系。进一步健全服务机制，为进入 CSD 核心区的产业和项目提供全方位的优质服务，营造良好的创新、创业、投资环境。

加快推进电子政务建设，深入推进政务公开，为企业提供便捷有效的商务、法规和政策信息等各类资讯服务。

（5）加强规划与专家咨询工作。加强 CSD 核心区产业发展前期规划和论证工作，做到规划先行、实时反馈、有的放矢。同时，重视与区政府相关部门的协调，实现与房山区“十二五”休闲旅游产业发展规划等在产业、空间上的有效对接。成立专家委员会。聘请国内外旅游产业发展以及城市建设、交通、规划等领域的专家学者和部分官员、企业家，为 CSD 核心区建设过程中遇到的规划布局、开发策略以及项目优选、评估、审核等重大问题提供决策咨询意见。

（七）争取上级政府更大支持

CSD 核心区的产业发展政策涉及规划、财政、税收、城市建设等相关部门，长阳镇必须积极争取房山区政府、北京市政府更多的支持，最大限度获得和享受上级政府在资金、专项规划、税收优惠、土地供给、人才引进、平台建设、户籍管理、科技发展等方面的优惠政策。

积极抓住中关村国家自主创新示范区扩区的契机，争取将长阳列入比照执行中关村国家自主创新示范区优惠政策的范围。

充分发挥 CSD 建设管委会的指导支持作用，引导房山区各类要素资源向长阳镇集中集聚，形成合力打造 CSD 核心区。

紧紧抓住北京市促进城南地区加快发展的难得机遇，充分利用好在重点产业功能区开发、基础设施项目建设、重大民生工程的倾斜政策，申请专项资金支持，为 CSD 核心区增加可持续发展的后劲。

争取北京市建设部门的政策支持，借助万科落户长阳的契机，推进住宅产业化项目和高品质住宅产业项目，提升城市管理水平，逐渐将长阳的市政管理与区市政管委对接，纳入大市政管理体系。

争取北京市以及国家有关部门的政策支持，充分发挥 CSD 核心区的旅游生态资源优势，举办北京国际金融论坛，并将永久性会址落户长阳，进一步展示中国金融发展成果，促进国际金融交流、合作与平等对话，形成首都金融发展的名片和标志。

协助有关企业、项目做好土地规划调整，在严格控制功能区建筑总量的前提下，实行容积率总体平衡、局部调整政策。

课题负责人：任兴洲

执行负责人：王　微

报 告 执 笔：王　微　邓郁松　刘　涛　漆云兰

王　青　刘卫民　刘玉琦

第十九章

唐山市服务业发展战略研究[1]

一、唐山市服务业发展现状与主要特征

（一）服务业发展已进入加速阶段

改革开放30多年来，唐山作为京津冀都市区核心城市之一，经济发展迅猛，总体经济实力居华北地区前列，河北省首位。2008年，唐山市GDP达到3561.19亿元，比上年增长13.1%。占河北全省的20.3%，人均GDP已超过4万元，整体经济发展水平高居河北省首位。

伴随唐山经济迅速发展，近年来唐山市服务业呈现出明显加速发展的态势。1994年唐山市第三产业总产值突破百亿元，达到117.1亿元，至2004年超过500亿元，10年间年均增长16.5%；之后唐山市第三产业进入加速发展阶段，至2008年第三产业产值突破千亿元大关，达到1107.9亿元，年均增长达到21.5%（见图19.1），分别高于同期唐山市GDP和河北省服务业的增长速度。

① 本章为国务院发展研究中心课题组《唐山市经济结构调整三年攻坚规划研究》（2009年）的专题报告。

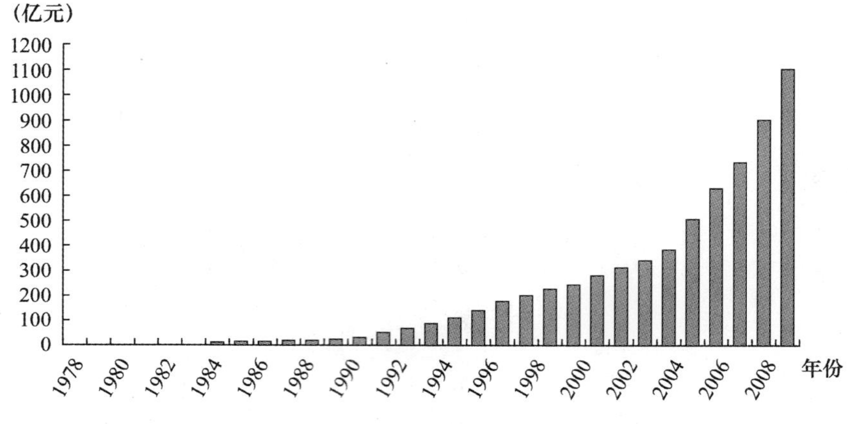

图 19.1　1978～2008 年唐山市第三产业生产总值

（二）服务业对唐山经济发展的贡献逐步提升

作为一个典型的工业城市，唐山第二产业比重目前高达近 60%，比 1998 年上升了 10 个百分点，第二产业在唐山经济中主导地位得到了进一步的强化。相比较而言，唐山第三产业对唐山经济的贡献也在逐步提高。从其增加值占 GDP 的比重来看，1998～2008 年唐山第三产业增加值比重从 29.8% 上升至 31.11%，10 年来上升了 2.2 个百分点（如图 19.2）。2008 年全市服务业对经济增长的贡献率达到 36.3%，对经济的拉动率达到 4.8 个百分点。

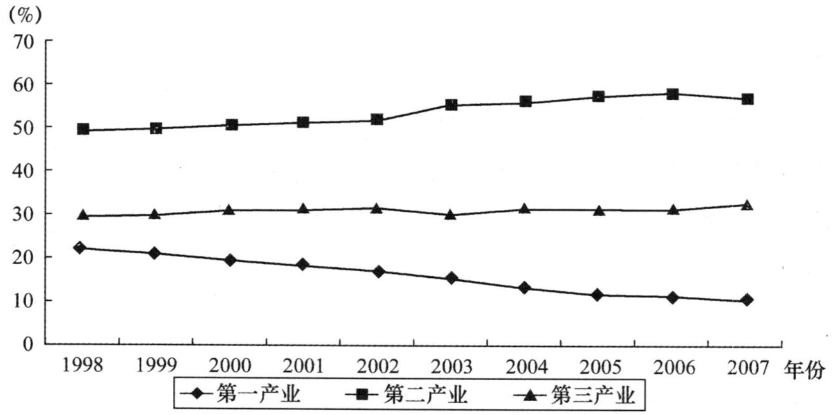

图 19.2　1998～2007 年唐山市三次产业结构变化

同样，从服务业就业情况来看，进入新世纪以来唐山市服务业的就业规模出现了较快增长，并于2005年首次突破100万人，2007年达到125万人，占全部就业的比重为30%，比2000年上升了近10个百分点（见图19.3）。说明唐山服务业对经济增长和就业的贡献度均在逐步提高。

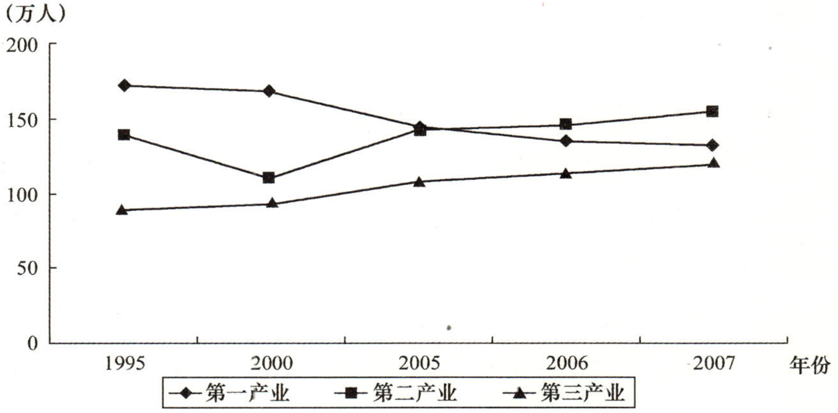

图19.3　唐山市三大产业从业人员数量

（三）商贸与物流业是唐山服务业的两大支柱产业

从唐山市服务业内部结构来看，交通运输、仓储及邮电通讯业（以下简称物流业①）是支持唐山服务业发展的首位支柱产业。2007年唐山市货物运输量达到1.1亿吨，货物周转量82.6亿吨公里。其中，港口运输飞速发展。唐山港全年港口货物吞吐量6758万吨，增长30.7%，其中，曹妃甸港区吞吐量达2008万吨，增长81.8%；京唐港区吞吐量4750万吨，增长16.8%，完成集装箱运输19.31万标箱，增长1.0倍。从2000年到2007年，物流业在全市服务业中的比重从33%上升到35%左右，成为唐山市服务业中的第一大行业。

批发零售贸易和餐饮业（以下简称商贸业），是支撑唐山服务业中的第二位支柱产业。2007年商贸业增加值占唐山服务业的比重为34%，

① 交通运输、仓储及邮电通讯业应当剔除客运服务、通信服务等内容，但由于数据不全，本文均未作剔除。

与2000年31%的水平相比，唐山商贸业在服务业中的地位处在稳步上升通道。从商贸业内部的发展情况来看，批发和零售行业在商贸业中的比重高达84.2%，餐饮住宿行业为14.2%，其他行业仅为1.6%。此外，唐山市城乡还分布着545个商品交易市场，其中各类专业市场65个，实现商品成交额478.46亿元。

（四）服务创新的带动作用逐步显现

一是新兴服务业加速发展。从服务业内部不同行业的增长速度来看，2004年以来物流和商贸行业的增速基本实现了与服务业增长同步的发展态势，其中物流业2004～2008年的年均增速略低于同期服务业整体增速，并在2004年达到增速高峰；商贸业年均增速则略高于服务业同期水平，2005年则出现了高达30%的高速增长。相比而言，2004～2008年期间，科学研究和综合技术服务业、金融保险业、社会服务业等新兴服务业的年均增速高于服务业整体水平，对服务业发展发挥了重要支撑和带动作用（见图19.4）。

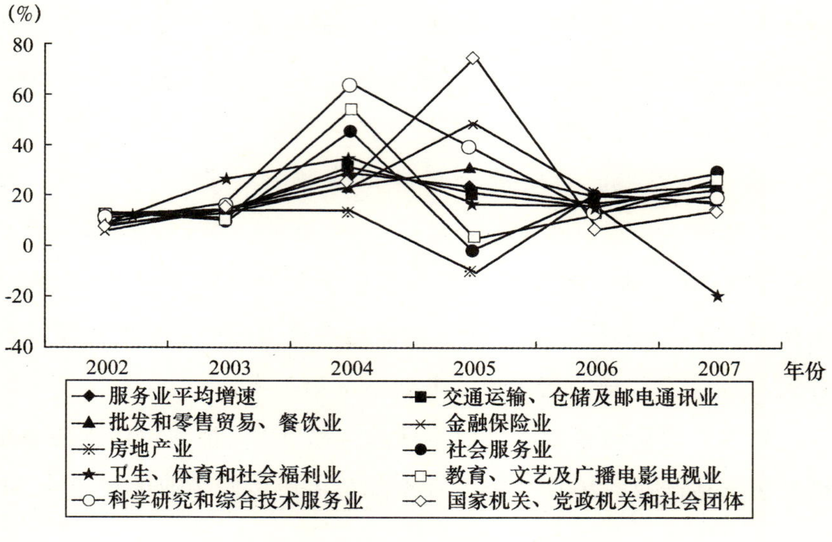

图19.4　2002～2007年唐山市服务业及各行业增长态势

二是新型服务主体快速成长。以研发设计领域为例，虽然该行业在唐山市服务业中规模不大，但唐山市通过加快民营科技企业发展、促进科研院所转制、鼓励企业研发机构专业化社会化服务、大力引进京津研发机构等方式，逐渐培育和形成了一些具有活力和较强服务能力的服务主体，极大地促进了唐山研发设计行业的发展，为唐山市各主导行业的转型升级提供了创新支持（见专栏1）。

专栏1 **唐山市研发设计服务业发展情况**

唐山市研发设计产业的主体主要由转制的科研院所、从大企业独立出来的研发部门和民营的研发设计企业构成。到2008年底，全市共拥有国家级企业技术中心3个，省级企业技术中心21个，省级重点实验室2个，农业产业研发中心16个，市级以上重点实验室17个，民营特色科技研发机构10个，大型骨干企业建立了博士后科研工作站，初步形成了支撑产业共性技术和关键技术研发、工程化研究的研发体系。

大型企业研发部门转型。例如唐山钢铁设计研究院，原属唐钢公司，目前已经面向国内外提供行业研发设计及工程服务，先后与美德日意等10多个国家和地区进行过技术合作与交流，承担了马来西亚、印度、印尼等国家的工程设计，与澳钢联、西马克、CMI等国际公司及国内知名设计院合作完成多项工程设计。

科研院所转制。2001年开始唐山市有90家科研院所推行转制。其中成立于1956年的煤炭科学研究总院唐山研究院，是国务院242家首批转制的技术开发型科研院所之一，1999年7月和煤炭科学研究总院一起转制为隶属中央工委管理的科技型企业。其选煤及相关专业于2000年4月整体进入全国煤炭行业第一家高科技上市公司——天地科技股份有限公司并成立唐山分公司，2002年5月成功上市。完成了从科研事业型单位向科技型企业的转变。再如唐山恒通钢铁工艺技术研究所，已成为兼有科研与新产品试制功能、技工贸一体化的“高新技术企业”，是唐山市首获准成立的市级企业技术中心。目前已实现依靠科研开发、扩大新品再生产，自收自支的良性发展道路。

扶持民营科技企业。唐山市重点扶持的重点民营研发机构有7家。这7家重点研发机构在两年时间内开发新产品17项，新技术23项，服务企业300余家，新增经济效益1.5亿元，拉动经济增长5.8亿元。

引进国内大院大所。如2008年底，中国科学院唐山高新技术研究与转化中心在唐山高新技术开发区成立，唐山市为中心提供实验场地并无偿使用，并设立专项科技资金给予支持。这是中科院在我国北方地区建立的第一家与地级市合作的技术研发与转化机构，被批准纳入中科院院地合作整体工作，其具体建设、运转由北京分院负责指导和监督，全院支持。中心将吸纳中科院研究所的创新成果，以唐山主导产业和企业的科技需求为重点发展领域，开展研发和产业化工作。

资料来源：引自《唐山市高新技术服务业发展战略》专题报告。

三是传统产业创新步伐加快。一方面传统制造业的服务化开始起步，如开滦集团，通过剥离集团的仓储运输设施和采购销售功能，形成了能够服务于煤炭采购、配煤加工、运输、仓储等一体化的专业服务企业。另一方面商贸、物流等服务行业内部的创新发展加快，如唐山市商贸行业的龙头企业—唐山百货大楼集团，探索多业态、连锁经营同步推进的发展模式，实现了经营规模、服务网络快速扩张，在区域内的竞争能力日益显著。

（五）服务业发展重心向城市中心地区集聚

从服务业增加值在地区GDP中的比重来看，市区明显高于周边县市，成为唐山市服务业发展的重要区域。2007年，中心城区路北区和路南区服务业增加值均占到GDP的70%以上，分别达到71.1%和

77.3%，远远高于全市平均水平。西北部的遵化、玉田，南部的乐亭、唐海，东北部的迁安及海港开发区和汉沽管理区，服务业增加值的比重均大于30%，滦县、滦南县的服务业增加值略低于30%。而迁西、丰南、丰润、古冶、开平这一数值均在30%以下，为唐山市服务业发展较为落后的地区。

（六）服务业发展环境向好

唐山市作为科学发展示范区，近年来已将加快培育和发展现代服务业，特别是重点发展生产性服务业，全面提升现代服务业的规模和水平，确立为全市经济发展的重点，并出台了《唐山市振兴服务业发展规划纲要（唐字［2008］78号）》和《关于促进全市服务业发展的若干政策措施（唐政函［2008］52号）》等一系列纲领性文件，确立了服务业发展的工作重点，即突出四大发展方向（重点发展生产性服务业、创新发展消费性服务业、大力发展新型高端服务业、协调发展城乡服务业）、发展八大重点领域（构建北方国际航运物流中心、建设国家现代制造业研发转化基地、建设国家知名旅游城市、建设中国北方商务休闲之都、构建区域金融中心、建设区域商贸中心、建设文化创意和软件服务产业基地、建设城乡一体服务产业体系）、构建八大集聚区（唐山港区、凤凰新城、曹妃甸国际生态城、南湖生态城、唐山空港城、曹妃甸湿地公园商务休闲区、乐亭三岛旅游度假区、北部长城旅游带），以及重点实施108个重大支撑项目，唐山服务业加快发展的政策环境初步形成。

二、唐山市服务业发展条件与影响因素分析（SWOT分析）

（一）优势与有利条件（strength）

（1）产业基础雄厚。近年来，唐山经济始终保持稳定快速增长，产业结构调整步伐加快，主导产业地位进一步巩固，综合经济实力大幅度提高，2001～2007年期间，全市生产总值年均增长13.0%以上。最为突出的是，唐山作为工业经济发达的城市，具有比较坚实的产业基础，钢铁、煤炭、机械、建材、化工等重化工业领域竞争实力较强，陶瓷、纺织、服装、制药、食品等轻工业发展迅速，高新技术产业和环保产业等新兴产业迅速兴起，将进一步扩大唐山大宗商品和优势产品的交易和集散规模，带动商贸、物流业加快发展，并为各种生产性服务提供强大的需求支撑和市场空间。

（2）消费需求旺盛。改革开放以来，唐山市人民生活水平不断提高，城乡居民可支配收入显著增加。2007年，唐山市居民人均GDP已经达到37734元，城镇人均可支配收入达到14235元，农村人均纯收入5825元，在全国及区域内均处在较高水平。城乡居民收入水平的提高，生活质量的改善，促进了消费结构升级步伐不断加快，不仅带动商品消费规模的扩大和结构升级，而且对服务性消费的水平和质量提出了更多、更高要求，将有效地推动唐山市零售餐饮、生活服务、休闲娱乐等行业加速发展，并促进唐山市城市服务功能迈上新台阶。

（3）区位优势显现。从地理位置来看，唐山市地处河北省的东部，毗邻京津、南临渤海，北靠燕山，地处华北与东北通道的咽喉要地，全境东西广约130公里，南北袤约150公里，西距北京180公里，西南距天津120公里，东距秦皇岛125公里，至北京、天津、秦皇岛及沈阳等各大城市均有十分便捷的陆路交通联系，具有环渤海及京津冀都市圈中的中心区位优势。

从区域经济的角度来看，唐山西靠北京和天津两大中心城市和滨海新区等先进制造业基地，北接辽宁沿海经济发展带，处在连接东北、华北两大经济快速崛起带的中心区域。更为重要的是，唐山处在联通华北和东北主要通道的咽喉要地，正处于我国东北经济振兴区域、特别是辽宁沿海经济快速发展带与环渤海经济圈相互辐射、相互联系的交汇区域，两大经济带快速发展所形成的带动和辐射作用，将为唐山服务业的加快发展和发挥辐射集散作用注入强大的动力，进一步强化了唐山成为区域经济中心城市的区位优势。

（4）基础设施不断完善。经过近几年的快速发展，唐山市交通基础设施建设取得了历史性突破，交通现代化水平显著提高，已经形成陆海空立体交通网络和综合运输服务体系。唐山境内有京哈、通坨、京秦、大秦四条铁路干线横贯全市，境内铁路总长度677公里，是全国铁路密度最高的地区之一。还有唐遵、坨港、汉南、卑水等多条地方铁路。以京沈、唐津、唐港、西外环4条高速公路和3条国道为骨干的公路网络密度高于全国沿海城市平均水平，总里程达到7396公里，实现了村村通油路。京沈、唐津、唐港、西外环四条高速公路在唐山市内构成壮观的"0+X"型高速公路网，形成92公里的环城高速公路。目前唐山机场改建、曹妃甸港区等重点交通项目正在加快进行，将进一步完善唐山市的综合运输体系，从而形成基础设施完善、功能齐全、整体水平较高的交通服务保障体系，

尤其值得注意的是，近年来京唐港发展迅速，现已开通黄浦、上海、深圳、宁波以及韩国、日本、希腊、俄罗斯等60多个国内外航线，未来几年曹妃甸港区的煤炭、石油、矿石等专业码头及相关基础设施也将陆续建成和投入使用，京唐港煤炭接卸能力将超过我国煤炭第一大港秦皇岛，石油和矿石等能源资源产品的接卸能力也将快速提升，使唐山成为我国北方最重要的能源、资源产品及大宗原材料集散地，为唐山市发展大流通、大商贸，成为北方大港提供强大的支撑。

（5）资源与成本优势比较突出。相比较而言，唐山发展服务业在劳动力、土地、资源等方面具有较为明显的优势。唐山的劳动力综合成本比较低，在岗职工平均工资为17105元/年，仅为北京的1/2和天津的2/3，用水和用电价格也都比较低，对京津地区服务业、科研院所来唐山落户有一定的吸引力。

（6）科学发展先行优势。目前唐山正在全面落实科学发展观，加快转变经济发展方式，着力探索和创新发展模式、发展机制、政策措

施，具有先行先试的政策优势。更为重要的是，唐山市委市政府对加快服务业发展给予高度重视，并按照唐山科学发展的整体部署，陆续推出了《唐山市振兴服务业发展规划纲要》、《关于促进全市服务业发展的若干政策措施》等一系列政策措施，并加快了城市“三年大变样”和“退二进三”的步伐，城市功能布局得到进一步调整和优化，置换出大量的原有工业土地，为服务业腾出了发展空间。唐山市科学发展的整体部署以及各种促进服务业加快发展的举措，为唐山市服务业进一步加快发展提供重要的体制保障和政策优势。

（二）劣势与突出问题（weakness）

（1）服务业发展严重滞后。

一是服务业规模较小。2007 年唐山市服务业增加值仅为 962 亿元，与经济总量规模相近的青岛、大连、宁波、南京、成都、沈阳等省会城市和计划单列城市相比，唐山服务业规模比上述 7 城市的平均水平低近 30%（见表 19.1）。

表 19.1　2007 年唐山市与国内部分城市经济情况比较

城市名称	地区生产总值（亿元）	第一产业增加值（亿元）	第二产业增加值（亿元）	第三产业增加值（亿元）	第三产业比重（%）
沈　阳	3221.2	166.2	1555.7	1499.3	46.5
大　连	3130.6	249.3	1535.5	1345.9	43.1
南　京	3283.7	86.4	1607.2	1590.1	48.4
宁　波	3435.1	151.3	1899.1	1384.6	40.3
青　岛	3786.5	203.6	1953.5	1629.4	42.9
武　汉	3141.9	129.2	1440.1	1572.8	50.1
成　都	3324.2	235.1	1504.1	1585.1	47.7
唐　山	3151.6	298.9	1890.7	962	32.2

资料来源：《中国统计年鉴》（2008）、《唐山市 2007 年国民经济和社会发展统计公报》。

二是服务业比重偏低。多年来唐山市的服务业比重上升极为缓慢，始终徘徊在30%左右的水平上，不仅低于40%的全国平均水平，而且大大低于上述7城市45%左右的平均水平（见表19.1）。

三是吸纳劳动力能力不强。唐山服务业就业水平长期以来在低位徘徊。一方面，唐山市服务业就业占全社会就业比重长期持续徘徊在27% ~28%左右，虽然2007年上升到29%以上，但仍低于全国平均水平3个百分点。二是在吸纳新增就业方面，2007年唐山第二、三产业创造的就业岗位基本持平，而全国新增就业中65%是来自于服务业。完成税收63.80亿元，仅占全市税收总额的19.8%，分别低于国家、省平均水平43.2个百分点和27.3个百分点。

四是服务业经济贡献较小。2007年唐山市服务企业完成税收63.80亿元，仅占全市税收总额的19.8%，低于河北省平均水平7.5个百分点，比全国平均水平低近16个百分点。

（2）结构单一集中度过高。

一是物流和商贸行业占比过大。从唐山市服务业内部结构来看，交通运输、仓储及邮电通讯业、批发零售贸易和餐饮业两大传统服务领域，在唐山市服务业中始终占据着主导地位。两大行业增加值占全市服务业的比重，已从2000年的65%上升到2008年的72.9%。与全国服务业结构调整升级的趋势相背离。

二是新兴服务业薄弱且尚存空白。2008年金融保险业占服务业增加值的比重为7.1%，政府及公共服务行业的比重为6%，房地产业占5%，社会服务业占比为4%，卫生、体育及社会事业占3.5%，而科学研究及技术服务、商务服务（包括会计、法律、税务等专业服务）等新兴的生产性服务业占比均不足1%。说明，唐山市服务业内部结构过于单一，结构升级趋势尚不明朗，知识密集型的新兴服务业，特别是研发设计、技术服务、检验检测、专业服务、职业教育、人力资源服务、营销服务等生产性服务业，尚未在唐山市得到较好发展，有些甚至还没有形成，难以满足唐山产业升级转型，特别是先进制造业加快发展的需求。

（3）服务业开放程度偏低。

一是服务业外商投资规模偏低。2007 年唐山市实际利用外资额为 6.7 亿美元，主要投资方为中国香港，注入服务行业（包括交通运输和仓储、邮政业、房地产业）的外商直接投资额总计为 2914 万美元，仅占全部外商投资规模的 4.3%；其中投到房地产业的外资为 2795 万美元，占服务业外商直接投资总额的 95.9%。与经济发展水平相近的宁波市相比，唐山经济的外向度偏低，唐山实际利用外资规模和货物贸易总额仅相当于宁波市的 13% 和 22%（见表 19.2）

表 19.2　　　　2007 年唐山与宁波外向经济指标比较

	宁波	唐山
实际利用外资（亿美元）	30.1	6.7
其中：服务业（亿美元）	10.19	0.29
进出口总额（亿美元）	678.4	91.9
服务贸易额（亿美元）	52.32	
服务外包产值（亿美元）	31.19	0
服务外包企业（个）	314	0
外商投资企业（个）	6150	458（2006 年）
其中：服务企业（个）	369	20
外商投资服务领域	贸易经纪与代理、物业管理、工程勘察设计、客货运输、仓储服务、计算机和软件应用服务、专业咨询、法律服务、银行保险、担保信用	房地产 交通运输 零售 住宿餐饮
外商投资来源	投资来自 78 个国家和地区，其中，中国香港（占 50%）、美国、中国台湾、日本和英属维尔京群岛列前五位	香港

二是服务外包尚未起步。目前，唐山服务贸易贸易规模还非常小，主要集中在旅游方面，而服务外包尚未起步。相比较而言，宁波服务贸易发展迅速，服务贸易规模为 53.32 亿美元，其中服务外包产值达到 31.19 亿美元，服务外包企业已超过 300 家。

三是服务领域外资企业数量少。服务领域三资企业数量仅有 20 多家，其中交通运输、仓储和邮政业为7家，住宿和餐饮业为3家，房地产业为6家，居民服务及其他服务业为4家，并且上述20多家企业规模较小，其从业人员数总共不足800人，相应的总产值和附加值也非常低。相比之下，宁波市的外资服务企业数量有369家，其中世界500强中的服务企业，如沃尔玛、家乐福、麦德龙、欧尚、马士基物流、AMB物流、安联保险、恒生银行等，已纷纷进入宁波。

四是生产性服务业外商投资尚存空白。唐山服务业外商投资主要集中在房地产、交通运输、住宿餐饮及零售方面，在知识、技术密集型的生产性服务业基本是空白，而宁波等沿海开放城市服务业外商投资更多地集中在贸易经纪与代理（外贸出口）、物业管理、工程勘察设计、客货运输、仓储服务、计算机和软件应用服务、专业咨询、法律服务、银行保险、担保信用等生产性服务领域，对推动产业结构升级发挥了重要作用（见表19.2）。

（4）功能层次多处于低端。从服务功能和价值链的角度看，唐山市服务业整体上服务功能层次较低，处于服务价值链的低端，即服务能力主要集中在低附加价值的服务环节和功能方面，而在高附加价值、知识密集型的高端服务环节和功能方面则十分薄弱或欠缺。其主要表现：

一是缺乏高端商品流通服务平台和主体。虽然物流、商贸是唐山市服务业的支柱行业，但其服务功能仅停留在运输、仓储、批发、零售等传统服务功能方面，而在商品流通的高端服务功能十分缺乏。在高端生活服务消费方面，唐山每年有数十亿消费资金流向京津市场，主要集中在高端的品牌商品、休闲娱乐、家居用品、个人生活服务等方面。在面向唐山支柱、优势产业流通服务方面，特别是钢材、煤炭等大宗商品和能源产品流通方面，缺乏集成采购交易、展览展示、信息服务、价格发现、贸易融资等多种高附加价值的交易服务功能，现代化的专业市场、电子大宗市场、采购平台等尚未形成，能够从事分拨配送、流通加工、信息服务、供应链管理等专业化物流服务的企业还很缺乏，一些物流园区尚未形成必要的功能平台和企业集聚。

二是产业链高端的生产性服务功能更多依赖外部市场。唐山方面在产业链拓展和延伸过程中，更多关注的是产品制造环节，而对产业链上下游的各种服务环节，特别是作为中间投入和价值增值的服务环节缺乏必要的关注，在上游的研发投入、人力资源、原材料采购配送，下游的营销服务、品牌推广、市场网络、物流分拨等方面，缺乏相应的服务功能和服务主体，唐山企业更多地需要借助京津两市及外部供应商获取相关服务。

三是广域服务网络和能力缺乏。唐山市服务企业主要面向本地市场、企业提供服务，缺乏跨区域、全国性的服务网络和服务能力，难以在更大的范围内为唐山科学发展集聚和整合必要的商品与要素资源，尚难形成中心城市的辐射和带动作用。

（5）龙头企业带动性不强。

一是服务企业规模散小。2007 年底唐山市共有服务业企业 32.68 万家，从业人员达到 125 万，固定资产 1007.05 亿元，平均每个服务企业仅有 4 名员工、30.82 万元固定资产，企业的平均规模较小，中小企业占据服务业的主导地位。

二是缺乏优势明显的龙头企业。虽然唐山也有一些具有一定影响力的国内知名服务企业，如开滦煤炭集团国际物流公司是 2009 年的中国物流百强企业的第九位，是依托开滦集团内部资源与为集团提供服务而形成的服务企业，集团服务业务收入占比超过 50%；再如，唐山百货大楼在全国百货行业也较有名气，其优势地位与唐山零售市场开放度较低有一定关系，在百货业态方面居于领先地位，但在超市、专业店经营方面正面临外来国内外知名零售企业的竞争挑战。因此，唐山本地企业中真正具有竞争优势和能力的大型龙头服务企业远未形成，现有大型企业的示范带动作用还有待加强。

三是国内大型知名服务企业尚未大量进入唐山。例如，在唐山商贸和物流两大支柱产业中，国内知名的大型连锁企业仅有国美、宝龙仓等少数企业进入，全国物流百强企业在唐山投资或建分支机构也比较少；

在金融领域，除四大国有商业银行和渤海银行、天津银行之外，13 家全国性股份制商业银行中只有 2 家进驻唐山，证券公司仅有 2 家。

（6）产业互动融合待推动。制造业在分工专业化基础上的服务化、外包化，是推动服务经济形成和服务业实现快速发展的一个重要方面。虽然唐山具有较好的制造业基础和相对集聚的产业规模，但尚未形成与服务业互动融合的发展势头。其主要表现：

一是“大而全、小而全”的组织方式仍然占据主导地位，特别是大型企业规模庞大，产前产后、产业链上下游的相关服务环节主要依靠企业自我服务，或依托企业资源实现延伸，运营效率较低，不利于企业核心竞争优势的形成。

二是最终产品的技术含量和服务含量较低，主要以大宗原材料、低端产品为主，企业满足于产品的销路，缺乏品牌创新、营销服务、技术支持等相关功能，难以提升产品的附加价值。

三是企业服务外包发展缓慢。唐山虽然在钢铁、建材、化工等行业拥有许多大型企业，但多数企业在利用社会服务企业方面还比较少。而在推进企业自身资源整合形成专业化、社会化的服务企业方面，唐钢、开滦集团等大型企业开始探索，但是整体进展还比较缓慢。

（7）服务创新能力有待提高。从国内外经验看，区域创新能力及创新优势的形成，是区域经济及产业结构从价值链低端向高端转换和升级的标志，也是推动区域经济持续发展、综合竞争力不断提升的关键所在。区域创新能力及创新优势形成的基础和核心，是建立起良好的创新环境和机制。总体来看，唐山服务领域、乃至整体经济中的创新水平低、创新资源与能力不足，创新机制尚未形成，创新环境还需进一步完善。

一是服务创新水平较低。唐山主要服务行业采用新技术、新经营方式、现代化管理手段等方面的进展缓慢，区域内外知名的服务品牌较少。例如，在商贸行业中，连锁经营、超市等新型流通方式的市场份额仅为 20% 左右，与北京、上海等大都市和宁波、大连等经济水平相近的城市相比，唐山落后多达20个百分点。

二是创新资源不足。一方面是创新人才很少，招聘难度较大。创新的核心是人才，其中高层次管理人员和专业研究开发人员构成了创新人才的主体。在唐山，创新人才主要集中在制造企业，且近80%集中在唐钢、开滦和冀东油田三家大企业，能够为唐山多数企业提供服务的研发设计机构，相关的技术人才和设计人才还非常少。目前，唐山市创新人才主要来自外部，主要渠道是聘请和吸引外地的专业人员和招聘高校毕业生。但由于在环境方面与京津地区还有一定的差距，人才引进难、人才引进又流失的情况时有发生。另一方面，创新投入不足，唐山部分制造行业研发经费投入占主营业务收入的比重1%左右，服务行业的研发投入比例更低，与国际标准3%相距甚远。

三是创新机制远未形成。唐山市在促进先进制造业加快发展、传统产业转型升级以及培育新兴产业的过程中，尚未形成整合集群内外创新资源、促进集群内创新资源共享的机制和平台。一方面缺乏面向行业或产业集群的专业化、社会化的共性技术服务平台、创新平台和服务主体，本区域内从事高技术服务的机构和企业数量较少，规模较小。实力较强的大企业内部有一定的创新服务能力，但是面向行业提供的服务较少。中科院等大院所已经着手来唐山建立科研机构，但是目前还处于起步阶段，需要进一步推动。孵化器等创业服务机构数量不多，与经济总量相当的其他城市相比，在孵的企业数量还有一定的差距。另一方面是各级政府对服务行业的创新支持资金和项目比较少。而在广东、浙江等发达地区，地方政府对当地主导行业、产业集群的创新支持力度普遍较大，例如，2003年广东佛山南海区政府用于启动集群创新中心的资金支持超过3000万元。

（8）发展环境仍需进一步完善。

一是服务业发展的基础设施还需进一步完善。一方面，目前唐山港口大规模集散能力尚未形成，煤炭、矿石、石油等专业码头仍在加紧建设，临港物流及大宗商品贸易发展还难以快速推进。

二是服务业发展规划落实进展缓慢。一方面，唐山市规划的八大服务业集聚区，目前多数还处在规划阶段，集聚区的基础设施建设和相关配套条件还没有完全到位，服务企业进驻较少，服务业招商引资尚未全面展开。另一方面，唐山市目前的重点发展区域如高新开发区、南堡开发区、芦台开发区和曹妃甸工业区等，生产性服务业发展严重滞后，这几个开发区的第二产业增加值占地区 GDP 比重均超过了 60%，其中曹妃甸工业区达到 92.3%，而服务业增加值的比重仅为 7.7%。

三是发展服务业的工作机制有待完善。目前唐山出台了服务业发展规划和一系列相关政策，确定了 108 个发展项目，并将相关责任分工给有关部门。但目前落实情况并不理想。虽然唐山各相关部门工作都非常积极，但也出现了各部门多头管理，各自推进的局面，许多工作只能推进到“单个点”，缺乏以点连线带面的全面推动，在推动和发展服务业过程中尚未形成一个整体协调的工作机制，未建立服务业发展的管理、促进体系。

（三）机遇与发展前景（opportunity）

（1）国家经济结构调整和着力发展现代服务业的政策机遇。经济结构调整和经济发展方式转变是现阶段我国社会经济发展的主线和目标，依靠科技进步、机制创新、劳动者素质提高，以及效率提高来实现经济增长是“十一五”乃至更长时期的战略任务。要实现这样的战略目标和任务，对第三产业和现代服务业的发展，实现集约型增长提出了新的、更高的要求。国家服务业“十一五”规划中提出，“十一五”期间服务业发展的总体目标是：服务业增加值占 GDP 比重进一步提高，内部结构不断优化，产业素质和竞争力不断提升，并明确提出大城市要把发展服务业放在优先位置，有条件的要逐步形成服务经济为主的产业结构。为此，国家出台了一系列扶持服务业发展的政策措施，为消除服务业发展的制度性障碍，提高服务发展水平、大力发展新型服务业提供了难得的政策机遇。

（2）服务业加快对内对外开放的创新机遇。2005 年以来，我国对外开放开始进入一个新阶段。按照入世承诺，我国商业、通讯、建筑、分销、教育、环境、金融、旅游和运输等 9 大服务部门，约 90 多个分部门的对外开放程度将大大提高，外资进入许多服务业领域的地域、数量和股权限制都将被取消，金融、批发零售、旅游、运输、仓储等领域已经成为外资进入的热点领域。同时，随着我国经济体制改革的深入，电信、邮政、铁路、民航等领域的体制改革和供水、供气等市政公用事业市场化步伐将明显加快，服务业发展面临的体制环境将显著改善，个体、私营和外资等非公经济进入服务业领域的一些限制将显著减少。服务业对内对外开放进程的加快，无疑将为唐山服务业发展注入新的活力，为唐山带来更多的发展资本和高水平的市场主体，促进唐山服务业整体运行水平的提高，服务方式的创新，以及服务业结构的加速调整，从而促进唐山服务业的全面发展。

（3）承接国际国内产业转移的发展机遇。在新一轮国际产业大转移的过程中，中国已经成为国际产业转移的主要承接地。其主要的特点，一是国际产业转移与世界工厂的形成相一致，据调查，全球 1000 家最大的跨国公司中有 1/3 表示把中国作为今后 3 年的直接投资首选地；二是国际产业转移与科技的创新转移联系在一起，因为当前的转移是在新技术革命的背景下发生的，电信和 IT 等高科技产业的国际厂商大幅度削减在欧美的生产能力，同时扩大在亚洲地区的生产规模，其中零部件和后端生产线大量向中国转移，初步形成了全球范围内的垂直分工体系。三是产业向中国转移呈现自南向北的推移趋势。四是与制造业转移相伴随，全球服务业也正在通过项目外包、业务离岸化、外商直接投资等方式向包括中国在内的发展中国家转移，全球经济总量中服务业已占 60% 以上，外商直接投资总额一半以上流向服务业。更为重要的是，随着近年来市场竞争的加剧和南方地区经营成本的上升，上海、广东、浙江、江苏等发达地区的大量富余资金正在向外全方位地寻找出路。从南方民营资本的扩张路径来看，呈现北移与南进的态势。即以江浙沪为大本营，一方面是以京沪线为轴线向北方推进，再以北京为据点向东北辐射的北进路径。另一方面，是以长江为轴线，以成都重庆为据点向西部扩展的“西进”路径。其中，西进的多是劳动密集型的企业，北移的多为有一定技术含量的企业。从南资的流动形式来看，一是民间资本以开店办厂、置办物业等直接投资形式进行；二是社会闲散资金以信托方式，持有内地具有长远发展前景的大企业、大项目。比如，近年来浙江金华信托投资股份有限公司迅猛发展，集合近百万亿民间资本，在国内收购、或参股伊利股份、浙大广新等一批传统领域的绩优企业。

唐山市凭借优越的区位优势、产业优势、市场优势和基础设施优势，不仅能够成为承接国内国际制造业转移的重要承载地，而且也会因此承接更丰富的、直接服务制造业的生产性服务业转移，从而为唐山市服务业的发展提供更为广阔的发展空间。

（4）城市化进程加快将创造更大的市场机遇。目前我国城市化进程明显加快，自2000年以来，我国城市化以每年1.2个百分点的速度提升，2008年我国城市化率已经超过45%。根据国际经验，我国城市化已进入高速发展阶段，城市规模的扩张将进一步向大城市及都市圈集中，将直接推动长三角、珠三角、京津冀等大都市圈城市化进程。可以预见，作为京津冀都市圈的重要组成部分，唐山市未来城市化进程还会进一步加快，城市人口的快速增长和城市空间的拓展，将促进唐山市各类服务需求的持续增长和升级，为唐山市相关服务业的发展创造更坚实的市场基础和发展空间。

（5）体制机制深化改革形成强大动力。近10年来，国际上对服务业的管制整体上正在由严格管制转向中等管制，然后再到低度管制。由于我国体制改革相对滞后，相对于国际上的管制放松潮流，我国服务业的垄断现象仍然比较严重，银行、电信、保险、民航、铁路等服务领域的市场准入限制较多，多数服务产品的价格主要由政府控制。如果以国有经济投资比重超过50%作为垄断与否的标准，那么在我国服务业中，只有批发和零售贸易、餐饮业、房地产业、其他行业属于竞争较为充分的行业，多数服务行业仍属于高度垄断的行业（见表19.3）。

表19.3　　2002年主要服务业分所有制的投资比重　　单位：%

	国有	集体	联营	股份制	外商投资	港澳台
地质勘查业水利管理业	92.04	5.65	0.02	2.25	0	0.03
交通运输仓储和邮电通信业	81.97	4.71	0.03	8.08	2.16	3.06
批发和零售贸易餐饮业	32.35	29.10	1.27	32.00	2.82	2.46
金融、保险业	72.28	13.99	0.13	13.09	0.37	0.14
房地产业	21.76	9.60	0.45	50.78	4.90	12.5
社会服务业	77.64	4.32	0.44	15.04	1.15	1.42
卫生体育和社会福利业	75.73	18.64	0.18	3.44	1.08	0.93
教育文化艺术及广播电影电视	78.70	15.91	0.24	4.26	0.70	0.19
科学研究和综合技术服务业	83.74	3.16	0.08	12.03	0.83	0.17
国家、政党机关和社会团体	82.88	16.46	0.17	0.23	0.19	0.08
其他行业	45.68	45.00	0.62	7.45	0.31	0.95

资料来源：转引自国家信息中心预测部：《我国服务业发展现状及前景》（www.sic.gov.cn）。

我国服务业的落后，在很大程度上表现为服务种类、品种的缺乏。在世界贸易组织划分的143个行业中，我国商业化的税务服务、民意测验服务、安全调查服务、信用查询与分析服务等行业，基本上处于空白状态，金融、保险、汽车中介、法律等的服务品种和范围也比较狭窄。

未来我国经济体制改革进一步深化，许多与服务业发展密切相关的改革难点将取得重大突破。服务业国有企业改革步伐的不断加快和现代企业制度的逐步建立，将为服务业的发展奠定微观基础；以公有制为主体，多种经济成分共同发展，将使服务业发展活力进一步增强；打破垄断，放宽市场准入，将为服务业创造公平竞争的发展环境；事业单位改制、后勤服务社会化、产业化进程的推进，将直接为服务业发展培育更多的增长点。随着政府对内外资企业进入银行、保险、教育、医疗、保健、交通、通讯等服务领域限制的大幅度减少，这些利润率较高行业的开放必然会产生明显的资本积聚效应。因此，未来我国服务业发展过程中，不但会出现一些新的方式，而且原有的服务领域也会得到进一步扩充，服务业的供给能力将大大提高，服务业将进入一个快速发展时期。

（6）京津冀区域经济一体化发展带来的互动机遇。近年来，京津冀区域经济合作不断加深，一体化进程已从三省市自身的发展要求上升为国家战略，并已纳入了国家“十一五”规划。在推进京津冀区域经济一体化和加强服务业合作互动方面，国家以及京津冀三地政府采取了一系列措施（见专栏2）。京津冀区域经济一体化进程加快，一方面将促进这一区域经济发展，可望成为国际制造业转移的重要承接地，逐渐成为与长三角、珠三角并列的中国经济的第三极；另一方面将有利于构筑京津冀区域内各城市之间、特别是服务业之间的良性互动、共赢发展的局面，也有利于抑制地区差距的进一步扩大。因此，加速地区之间的合作和互动，以跨区域要素流通为纽带、以服务企业为主体，积极推进和加深地区之间服务业领域的合作与互动，是唐山市服务业发展的重要内容之一，并为唐山市服务业的加快发展创造更为广阔的空间和舞台。

专栏2 **京津冀区域经济合作进程**

2004年2月，国家发展改革委地区司在河北省廊坊市组织召开了京津冀区域合作战略研讨会形成了《廊坊共识》。

2004年11月，启动了《京津冀都市圈区域规划》研究和编制工作。2005年1月北京市政协十届三次会议确定北京今后将在产业分工、交通构建、市场培育、环境改善、旅游发展等五大领域推动京津冀地区的区域合作。

2005年3月3日，铁道部与北京市人民政府、天津市人民政府召开了京津城际轨道交通系统建设领导小组会议，签署了《会议纪要》。

2005年3月16日，国务院常务会议审议并原则通过《环渤海京津冀地区、长江三角洲地区、珠江三角洲地区城际轨道交通网规划》。

2005年6月8至9日，首届京津冀人才开发一体化研讨会在河北省廊坊市召开，三省市共同签署了《京津冀人才开发一体化合作协议书》。2005年6月9日国家发改委在河北唐山市召开京津冀都市圈区域规划工作座谈会，标志着京津冀都市圈区域规划工作由前期准备阶段进入了实质性工作阶段。

2006年3月，京津冀区域发展问题被写进中华人民共和国国民经济和社会发展"十一五"规划纲要中。

2006年3月30日到31日，京津冀区域发展合作研究联席会议在廊坊市举行，标志着京津冀三省市政府区域发展合作研究全面启动。

2006年8月9日，为进一步提升京津冀及环渤海地区国际竞争力，促进区域经济协调发展，国务院对《天津市城市总体规划（2005－2020年）》作出批复。

2006年10月11日，《北京市人民政府、河北省人民政府关于加强经济与社会发展合作备忘录》正式签署，标志着京冀两省市进入了深化合作、共同谋求区域协调发展的新阶段。

资料来源：引自国务院发展研究中心市场所相关咨询课题成果。

（7）曹妃甸大开发带来新的发展契机。曹妃甸科学发展示范区是中央提出明确目标要求的全国第一个科学发展示范区，在这一区域率先建成科学发展示范区，对于推进环渤海地区乃至全国的科学发展具有重要意义。根据国家"十一五"规划纲要，按照发展循环经济、走新型工业化道路的要求，经专家严格论证，《曹妃甸循环经济示范区产业发展总体规划》已经国务院批复执行，曹妃甸未来将建设成现代物流、钢铁、石化、装备制造四大产业基地。开发建设曹妃甸，是党中央、国务院站在历史和全局的高度作出的重大战略决策，对于缓解我国交通运输和能源、原材料紧张状况，调整优化生产力布局，加快环渤海地区经济发展，进一步扩大对外开放具有重要意义。曹妃甸建设要走新型工业化道路和可持续发展道路，引领中国和世界重化工业发展潮流，使曹妃甸真正在国家能源、原材料发展战略中发挥重要支撑作用，在产业结构调整中发挥骨干作用，在加快环渤海地区经济发展中发挥增长极作用。

曹妃甸开发区的科学发展，不仅对石油、矿石、煤炭等重要战略资源和钢材、化工产品等大宗商品的集散辐射产生重要影响，也会对市域内外的资金、人才、技术等发展要素进行整合，并对周边地区产生广泛的影响辐射带动作用，成为带动唐山乃至环渤海地区服务业快速发展的强大引擎，大大提升唐山服务功能和中心城市地位。

（四）威胁与竞争挑战（threat）

（1）区域经济发展新格局带来的竞争挑战。在区域经济的新坐标中，唐山市目前处于“腹背受敌”夹击之中。西面天津滨海新区加快发展和西南方向的北京及其国际大都市地位的提升，在今后京津冀区域经济中将占据重要篇幅，京津两大城市所具有的政策优势、区位优势和开放优势，必然会吸引和集聚更多的资源、资本和人才，成为区域经济乃至全国经济的发展重心；东北望去，以沈阳为核心、涵盖辽宁中部城市群的沈阳经济区和以大连为龙头的辽宁沿海经济发展带的加快发展已上升为国家发展战略，成为东北地区发展龙头的势头尤为迅猛。南面长三角地区和山东半岛在迅猛发展的过程中辐射能力已经开始向北扩展一路直上，腹地已深入华北地区。

此外，在环渤海区域中，唐山是一个新兴的港口城市，其发展也面临着西部天津港、东部秦皇岛港以及东北部大连港的竞争挑战。天津港作为北方国际航运中心，是华北、西北乃至东北部分地区联通国际市场的主要通道，在航线资源、航运服务、港口物流、临港产业及腹地经济等方面具有较强的竞争优势，而且享有较好发展政策优势。随着东北振兴战略的实施和辽宁东部沿海经济带的加快发展，大连港近年来发展加速，并正在积极争取国家政策支持，加快推进东北亚国际航运中心建设，港口竞争优势将进一步凸显。而秦皇岛港是“西煤东运”、“北煤南运”的主枢纽，煤炭接卸能力已达2亿吨，不仅在集散规模、接卸储运、港口服务等方面具有领先的竞争优势，而且在煤炭交易、煤炭定价、配煤加工、运力交易等方面具有强大的服务功能。

可见，区域经济的发展格局及区域内各大港口城市的加快发展，使唐山港口物流能力的形成和全市服务体系构建，面临着极为严峻竞争压力。如果唐山市不依托其强大的产业支撑加快服务功能的提升，其产业发展就要更多地依附京津，被动接受长三角和山东半岛的辐射，并与辽宁沿海经济带展开直接竞争，届时资本、技术、人才等发展要素就会大量流失，唐山科学发展的机遇就会迅速丧失。

（2）京津两大都市服务业快速集聚发展带来的威胁。从世界范围来看，国际化大都市经济增长的基本动力是来自于服务业的快速发展，围绕商品、资金、信息、人才、技术等要素的集聚与流通的服务行业，是国际化大都市服务业发展的关键领域。值得注意的是，在国际化大都市以及经济中心城市服务业的迅猛、领先发展，会加剧城市之间对服务业发展资源的竞争，会进一步促进服务业向大城市和经济中心城市的集聚发展，可能在一定程度上会影响其他地区和中小城市服务业的发展，或者使其被动地接受国际化大都市及经济中心城市的辐射和服务。

唐山与京津两大都市为邻，其发展服务业的挑战主要来自京津。北京是我国服务业最为发达的城市，2008年其服务业增加值已达5405.1亿元，占地区生产总值中的比重达到70%。同国外相比，北京市服务业已经处在较高水平，在金融服务业，租赁和商务服务业，科学研究、技术服务和地质勘察业，信息传输、计算机服务和软件业，交通运输、仓储和邮政业等部门都具有较强的竞争力，特别是在服务领域内吸引外资和人才方面优势明显。而天津致力于成为北方经济中心城市，欲依托先进制造业进一步发展研发等生产性服务业。更为重要的是，紧邻唐山的天津滨海新区已被纳入国家战略，致力于加快建成“立足天津、辐射三北、服务全国、面向东北亚”的世界性加工制造基地和国际现代物流中心，以带动区域经济发展。因此，唐山市发展服务业将在相当程度上面临京津两大城市的影响和制约。

（3）区域内其他城市加快发展的竞争挑战。从整个环渤海经济圈来看，唐山市周边还有一些发展迅速的中小城市，如秦皇岛、承德、廊坊、沧州等。例如秦皇岛，尽管经济总量小，工业发展相对滞后，但作为全国首批14个沿海开放城市之一及我国北方重要的对外贸易口岸，在港口航运、仓储物流业与滨海旅游业等服务业领域内取得较大成就，形成了以第三产业为主，一、二产为辅的产业结构特征；

沧州市的服务业增加值在河北省名列第四，因其拥有广阔的海岸线，港口经济效应也较为显著，2006年已成为中国第二大能源输出港。随着渤海新区的设立和港口功能的完善以及中钢集团、中铁集团、中国化工落户沧州，沧州市在物流业方面面临良好的发展机遇，而当地政府也将发展现代物流业作为服务业“十一五”规划的行业重点；

廊坊市地处京津两大城市之间，环渤海腹地，市区距北京和天津中心区较近。借助明显的区位优势，廊坊市大力发展服务业，近年来第三产业对经济增长的贡献率为34.8%，特别是房地产业、金融保险业发展尤为迅速。这些城市重点服务行业的快速发展必将对唐山市相关服务业发展带来挑战，尤其在港口物流业方面，存在的竞争压力较大。

（4）周边地区市场经济发育水平低的制约。作为区域中心城市，其服务业的发展水平，不仅取决于其自身的经济发展水平和规模，而且还需要比较宽广的腹地经济和周边市场的支持。例如，由于江浙一带市场经济发达，产业体系比较完善，企业的竞争能力较强，对上海服务业的发展形成了强有力的支撑；同样，由于港澳的市场经济发达，不仅带动了珠三角地区的产业发展和竞争能力的提高，也对广州、深圳服务业的发展有较强的辐射和带动作用。在山东境内，由于胶东半岛城市群和胶济经济带的整体经济发展水平的提高，济南和青岛两市的服务业也获得了较快发展。

唐山市所在环渤海地区，其总体经济发展水平相对较低，不仅落后于京津两大城市，也落后于山东东部地区各城市。环渤海地区整体经济发展水平不高，对唐山市服务业市场空间的拓展造成了不利影响，在一定程度上制约了唐山市服务业规模化发展，并限制了其向更高层次的迈进。

综上，唐山服务业发展具有一定基础和优势条件，国内外发展环境的变化、国家加快服务业发展等重大战略的推进，以及唐山加快科学发展探索，为唐山市服务业发展带来难得的历史机遇和发展空间。但不容否认，唐山服务业内部还存在较多影响发展的突出问题和制约，外部面临着来自多方面的、十分严峻的竞争挑战。因此，唐山市服务业的发展任务十分艰巨。因此，唐山迫切需要立足自身发展要求和特点，抓住机遇、破解难题，找准定位，创造条件，探索自身的服务业发展模式和路径，更有效地促进唐山服务业的加快发展，为唐山市加快科学发展和发展方式转变提供新的产业支撑。

三、唐山市服务业加快发展的总体思路

（一）指导思想

全面贯彻落实科学发展观，按照唐山市建设科学发展示范区的总体部署、建设适宜人居和创业的现代化滨海城市的目标要求，进一步解放思想，以深入实施《唐山科学发展示范区战略规划》为契机，以建设支撑唐山、带动环渤海、服务北方的现代化服务产业体系为目标，以现代化、市场化、信息化、国际化为导向，以深化改革开放和服务创新为动力，全面推进服务业发展，着力促进服务业结构调整与升级，积极培育和发展新的服务主体和功能平台，精心打造“唐山服务”品牌，不断增强专业化、多样化、层次化的服务功能，加快提升唐山在战略资

源、大宗商品、优势产品等相关商品领域的集聚辐射能力，着力促进金融保险、研发设计、技术服务、信息服务、商务服务等生产性服务业加快发展，全力打造具有唐山文化特色的生活休闲服务产业，为促进唐山实现科学发展和率先建成全面小康社会创造良好的发展环境，为全国服务业加快发展和深化改革，创造先行先试的经验与示范。

（二）基本原则

（1）立足唐山。唐山服务业发展要紧紧围绕唐山科学发展示范区的总体部署，体现唐山科学发展的新定位、新战略、新要求，结合区域经济发展趋势及其对资金、重要商品、人才、土地、技术、信息、管理等生产要素的集散整合要求，形成支撑唐山、带动环渤海、服务北方的服务功能与辐射力，提高唐山参与国内、国际市场的竞争能力和整体实力。

（2）发挥优势。唐山服务业发展不仅要充分发挥唐山在环渤海及京津冀都市圈的中心区位优势、雄厚的产业基础优势、日益完善的基础设施优势、科学发展示范的政策优势，更要利用毗邻京津两大都市的地利优势，着力吸引和集聚人才、信息、研发、创意、资金、信息等发展要素和资源，培育和发展能够有效促进商品和资源要素流动的机构、组织和设施，包括具有跨地区、跨国界发展能力的企业、投资机构、专业服务机构、行业组织，以及具有区域乃至全国价格标尺作用的大市场平台和重要基础设施，建设和发展高水平、高效率、高质量的现代服务体系。

（3）重点突破。唐山服务业发展要做到有进有退，有所为有所不为，准确把握服务业发展的关键环节，突出发展重点，集中优势资源，形成以点带面、点面结合的发展态势，带动唐山服务业发展实现整体突破。在发展重点的选择上，一是要选择与国家发展战略高度关联、与环渤海及京津冀都市圈产业转型升级密切相关的服务功能作为重点领域；二是要在生产性服务方面实现突破，着力发展能够提供生产服务、知识经济、管理技能等具有较强创新功能的服务体系和市场组织建设，提升唐山的综合服务功能；三是重点支持具有综合示范带动作用和较强竞争能力的企业和市场主体加快发展，尽快形成具有较强跨区域、全国性资源配置能力的服务网络。

（4）坚持创新。唐山服务业发展要突破传统的服务业发展模式，秉持探索创新的原则，实现发展理念的创新和发展方式转变，抓住唐山建设科学发展示范区先行先试的政策机遇，通过体制机制的创新和探索，加快与国际市场体系的接轨与联通，为全国服务领域的体制改革和加快发展奠定实践基础，发挥示范作用；通过市场组织、业态形式、商业模式、组织方式、服务功能、管理机制的不断创新，进一步提高城市的综合服务能力，扩大唐山的辐射力和影响力，增强唐山产业体系在区域、全国乃至国际市场的核心竞争力，全面提升唐山服务业的发展水平。

（5）体现前瞻。唐山服务业发展不仅要体现现代化、国际化、市场化及信息化的市场发展趋势，更要体现唐山市及环渤海地区经济社会中长期发展对服务业的更高要求，注重服务业发展思路的前瞻性和可扩展性。一是服务业发展要以提高服务业发展水平和运行效率为出发点，在发展目标、功能定位以及重点发展领域的选择上，体现现代服务业的发展理念，满足现代化服务方式、经营设施和高效率服务功能的发展要求，塑造高起点、现代化、网络化的运行平台和服务体系；二是服务业集聚区和重大项目建设规划要从唐山及环渤海地区的中长期发展的要求出发，在空间布局、经营业态、服务功能、基础设施等方面具有可扩展性，为服务业集聚区及重大项目的进一步发展和功能增强创造广阔的空间。

（6）统筹协调。唐山服务业发展要充分体现唐山建设科学发展示范区和曹妃甸经济区发展上升为国家发展战略的要求，按照《唐山科学发展示范区发展战略规划》的部署和要求，通盘考虑，总体布局，合理规划。在发展空间上，既要重视唐山自身的服务业发展与功能布局，也要兼顾京津冀区域经济一体化发展的要求，考虑与北京、天津的优势互补和战略合作，在服务体系和市场功能方面形成不同城市之间合理分工、错位布局、相互促进、共同发展的格局；在发展时序上，注重远近结合，循序渐进，力求现状与未来、存量与增量实现有机结合；在推进方式上，注重各部门分工配合，资源共享，协同动作；在规划衔接上，既要注意与唐山市已有各类规划相衔接，更要注重和落实《唐山科学发展示范区发展战略规划》，并与当前正在研究和制订的各类新规划实现对接。

（三）功能定位和总体目标

根据唐山市服务业发展的比较优势和条件，着眼于唐山建设科学发展示范区和成为环渤海区域重要中心城市的前景，可将未来5～10年唐山市服务业发展的功能定位和总体目标表述为“一基地、两中心、三大产业”。

（1）功能定位：“一基地、两中心”。

立足唐山、连通东西、对接南北的北方重要商贸物流中心城市。唐山市要围绕国家发展战略、唐山市的优势产业发展与升级、城市功能与影响力提升，从充分发挥唐山市的比较优势、依托港口、优势产业和城市，以增强唐山市对战略资源、大宗商品和区域优势商品的集聚、辐射和控制能力为突破口，着力发展和提升集散分拨、市场交易、采购加工、储运配送、价格形成、贸易融资、展贸互动等方面的服务功能，逐步实现服务范围从市域向“广域化、强辐射”拓展，服务能力从集散、中转和加工等低端功能向交易、采购、信息、增值等高端功能的提升，成为连接南北、对接国际市场、北方地区最重要的能源与生产资料贸易中心和物流中心。

支撑唐山、服务环渤海、面向重化工业的生产性服务业发展基地。是指从唐山及环渤海地区经济发展的需要出发，结合现代服务业发展的方向，针对唐山钢铁、煤炭、化工、装备、建材优势产业的发展要求，以促进先进制造业加快发展、传统产业转型升级、新兴产业快速成长为目标，着重吸引和发展金融保险服务、高新技术服务、教育培训服务、商务配套服务等生产性服务业，全面提升具有唐山产业发展特色、面向重化工行业的生产性服务功能，促进唐山及环渤海地区相关制造企业提高运行效率、增强竞争能力，增强唐山市为周边地区、乃至全国的服务能力和影响力。

服务唐山、面向京津冀、全国知名的生活休闲中心城市。是指立足于本市城乡居民生活水平迅速提升的需要和城市功能的完善，结合京津冀主要城市消费结构升级进程和休闲消费发展趋势，通过增强生活服务、文化娱乐、休闲旅游等服务功能和配套设施，加快形成具有区域文化特色的城市景观，体现有特色、高素质的城市风貌，带动商贸、餐饮、住宿、旅游、文化、娱乐、体育等相关服务业加快发展，为唐山城乡居民的日常生活提供保障，为区内入驻企业及人员提供完善的生活休闲服务，为京津冀都市圈提供休闲娱乐的新体验。

（2）总体目标：构造三大产业体系。

大宗商品集散与辐射型流通服务业。随着唐山市港口能力的形成和制造业规模的继续扩大，依托唐山市横贯东西、连接南北的综合运输体系，唐山市未来的能源及大宗生产资料集散、交易和物流规模将急速上升，需要加快与能源等多种商品交易与集散相关的流通服务业发展，特别是需要进一步加快市场体系和物流园区建设，培育和发展大型批发商业、专业市场和物流产业，促进电子商务、采购中心、第三方物流等新型流通服务组织的发展，培育大型会展品牌，增强票据融资、典当拍卖、信用担保等一系列金融服务功能，使唐山成为具有较高流通效率、现代化程度不断提高的贸易与物流中心城市。

面向重化工业的生产性服务业。随着唐山市经济的快速发展，以钢铁、煤炭、化工、装备、建材等为主体的制造业集群加速形成，迫切需要融资、人才服务、信息与咨询、展示、物流、研发和相关技术服务等一系列相关生产性配套服务功能的支撑，这为金融保险、高技术服务、会议展览、教育培训、商务服务等一系列生产性服务业的发展，提供了规模化的需求基础和巨大的市场空间。更为重要的是，各种生产服务业的发展及其服务功能的深化，会进一步完善唐山市的产业配套条件，并将促进现有产业集聚规模的持续扩张，吸引和培育新的产业集聚的生成。

中心城市型生活休闲服务业。作为区域经济中心城市，唐山市不仅需要为本市居民提供日益完善的生活服务，而且还应当通过完善生活服务功能、发展旅游休闲服务、拓展文化娱乐服务功能等，提升城市的吸引力和凝聚力。这就需要唐山市加快发展包括零售、餐饮、旅游、房地产、休闲、娱乐及社区服务、基础教育等行业在内的服务行业，增强中心城市的生活服务功能，创造城市的宜居和休闲环境，提升城市的吸引力和影响力。

四、唐山市服务业发展“3年攻坚”的突破口与重点任务

根据唐山市服务业发展的功能定位和总体目标，结合唐山市服务业发展比较优势、机遇和条件，3年攻坚应着重从构建三大服务功能框架和相关产业体系方面实现突破和布局重大项目，成为带动唐山市服务业长期发展的龙头和重要基础。

（一）着力提升大宗商品集散规模与加快发展商贸物流业

3年攻坚期间，在实现“立足唐山、连通东西、对接南北的北方重要商贸物流中心城市”的功能定位方面，应着重从以下三个方面加以推进。

（1）建设以能源和矿石为主体的战略资源贸易与物流功能平台。主要是根据唐山港口功能定位与港口接卸能力的形成进展，加快贸易采

购、市场交易、物流服务等功能平台的建设，逐步提升唐山港在煤炭、石油、天然气、铁矿石等能源和资源产品方面的集散规模，强化唐山市在区域乃至全国能源和资源产品市场的影响力和竞争能力。其工作重点：

一是加快战略资源产品专业市场与贸易平台建设。在唐山市主要服务业发展区和曹妃甸地区，围绕煤炭、能源、矿石等产品的交易和国内外采购，建设具有交易、采购、信息、定价等多种服务功能，具有现代化多种商务服务手段、能够对接国内外主要市场的国际采购中心或专业市场。

二是大力建设战略资源产品贸易与物流总部基地。在唐山主要的服务业集聚区，引进国内外战略资源产品的贸易企业、生产企业的销售、采购和物流运营的区域总部，集聚贸易与物流运作主体，进一步促进资源产品交易规模扩大和服务能力的形成，加快形成战略资源产品的总部基地。

三是合理布局和加快建设战略资源的物流基地。在保障战略资源国家储备基地建设的同时，在临港物流园区中，合理规划和建设战略资源的商业储备基地和储运设施，形成具有储存、加工、配送、保税等多种服务功能的物流基地。

（2）建设以钢材、“三化”产品等为主体的大宗商品贸易中心和分拨基地。主要依托唐山市钢铁、化工、建材等产业优势，在继续发展相关产业链、促进产业升级的基础上，加快大宗商品专业市场体系建设，特别是加快电子大宗市场发展，尽快形成和完善交易功能，加强与国内外现货、期货市场的合作，培育各种新型专业市场和发展多样化的市场服务功能，探索发展钢材、化工、建材产品的价格指数，以尽快形成唐山市场的定价功能和影响力，提升唐山市在大宗商品市场中的地位和话语权。

一是重点发展现代化的钢材交易市场。利用唐山市钢铁行业的集聚优势和产品优势，加快发展以电子商务为基础，以标准化仓单交易为核心的电子大宗钢材市场，逐步提高唐山市钢材市场交易的规模和集中度，以交易市场为核心，加快发展贸易融资、供应链金融、钢材价格指数、市场信息服务等多种服务功能，逐步形成钢材市场的"唐山价格"，提升唐山在钢材流通领域的地位和影响力。

二是规划建设专业化的大宗商品物流分拨中心。围绕唐山钢铁、化工等行业的集聚区和产业发展带，规划建设一批专业化、社会化的物流分拨中心，并努力成为上海期货市场的专业交割仓库。

三是大力发展第三方物流，积极引入跨区域的第三方物流企业，鼓励唐山钢铁、化工企业的物流资源整合，加快形成专业化、社会化的物流服务能力。

（3）以陶瓷等区域优势产品为核心的内外贸采购基地。面向陶瓷、金属制品、优质农产品等唐山市具有较强竞争力和贸易规模的优势产品，加快建设汇集商品展示、订单交易、跨国采购、商务信息等综合功能于一体的现代化专业市场和国际采购中心，大力发展会展经济和培育专业会展品牌，引进国内外企业贸易、采购和物流服务企业，为优势产品及相关产业发展提供功能强大的贸易服务平台。

（二）积极培育和发展生产性服务业

（1）重点培育和发展高技术服务业。高技术服务业是以高新技术为支撑，提供高附加值服务的知识密集型产业。主要包括电信服务业、互联网信息服务业、信息技术与软件服务业、研发设计服务业、专业技术服务业、技术成果转化和转移服务业等。加快培育好唐山高技术服务业，是唐山推动即有制造业升级、新兴产业萌生、促进唐山服务体系完善、提升唐山服务业发展层次的关键性产业。

一是信息技术服务业，应抓住曹妃甸信息化与工业化融合示范工程，钢铁企业信息化建设项目，高速动车组供应链管理体系项目，煤矿井下重大事故危险源识别、监测及灾害预测、预警项目，北方国际钢铁电子交易中心项目等大型项目带来的巨大需求，整合现有从事信息技术服务的企业或科研院所，在政策上和科技项目实施上予以重点扶持，迅速培养 1 ~ 2 家企业，做大做强。以钢铁行业为依托，重点培育钢铁行业信息技术服务龙头企业，鼓励各大钢铁生产企业内部从事信息化服务的技术资源进行整合重组，形成专业化、社会化的信息技术服务主体。

二是研发设计服务业。推动本地科研院所与京津及全国范围内的大院大所开展多种形式的合作，依托本地现有较大的研发设计企业，整合本地科研院所的力量，建立行业共性技术研究平台和技术服务平台，培养 1 ~ 2 家面向钢铁、煤炭、建材等行业提供研发设计服务的大企业。

三是技术转移服务业。在现有高新技术园区内孵化器的基础上，进一步增加资金投入，在孵化器内划分出特色和功能明确的不同孵化园，建设更多的公共服务平台，全面增强服务功能，争取更多技术成果来唐山转化。以唐山高新技术创业中心为基础，鼓励、支持孵化器拓展增值服务。鼓励社会商业资本、科研机构、咨询机构、专业服务机构等与孵化器合作，联合向入孵企业提供高端服务。注重孵化器投资主体的多元化，支持企业、大专院校、科研院所以及各类投融资机构参与孵化器建设。

（2）加快区域金融服务体系建设。未来 3 年，着眼于建设环渤海区域重要的金融服务中心，不断深化金融改革、扩大金融开放、优化金融结构、注重金融创新，以增强金融体系的融资和风险经营能力为主要发展目标，采取多种措施推进金融业的发展。工作重点可以有以下几个方面：

一是加快引进多元化金融服务机构。重点加强金融机构招商引资，吸引全国性股份制商业银行、外资银行、国内外保险公司在唐山设立分支营业机构，促进唐山金融服务行业规模开始扩展，提升唐山的信贷融资服务能力。

二是加大力度推进小额贷款公司和乡村银行的设立与培育。继续扩大小额贷款公司的数量与规模；积极开展村镇银行试点，加大三农的金融支持力度，进一步完善农村金融体系。

三是加大上市公司筛选推荐力度，增强直接融资的比例。唐山市应加强宣传引导，提高企业对证券市场功能、进入资本市场程序和规则的认识和了解，加大上市公司的筛选力度，强化对上市储备资源的动态管理，尽快推向境内外资本市场。

四是加快推进本地产业基金设立，吸引国内外私募基金投资于本地企业。为活跃本地的股权投资，可与有实力的产权交易所合资设立产权交易市场。通过股份制公司的股权流通扩展直接融资渠道，促进私募股权投资发展。通过设立产业基金和引导基金吸引本地和外部资金投资于本地有前景的企业。尽快设立曹妃甸产业基金，并以此为基础吸引更多的民间资本投向有市场前景的本地企业。

五是培育和建立多元化、多层次金融服务体系。特别是要结合唐山中小企业发展要求，鼓励地方性的融资租赁企业发展；引导民间资金加快典当行业发展创新，大力发展商业化的担保机构、征信机构、咨询公司等。加强对金融中介机构的资格审查和行为规范，降低收费，简化手续，提高效率。

（3）积极推进各类商务服务业加快发展。

一是积极发展以会计、法律、管理咨询服务为主体的专业服务。继续推进本地会计、审计、法律、公证、咨询等专业服务企业的发展，积极吸引和鼓励专业服务领域中的大型国内企业和中外合资企业开展为唐山企业提供服务，促进本地专业服务机构与国内知名专业服务企业的合作与联合，提高本地专业服务领域市场主体的服务水平。

二是以高端人力资源服务为重点，加快人力资源服务业发展。以提升劳动力素质、培养产业工人为服务目标，继续大力支持唐山本地教育培训机构的发展；针对唐山产业升级对中高级人才的需求，唐山应有选择地吸引和集聚国内外大型、综合性人力资源服务企业和国内外知名的专业化人力资源服务企业，引导和支持包括人力资源测评、招聘、培训、人力资源管理等高端人力资源服务功能的形成。

三是全力发展会展服务业。唐山会展服务业需要从多个层面进行推进：第一层面是依托唐山产业特色，特别是集聚度高、竞争力强的产业，如陶瓷、钢铁、装备等培育专业会展品牌。第二层面是加快建设会展设施，特别是要依托专业市场建设和商务楼宇开发建设，注意配套一些商用会议会谈的会所设施和用于国际知名品牌及产品的展示中心。第三层面是要鼓励国内专业会展服务企业和具有会展服务功能的服务企业来唐山发展，特别是那些大型的公共关系公司、广告公司、品牌代理企业和咨询公司，它们往往是会展活动中最为主要的组织者和承办者。

四是规范发展房地产业。按照市场导向、总量控制的原则，尽快形成以经济适用住房、普通商品房和商住物业为主体的房地产供应体系。

（三）加快发展生活休闲服务业

（1）全面提升商贸行业发展水平。

一是加强规划，全面推进唐山市商业网点建设与发展。结合唐山市城市规划，尽快修订和完善商业网点建设规划，全面推进市级商业中心区、县城及地区商业中心、社区商业、小城镇商业和专业特色街的规划与建设，形成布局合理、功能完善、层次分明、体系完善的商业网点体系，为唐山市及周边地区的城乡居民提供更加便利的商业设施。

二是加快创新，促进新型零售经营形式发展。在合理规划和布局的基础上，在市级商业区及地区商业中心，加快发展包括超级市场、大型综合超市、便利店、仓储式商场、专业店、品牌专卖店等在内的各种现代零售商业的经营形式；重视特色商业街建设，加快城市农贸市场改造，改善其经营条件和设施，实现退路进场，退路进店，加强监督管理，保证食品安全，并逐步将城市农贸市场改建成生鲜超市。重视发展经济型、便利型的城乡社区商业和多样化社区服务。在城市社区，要以中小型超市、便利店为主要业态，以特许加盟连锁为基本组织形式，积极发展多样化的社区商业，以形成贴近城市居民生活并能够发挥社区综合服务功能的密集型零售终端。

三是内引外联，促进连锁经营企业的加快发展。可采取引进和培育相结合的发展模式，一方面，要宣传和发挥唐山市消费需求旺盛的优势，创造平等竞争的良好市场环境，吸引国外和国内大型连锁企业落户，允许与本地商贸流通企业以合资、特许经营等方式合作开展连锁经营业务。另一方面，扶持本地的连锁企业，通过引入多元化投资主体、融资、兼并和重组，吸收和整合分散经营的小型零售业主，使其快速发展，实现连锁经营规模的快速扩张。要按照标准化、专业化和规模化的要求，引导连锁企业提高经营管理水平。

四是稳步提升餐饮等相关服务行业和服务设施的发展水平。通过挖掘文化内涵、发展特色服务，提升餐饮业经营档次，提高知名度和市场占有率。进一步修订餐饮业服务规范，加强依法监管力度，发挥行业自律作用。积极打造各具特色的美食街区，加强内涵挖掘和宣传推介，发挥集聚效应，增进商旅互动。

（2）加快唐山旅游业升级发展。在完善现有旅游规划的基础上，应高度重视唐山旅游资源与京津的层级差异和缺乏鲜明城市文化特色的整体形象等方面的问题，创新旅游业发展思路，从资源依托的观光旅游向休闲度假、文化娱乐、健康养生为主体的休闲经济转型，促进唐山生活休闲服务业发展上新台阶。

第一，培育唐山休闲经济品牌。要高度重视唐山休闲经济整体形象的战略性策划，围绕唐山依山靠海的自然景观、历史人文资源和现代工业文明兼具的文化特色、加快推进的“两型社会建设”，加快形成“绿色唐山、文化唐山”的城市风貌和特色，加强宣传，树立城市名片，为生活休闲服务业发展创造发展环境。

第二，全力开发多样化的休闲旅游产品，增强唐山休闲服务业的竞争能力。根据唐山旅游规划，围绕各大旅游集聚区和重点旅游文化资源，围绕城市居民的休闲消费需求，重点开发养生长寿、农业休闲、自然风貌、人文传统、二业文明、时尚消费、运动休闲等方面系列的休闲旅游产品，充分利用和整合唐山的旅游、文化、服务资源，创造多样化的休闲消费选择，提升唐山休闲服务的竞争力。

第三，加大投资，完善休闲旅游配套设施。特别是尽快改善旅游景区、农村地区的交通设施和相关配套服务设施。一是注重发展旅游信息网络系统、游客服务中心、医疗救助系统等基础设施建设；二是完善市区商业中心、主要旅游集聚区的通讯、供电、供水、消防、安全、环卫、环保、停车场等配套设施；三是市区商业中心和重点景区要加快按照国际惯例和国际标准，完善餐饮、住宿、娱乐、购物等配套服务设施，提高旅游接待能力。

第四，加强京津冀都市圈旅游合作，进一步拓展假日消费市场和商务休闲市场。加强京津冀都市旅游一体化发展，从政府、景区、企业等多层面推进主要城市之间的合作互动，形成资源、市场、利益共享的合作机制，进一步拓展唐山休闲旅游市场和休闲经济的辐射范围。

第五，创新体制，做大做强服务主体。一是创新体制。要进一步理顺旅游管理体制，按照旅游资源统一整合的要求，借鉴相关省区旅游区发展的成功经验，将理顺旅游管理体制作为改革的重要环节，大力协调、上下联动，全力推进旅游与景区、文化、宗教等一体化的旅游管理体制，提高管理效率。二是扩大开放，建立多元化投入、市场化运作的旅游经营主体。组建一批中外合资旅行社和外资控股、独资经营的旅游饭店，并面向国内开放旅游市场。要充分发挥大企业的优势，依托大企业办旅游，打造旅游航母，从根本上扭转旅游企业小，散，弱的局面，以增强与外来企业的竞争能力。加大改革力度，积极推进全市旅游企业的资产重组，鼓励跨区域的资产重组与战略合作，国有资本逐步从旅游企业中退出，基本完成全市旅游企业的改组和改制，大力推进旅游景区、景点、饭店经营权的“拍卖”；对于新建重大项目，推行股份制公司市场运作，加大招商引资力度。积极培育一批旅游企业集团和规模旅游企业，培育一到两家旅游上市公司，发展资本经营。积极发展区域合作和网络经营，创新经营模式。三是经营创新，探索旅游景区景点运营新模式。继续促进旅游景区所有权、经营权和管理权的“三权分离”，探索景区景点开发建设、运营维护的市场化方式，促进旅游资源的合理开发利用。

（3）促进农村生产、生活服务业加快发展。

第一，分类改造，促进农村集贸市场和商品交易市场有序发展。商品交易市场和集贸市场是唐山市农产品流通的主要渠道和生活消费品的主要来源。按照现有商品交易市场的状况，有针对性进行分类改造。一是对市区及各县区重点大型农产品批发市场进行提档升级改造，与专业物流系统相衔接，完善批发市场的信息系统、检验检测系统及仓储、运输等基础设施建设和改造。二是规范与整合现有的农产品交易市场，要加强检疫、检测，保证食品安全，使其纳入城市鲜活农产品采购流通网络系统。三是对于粮棉等大宗农产品批发市场，要推进农产品交售的标准化、流通加工与物流配送，发挥农产品流通与集散功能，搞活农产品流通，促进农业发展。四是增强农产品批发市场与集贸市场的服务功能，进一步发挥市场信息收集与发布、价格形成功能，以市场为依托开展农业技术服务与培训等多样化农业生产服务，增强市场的吸引力和凝聚力。

第二，联合互动，促进农产品加快进入城市流通主渠道。重点鼓励和支持农产品批发市场与大型工贸企业联合，建立市场带基地、基地带农户、产品带出口的产销链条，培育农产品专业化、产业化生产；支持农产品专业批发市场和农贸市场向零售市场延伸，细化加工配送功能，形成农产品批发市场与零售店、大宗消费者之间的配送－销售－消费的有机链条；扶持和鼓励大型农产品加工龙头企业和农村中介组织与农户联合。依托唐山丰富的农副产品的优势，扶持农产品加工龙头企业和农村中介组织，推广与扩大公司＋标准化基地＋农户的模式，以产销协会为载体的生产、加工、销售一体化的公司＋农户联市场模式，农业订单模式。扶持农产品加工龙头企业和农产品产销协会等中介组织，围绕唐山优质农产品资源，形成专业分工、相互依存、原料、加工、销售连接优化的产业链。搞活农产品流通，带动农民进行农产品标准化市场，扩大农产品出口，增加农民收入。

第三，“万村千乡”，加快推进农村生产生活流通服务网络建设。继续扩大实施“万村千乡”工程，认真总结和学习全国各地先进发展经验，积极推进供销社经营与管理方式的创新，加快改造传统的农村乡镇商业网点，以村为基础，乡镇为骨干，以县城为核心，因地制宜地建设和改造一批标准化、连锁经营为主的“农家店”，基本形成覆盖农村地区的消费品流通体系。一是以县城和中心城镇为重点，整合供销社与国有商业的经营资源，加快发展连锁经营，积极加盟已进入唐山的著名连锁企业，发展连锁超市、便利店等新型流通业态，并以县城和中心城镇为依托，着力建设服务村镇“农家店”的采购配送中心，辐射和服务周边的农村地区，形成“农家店”运营和发展的支持服务体系。二是鼓励和支持“农家店”以及其他连锁经营的农村网点开展综合性服务，从事农资销售及农业技术服务，开展农副产品购销业务，提供农村居民多样化的便利服务，使“农家店”成为农村居民的生活与生产服务中心。

五、唐山市服务业发展“3年攻坚”的政策措施

（一）要把加快发展服务业提高到“立市、治市、强市”的高度来认识

唐山市委市政府要把加快发展服务业提高到战略任务的高度，通过多项措施，使之成为当前和未来相当长的时期内经济发展的一项重要工作内容，从而促进经济发展实现向又好又快转化。正确认识发展服务业在唐山市社会经济发展过程中的作用，把加快服务业发展工作摆在重要位置，切实转变政府职能，积极引导和激发社会投资发展服务业，营造服务业发展的良好氛围。

（二）科学制定唐山市服务业发展规划，合理引导产业布局

唐山市服务业的发展必须树立全局观念，处理好局部和全局、当前和长远的关系，在发挥自己优势的同时，合理布局，准确定位，防止盲目建设，低水平重复建设和过度竞争，促进服务业健康有序的协调发展。

首先，唐山市服务业发展要尽快制定总体规划，该规划既要体现唐山市服务业发展的未来方向，合理引导社会投资和产业布局，同时，也要将唐山市服务业的发展纳入河北省及京津冀区域经济整体发展的规划和战略之中，以在更大范围内争取有利于唐山市服务业发展的资源和政策支持。

其次，唐山市要尽快制定服务业三年攻坚的行动纲领，以便于规划落实和项目启动；

再次，围绕服务业的总体规划，对商贸业、物流业、金融业、高技术服务业、商务服务业、生活休闲服务业等重点发展的行业，另行编制详细专项规划，以确保行业发展和推进的科学合理性和可操作性。

（三）深化制度改革，优化发展环境

（1）深化制度改革。深化服务业准入制度改革，遵循“非禁即入”原则，实行内外资同等待遇政策，鼓励国内外商业资本及相关服务业进入唐山。完善法规体系，完善市场监管的各项地方性法规和行政规定，推行依法行政、公正执法，避免多头执法、重复执法，打造“法治唐山”的良好环境。加大对行政部门寻租设租的治理力度，杜绝腐败和垄断行为。加强知识产权保护，将唐山打造成为创新与创业的“栖息地”。

（2）提升信用体系。引导服务主体诚信经营和守法经营，对各种失信、恶意违反合同的行为实施“零容忍”，通过建设“诚信唐山”，

提高唐山商誉。依托行业协会、专业市场、工商管理部门加快唐山市信用体系建设，规范信用信息的征集和使用，鼓励征信企业在唐山开展业务。

（四）强化和创新政府服务

（1）创新协调机制。在现有市服务业领导小组的基础上，统筹协调全市服务业发展规划和制定相关政策、商业企业和总部企业资格备案、信息发布；协调和督促检查各有关部门相关管理和服务工作。在市服务业领导小组指导下，区（县级市）负责各辖区服务业发展布局、重点功能区初选及重点项目安排，配合协调辖区内各功能区规划、拆迁、招商、项目报批、市政配套等具体推进工作。对于跨行政区的区（县级市）级服务业功能区（集聚区），打破行政区划边界，建立服务业功能区管理联席会议，集中解决区域经济发展中遇到的土地、规划、基础设施等问题。

（2）强化政府服务。进一步发挥唐山市政务服务中心的作用，简化行政审批手续和程序，简化工商注册、进出口办理、纳税等手续，构建高效便捷的服务平台。将服务业发展的重大项目列入唐山市政府绿色通道服务范围。

（3）推进决策民主化。成立专家咨询委员会，聘请国内外服务业领域和城市建设、交通、规划等领域的知名专家、学者及部分官员、企业家及社区代表组成，为唐山市服务业发展、功能区规划、发展定位、开发策略、项目筛选等重大问题提供决策咨询意见。

定期组织市领导、部门主要负责人与企业举行恳谈会，现场办公，协调解决企业发展过程中存在的制度问题和环境问题。建立有关部门对企业的定期拜访制度和企业评分制度，把服务责任落实到具体管理者。

（4）提高行政管理透明度。加快推进电子政务建设，深入推进政务公开，为企业提供快速便捷的商务、法规和政策信息等各类资讯服务。

（5）加强政府考核。将服务业发展指标纳入年度目标考核范围，定期组织对服务业进行绩效评估，对投入、产出、税收、就业、公共平台建设等指标进行评审，并依据评审结果实施奖惩。

（6）发挥行业组织作用。充分发挥行业协会或商会等中间组织在服务业发展中的协调、服务和行业自律功能，使其成为政府和企业间相互沟通的重要桥梁。加强对行业协会的指导、协调和调解功能，制定科学合理的行业规范，增强各类市场或商业、物流行业自我管理、自我规范的能力和水平。建立行业信息沟通和信息发布的平台及机制，推广先进企业的管理经验和营销经验，推广先进的管理平台和信息化平台，为业内企业提供经营决策的依据和参考。配合政府及相关部门组织各种形式的产品展会和推介，增强唐山企业对外联系和拓展业务规模的能力和途径。

（五）进一步扩大服务业对内对外开放

鼓励和吸引更多的社会资本和国内产业资本投资于唐山市服务业。通过引入多元化投资主体推进服务业的提档、升级、重组、兼并和改造，推动现有服务业资源的整合，提高资源配置效率。

转变招商引资方式，注重内引外联，加强服务业项目招商。

加强跨区域合作，特别是与长三角、珠三角等地区主要城市和开放性经济园区的合作，拓展唐山市服务产业发展空间。

（六）完善和加强政策支持

在继续实施唐山市已出台的相关服务发展政策的基础上，继续完善和加强政策支持，增强政策的有效性和可操作性。

（1）加强基础设施建设支持。加强信息基础设施及信息平台建设，积极推进“数字唐山”、“无线唐山”和“智慧唐山”等信息化工程，降低交易成本、提高流通效率、推进电子商务发展。加强唐山各类交通基础设施建设，特别是要大力改善商业区公共交通、金融、餐饮住宿等基础设施条件；围绕现有商业基础和网点规划，建设若干具有特色和规模的商业街和商业区。

（2）保障用地需求。调整城市用地结构，合理确定服务业用地的比例，对列入国家鼓励类的服务业在供地安排上给予倾斜。重点保障战略资源产品和大宗商品专业市场项目用地，推动专业市场的集群化和园区化。将大型现代市场体系建设项目用地，纳入政府土地储备出让规划和计划；对列入市一级重点发展的功能区，在严格控制功能区建筑总量的前提下，实行容积率总体平衡、局部调整的政策。保障总部基地等服务业集聚区用地需要，加强公共服务设施和高品质环境建设，合理控制住宅开发规模，加强对国内外各类金融机构、贸易机构、物流企业地区总部的引入。

（3）加强金融扶持政策。充分调动企业对市场调整改造的积极性，对重点项目建设提供相应的配套资金、低息贷款和贴息贷款。对于专业市场、连锁商业企业、物流企业的业务扩张或兼并重组，要依据具体情况提供融资支持。总结和推广企业在联合担保、相互担保等融资方面的经验，积极扩大金融机构对相关企业的授信额度和融资规模。

积极拓展中小商业企业和物流企业的融资渠道，完善政府担保基金；理顺和创新政策性担保机构业务，适当降低其风险约束指标并形成有效的激励机制；适当提高商业银行中小企业贷款比例。对中小流通企业500万元以下的贷款担保，对担保公司担保部分，地方财政向担保公司提供担保额1%的财政补贴。

积极拓展投融资渠道，鼓励社会资本参与市场体系建设，灵活采用城市市政债券、BOT、TOT等多种方式吸引民资、外资参与基础设施和公共平台建设；通过政府提供引导资金带动社会投资的规模，并完善政府引导资金的退出通道和机制；对于正处于开发阶段的重大战略性功能区进一步探索“管理委员会+投资发展有限公司”、政府直接引入战略开发商等开发、管理和运营模式。

支持总部企业参与上市等资本运作。整合扶持企业上市的政策资源，协调解决总部企业境内外资本运作过程中存在的问题；整合总部企业优质资源，积极推进上市步伐；引入优质金融中介服务企业，改善上市服务；鼓励总部企业设立产业投资基金，并通过发行中长期票据、企业（公司）债券等多种方式融资。

（4）完善税费支持政策。要充分利用制度创新先行先试的体制优势，以大力发展生产性服务业为契机，制定和完善加快现代金融、物流及市场体系建设的各种税费扶持政策，依法选择有利于企业和市场发展的征税方式，使税收政策形成体系和合力。

借鉴对会展业的税收政策经验，制定针对商业企业和物流企业的税率下调政策。使各种类型电子商务企业享受高新技术企业的相关税收优惠政策标准。对于实施调整和改造的专业市场，适当提高或延长税收优惠的标准及年限。结合总部基地建设目标，对于引进世界或全国知名品牌的市场或主体，在销售额或营业额达到一定规模以上的，对引进企业给予奖励；对认定的总部企业在税收上予以适当税收和补贴扶持。尽快研究并制定物流企业业务分包相关的税收政策，解决物流业务中存在的重复征税问题。进一步完善连锁企业统一申报纳税和在各区县实现财税分配的制度和方法，提高地方发展商业企业的积极性。对重点扶持的项目、市场和企业，在供水、供电、供气，以及土地使用、资金融通、费用征收等方面，比照工业价格。

（5）完善经济贡献评价和奖励政策。对支持本市经济发展贡献较大的服务企业和相关机构，由市区政府按照相关的评价办法进行评价，并根据贡献情况给予奖励或表彰。奖励资金由市区级财政统筹安排。

（七）加强人才培养和引进

加强服务业高端人才的引进和培养，为构建唐山服务体系提供人才保障。对于商业企业和总部企业紧缺人才，在居住、子女教育、医疗、税费、旅游、出入境等方面提供便利和高质量的优先服务；在福利待遇方面适用高新技术人才引进的各项鼓励、补贴和奖励规定。建立高端人才储备库，为总部企业提供人才信息支持。鼓励各种商业咨询、猎头公司、人才培训等服务机构的发展，进一步规范和完善各类人才市场。充分发挥本地高等院校优势，根据市场需求，加强本地高等院校相关专业的学科体系建设，增加本地服务业的人才培养和培训。由政府或行业协会牵头，组成企业、社会、高校相互合作、相互衔接的“三元培训”机制，提升各类人才的业务能力和打通学校与社会的供求通道。

课题负责人：刘世锦

专题负责人：王　微

报告执笔人：王　微　陈　昭

第二十章

成都市锦江区服务业发展研究[①]

锦江区是成都市的核心城区，是承载和充分发挥成都城市功能的主要区域。锦江区的经济发展与产业结构优化升级，不仅能够凸显本区的产业结构特色和增强核心竞争能力，而且更加有助于提升和完善整个成都市的现代服务业功能，并对成都市顺利完成统筹城乡的战略任务，发展成为西部地区最具吸引力、辐射力和影响力的现代化中心城市，带动成渝经济圈乃至西南地区的经济崛起起到重要的支撑作用。

因此，着力打造锦江区的现代服务产业，强化现代服务功能，是锦江区经济发展和产业结构调整战略中的核心问题。

这就迫切要求锦江区审时度势，根据自身经济发展条件和比较优势，进一步确立产业结构调整的方向和重点，明确服务业发展的功能定位和发展目标，以实现锦江区的长期稳定可持续发展。

① 本章是国务院发展研究中心市场经济研究所课题《成都市锦江区产业结构优化调整研究》(2007) 的总报告。

一、锦江区加快经济结构调整和促进服务业发展的紧迫性

（一）在成都市的重要地位要求锦江区产业结构优化升级

在成都市九区十县的行政区划中，锦江区与青羊区、金牛区、武侯区、成华区等五个城区是成都的核心区域，是四川省和成都市的政治、经济和文化活动中心。同时还是辐射西南地区的科技、商贸、金融中心。锦江区土地面积62.1平方公里，常住人口42万余人，是成都市面积最小、人口密度最大的行政区。

锦江区也是成都市现代服务业的主要聚集区。2006年，全区服务业创造的增加值占全市服务业增加值的比重达12.4%，社会消费品零售额占全区总额的16.7%，均位居全市各区、县之首。锦江区服务业发展基础好，优质资源多，服务功能齐全，对周边地区的影响力大，服务功能和作用显著。在辖区内坐落着中共四川省委、四川省人民政府等省直机关，中共成都市委、成都市人民政府等市直机关与锦江区隔河相望，聚集着许多政务资源，是四川省政治中心；锦江区有着悠久的商贸历史，自唐宋以来，便因“百业云集、市廛兴盛”而饮誉川西。目前春熙路、盐市口等商圈集聚了20多家大型百货店和大型专业批发市场，是四川省大型流通企业最密集区域，吸引西南各地的服装服饰在此集散，引领着西南地区消费时尚与潮流，是“成都市现代商贸发展试验区”和“商贸繁华区”。锦江区内众多的大型酒店和高档商务楼，吸引了大批国内外知名企业的总部、办事机构在此进行商务活动，已经发展成为成都市的中心商务商业区；区内聚集了大量的金融、保险、信息、广告、中介、文化等现代服务业企业，为生产制造企业提供高端服务，其服务能力已经辐射至成渝经济圈乃至西部地区。锦江区的功能和作用位居五城区之首，是成都市功能战略定位的基础和核心，对于成都市整体战略目标的实现发挥着决定性作用。

在《成都市国民经济和社会发展十一五规划纲要》中，锦江区被确定为成都市主要的服务业优先发展区，发展重点是现代服务业，建立现代服务业集聚发展区。可见，锦江区作为城市核心功能区，在整个成都市的经济发展中居于重要地位，成都市发展战略赋予锦江区加快发展服务业的重任，成都市发展目标的实现有赖于锦江区服务业的优先发展和龙头带动作用。

（二）资源环境的约束迫切要求锦江区大力发展服务业

锦江区在经济发展中，受到明显的资源和环境的制约。锦江区仅有62平方公里的区域面积，可利用的土地规模有限，人口密度大、经济活动单位多，加上锦江区位于成都市东南的通风道上，对制造业和农业加工业发展形成极强的环境约束。对于需要土地和空间进行发展的农业和大型工业而言，其发展空间受到严格限制，决定了锦江区不可能形成以农业或大型制造业为主的产业结构格局。

与此同时，随着成都市以及锦江区经济的快速发展，城市化的推进，近年来土地价格大幅上涨，劳动力成本逐步上升，商务成本和经济活动成本不断提高，使一些低附加值的传统产业的发展受到强大的挤压，进而使区内经济保持持续发展的难度加大。这些因素都决定了在新时期锦江区要继续保持经济快速发展，就必须加快产业结构调整和促进产业升级，尤其是重点发展具有较强资源和要素整合能力的高端服务业。

（三）完善成都服务功能迫切需要锦江区探索服务业发展新思路

锦江区作为成都市的核心城区，最有条件成为成都市的中央商务区（CBD）。即以服务业为主体，为区内外各种企业的经营活动提供全面、完善的专业化服务的城市功能区域。从服务业发展水平和服务功能的格局来看，锦江区的传统商贸行业占据了服务业的主导地位。虽然在锦江区，特别是在春熙路、盐市口商圈，已经进入了一些国际金融机构、跨国公司和国内企业的企业总部、国内外传媒机构，区内也有高档饭店、写字楼、旅游饭店等服务设施资源，但是围绕企业经营活动并为其提供服务的各类商务服务业，尚未在锦江区形成集聚效应，使得相关的商务服务功能明显地缺失，影响了锦江区服务业的现代化和整体功能的发挥。

（四）其他中心城市发展服务业的思路为锦江区提供了经验

进入“十一五”时期以来，北京、上海、广州、杭州等一部分全国性或区域性中心城市在落实科学发展观，加快产业结构调整过程中，都已将服务业的发展提上了重要议事日程，明确了服务业发展的方向和定位、发展重点和主要的政策措施（见表20.1）。

这些中心城市的服务业发展还有一个共同规律，就是主要任务和发展重点都集中在其中心城区或核心区域。以北京为例，服务业发展主要集中在包括东城、西城、宣武、崇文等中心城区和朝阳、海淀、丰台等重点发展区域，CBD、金融街、创意产业基地等均集中在这些区域。这几个城区的服务业产值占全市的比重已经超过80%。由于各城市中心城区所承担的城市功能不同，决定了服务业发展重点和主要内容也有所不同。但其共性都是因地制宜，从本区基础和实际出发，选择最适合本地发展的重点服务行业和领域，并结合各自特点进行新的探索。上海静安区是上海的中心城区之一，区内现代商贸业发达，中西文化交融，历来是上海中心商业商务区和对外交流的窗口。为了实现把上海建成国际经济、金融、贸易和航运中心的发展战略，上海市政府赋予静安区发展的任务，是建成高品位商业商务区和高品质生活居住区的“双高战略”。为此，静安区在“十一五”规划中明确提出了“加速现代服务业集聚区建设，完善区域功能布局，国际品牌汇集度居全市前列，现代服务业增加值比重达90%以上”的服务业发展目标。

表 20.1　北京、上海和广州发展服务业的思路比较

城市	总体目标定位	主要发展的行业	主要政策措施
北京 《北京市“十一五”时期服务业发展规划》	进一步加快首都服务业的优化升级，不断增强全国文化中心、金融管理中心和国际国内交往中心的功能，大力推进现代商务中心和科技创新中心建设进程	1. 优先发展文化创意产业：做强做大文艺演出、出版、广播电影电视、广告等优势产业，不断壮大创意设计、动漫、网络传媒、网络游戏等新兴产业 2. 大力发展生产性服务业，包括金融业、信息服务业、科技服务业、现代物流业、商务服务业、会展业 3. 加快发展消费性服务业，包括：商贸服务业、教育培训业、旅游业、房地产业、体育产业、医疗卫生业、社区服务业等	1. 深化改革开放，营造良好的市场环境：放宽市场准入，深化对外开放和区域合作，完善行业标准和行业规范，加强知识产权保护和信用体系建设 2. 实施品牌战略，提升竞争力：大力推进品牌建设，促进产业集团的形成；扶持中小企业发展 3. 推动政策聚集，健全政策体系：充分发挥政策的集成和导向作用；全力打造重点服务功能区；建立服务业发展引导资金；加大投融资支持力度 4. 加强组织协调，强化基础工作：加大组织协调力度，加强调查统计和分析研究工作，建立健全行业协会
上海 《上海市加速发展现代服务业实施纲要》 《关于上海加速发展现代服务业的若干政策意见》	着力提升功能型服务业，大力发展知识型服务业，延伸发展生产性服务业，改造提升传统服务业，加快构筑与现代化国际大都市相适应的"高增值、强辐射、广就业"的现代服务业体系，进一步增强服务全国的能力，提高国际竞争力	1. 提升金融、商贸、物流、房地产等支柱行业，努力保持四大行业持续、稳定发展 2. 培育壮大信息服务、航运服务、会展旅游、中介服务等新兴行业。努力实现新兴行业跨越式发展 3. 突出发展文化娱乐、教育培训、医疗保健、体育健身等潜力行业。大力推进市场需求潜力大的社会事业部分领域产业化发展；整合社区服务资源，提升社区服务功能，不断满足市民多层次的物质文化需求	1. 降低准入门槛，简化审批登记注册手续，地方不另增设前置性审批事项 2. 加快改革开放：对参与改制、重组的各类现代服务业企业，按照地方和国家有关政策给予税费等方面优惠；保障和完善基本公共服务，落实相关试点政策；对于引进企业总部等相应给予在房价、地价或房租补贴等 3. 推动技术创新：以抵扣应纳税所得额、专项资金支持等方式鼓励创新 4. 对金融服务业、现代物流、文化产业、中介服务以及电子商务等给予重点支持；在构筑人才高地、实施品牌战略、营造发展环境等方面做具体部署

续表

城　市	总体目标定位	主要发展的行业	主要政策措施
广州 《关于加快服务业发展的意见》 2005 年 11 月	使广州成为带动全省、辐射华南、影响东南亚的区域性综合服务中心	1. 加快发展金融、物流、会展和中介四大生产服务业 2. 推动发展信息和文化两大新兴服务业 3. 巩固提升商贸和旅游两大传统优势服务业	1. 规范行业管理，调整相关政策，强化信用建设，营造良好的发展环境 2. 完善行业标准，鼓励技术创新，实施品牌战略，加快提升整体素质 3. 不断深化改革，放宽服务业的市场准入，加大事业单位改革力度，加快后勤服务业的社会化进程 4. 加强对外合作，鼓励服务进出口，推动服务国际化 5. 强化实施人才战略，搭建平台引进人才，加强合作培养人才，强化激励稳住人才 6. 加强服务业规划引导，加大对服务业的扶持力度，建立服务业发展考评制度

表 20.2　北京市东城区与上海市静安区服务业发展的思路

城市核心区	总体目标定位	主要发展的行业	主要政策措施
北京市东城区 《东城区"十一五"时期现代服务业及东二环交通商务区发展规划》 《东城区人民政府关于促进重点行业优先发展的鼓励措施》	大力发展知识型服务业，改造提升传统服务业，建成全国一流，具有示范性的现代服务业集散地	作为首都功能核心区，东城区将电信业、金融保险业、中介服务业、文化旅游业、现代流通业、计算机服务和软件业等六类行业的大型总部企业作为发展的重点	1. 加强领导，组织实施发展规划，发挥规划导向作用 2. 完善政策，加强引导，落实已有的鼓励重点行业发展的政策，例如，房屋补贴、税收返还奖励等；细化各重点行业的发展措施，加大对服务业的扶持力度 3. 深化改革，激发市场主体活力 4. 扩大对外开放，充分利用外资促进现代服务业的发展 5. 加强市场法规和制度建设，维持良好的市场秩序 6. 深入实施总部战略，发挥总部的吸纳力 7. 加大宣传力度，搭建产业融合发展平台，进一步优化发展环境，拓宽投融资渠道，推进信息化建设

续表

城市核心区	总体目标定位	主要发展的行业	主要政策措施
上海市静安区《加快推进现代服务业2007年行动计划》	把我区现代服务业发展融入上海新一轮发展规划，加速形成服务业产业体系。努力打造国际购物标志性地区、国际专业服务业重点地区和国际时尚文化主流区域。	以拓展高端产业链为目标，注重引进创意设计、研发策划、营销中心、品牌展示中心等生产性服务业，集聚总部经济、旗舰店。加快发展传媒、广告、金融、会计、法律、信息咨询行业；培育壮大金融、人才、经纪、认证、仲裁行业；大力发展文化娱乐、教育培训、医疗保健、体育休闲、社区服务行业。提升专业服务业的国际化能级，形成多元化的社会服务领域和业态。	1. 利用区域社会事业资源为入驻企业员工提供健康、文化、交友、生活等各方面的服务，构建政府与企业之间的交流平台 2. 开拓为中小企业多渠道的融资服务，满足广大中小企业多方面的融资需求，支持企业做大做强 3. 集中整治道路交通秩序 4. 建设诚信体系，营造诚信环境。结合“静安诚信网”的建设，主动公开信用信息，深入推行诚信收费公开制度，确保收费更加合法、合理、规范、透明 5. 加强和完善服务业统计工作，提高服务业的统计覆盖率，加强对现代服务业的跟踪和对统计数据的分析 6. 探索加快推进现代服务业体制的创新，组成专门协调机构，对静安南京路集聚区整体形象的宣传和展示、“一街五区”项目的实施，进行整体策划和包装 7. 安排现代服务行业发展导向资金，用于国家引导资金的配套，以及支持现代服务业集聚区、信息化改造传统服务业、服务业发展的公共平台、关键领域和薄弱环节的重点项目建设和贷款贴息 8. 调整和充实静安区现代服务业发展领导小组成员

二、锦江区服务业发展的现状与主要特征

（一）服务业已成为锦江区经济发展的支柱与主要动力

（1）服务业的主导地位已经确立。进入新世纪以来，锦江区经济发展不断加速，2006 年，全区实现地区生产总值 260.3 亿元，其中，三次产业的产值分别为 0.94 亿元、93.96 亿元和 165.50 亿元；地方财政收入达到 10.3 亿元，完成全社会固定资产投资总额 182.8 亿元；社会消费品零售总额实现 192.6 亿元；农民人均纯收入达到 7269 元；引进区外资金 56.9 亿元。锦江区区域综合竞争力在全省名列第一，在成都市五个中心城区中，具有一定的比较优势。

从产业结构看，全区服务业规模持续扩张，在经济中的主导地位已经确立。2006 年，锦江区第三产业产值达到 165.50 亿元，是 2000 年的 2.4 倍；第三产业占全区 GDP 的比重达到 63.6%。服务业已经成为锦江区经济发展中具有决定性影响的主导产业（见图 20.1）。

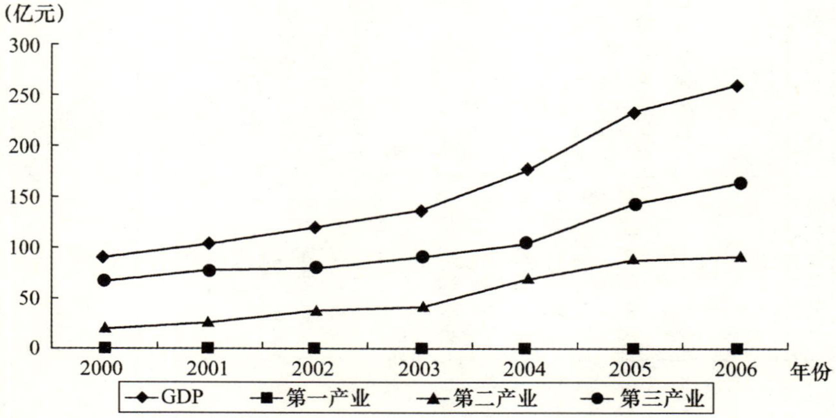

图 20.1　2000～2006 年锦江区 GDP 及三次产业发展趋势

资料来源：成都市锦江区。

（2）服务业对全区经济增长的贡献率显著提高。进入新世纪以来，三次产业对锦江区经济增长的贡献率发生了明显变化。2001～2006年，第一产业对锦江区GDP增长的贡献率始终低于1%，个别年份甚至为负值；第二产业（特别是制造业）虽然总体规模仍在扩大，但对GDP增长的贡献率却出现下降趋势。2006年，制造业的贡献率为11.3%，比贡献率最高的2003年下降了40多个百分点。与此同时，服务业对经济增长贡献率则呈明显提高的态势。2006年，第三产业的贡献率达到82.6%，比“十五”期间的平均贡献率高出近20个百分点（见表20.3）。锦江区服务业的规模扩张及其对经济增长贡献率不断提高，表明服务业已经成为带动锦江区经济快速发展的主要动力。

表20.3　2000～2006年锦江区三次产业结构及产业贡献率

年份	GDP（亿元）	第一产业（亿元）	贡献率（%）	第二产业（亿元）	贡献率（%）	工业（亿元）	贡献率（%）	第三产业（亿元）	贡献率（%）
2000	91.19	0.95	—	22.24	—	16.81	—	68.00	
2001	104.14	0.98	0.23	25.71	26.70	19.28	19.07	77.44	73.07
2002	119.56	1.1	0.80	37.99	79.63	28.49	59.73	80.47	19.57
2003	138.18	1.28	0.96	45.02	37.75	31.81	17.83	91.88	61.29
2004	175.91	0.96	-0.84	69.13	63.90	57.91	69.90	105.82	36.94
2005	235.24	0.85	-0.21	89.59	34.48	73.29	25.94	144.80	65.73
2006	260.30	0.94	0.36	93.96	17.04	76.13	11.33	165.50	82.60

资料来源：成都市锦江区。

（3）服务业已经成为吸纳劳动力就业的主渠道。服务业的较快发展，为锦江区创造了大量的就业机会，成为吸纳劳动力就业的主要渠道。2006年，全区服务业从业人员占全区就业人员比重已接近60%，可以说，服务业在吸纳社会劳动力就业方面发挥了重要的、难以替代的作用。

（4）服务业已经成为全区税收的主要来源。2006年，锦江区一、二、三次产业提供的税收比例分别为10∶12∶78，全区约有4/5的税收来自于服务业。从税收增量看，2006年税收同比增加22908万元，其中，服务业税收同比增加15678万元，占全部税收增量的68.4%。不论是从总量还是从增量看，服务业都已无可争议地成为锦江区最主要税源（见表20.4、图20.2）。

表20.4　2005～2006年区级实得税收产业构成情况表　单位：万元

年份＼产业	第一产业（耕占税）	第二产业	第三产业	合　计
2005	3579	7648	45651	56878
2006	8505	9952	61329	79786

资料来源：成都市锦江区。

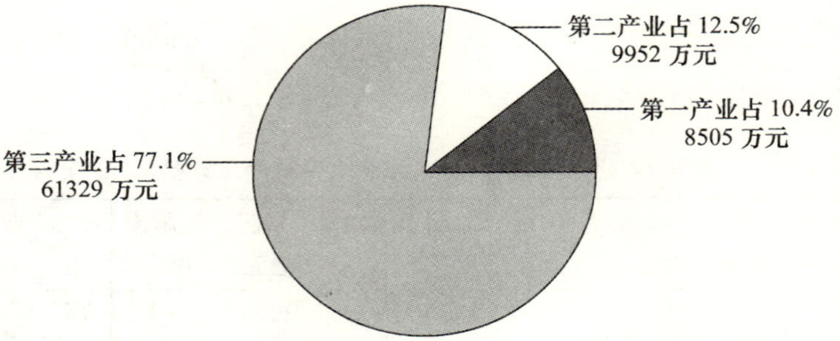

图20.2　2006年各产业实现税收情况

资料来源：成都市锦江区。

（二）锦江区服务业发展特征明显

（1）已形成以商贸业为主体、以房地产和金融业为支撑的服务业结构特征。位于锦江区的春熙路、盐市口两大商圈，历史上就是商家云集的商业中心。改革开放以来，随着经济发展和商品流通规模的扩大，锦江区商贸业发展更为活跃。春熙路、盐市口商圈已集聚了20多家大型百货店、超市和大型专业批发市场，是四川省大型商业流通机构最密集的区域，成为吸引国内外品牌云集、引领着西南地区消费时尚潮流的中心和国内著名的商业街区，还成为“成都市现代商贸发展试验区”和“商贸繁华区”。2006年，全区批发零售业增加值为42.6亿元，占全区GDP的16.4%，成为锦江区服务业中名符其实的主导产业。

商贸业的快速发展，带动了区域内商务服务业和房地产业的快速发展。大型酒店、高档商务写字楼的建设明显加快，吸引了大批国内外知名企业的总部、办事机构在此落户并开展商务活动；聚集了大量的金融、保险、信息、广告、中介、文化等服务企业。2006 年，锦江区的房地产业产值达到 28.6 亿元，占 GDP 的比重为 11%；金融保险业增加值 20.1 亿元，占 7.7%。锦江区已经形成以商贸业为先导，以房地产和金融为支撑的服务业结构特征。锦江区主要服务行业增加值和占 GDP 的比重如表 20.5 所示。

表 20.5　　2006 年锦江区主要服务业增加值情况一览表

分　类	增加值（亿元）	占全区 GDP 比重（%）
第三产业合计	165.5	63.6
交通运输、仓储和邮政业	3.2	1.2
信息传输、计算机服务和软件业	11.8	4.5
批发和零售业	42.6	16.4
住宿和餐饮业	11.5	4.4
金融保险业	20.1	7.7
房地产业	28.6	11.0
租赁和商务服务业	8.8	3.4

资料来源：成都市锦江区。

（2）服务业布局相对合理，产业集聚效应初步显现。作为成都市的核心区，锦江区服务业基础较好，商业氛围浓厚。在政府的合理引导下，服务业布局较为合理，形成了分别由商贸、金融、传媒、商务服务等行业集聚发展为特征的几大板块。例如，围绕春熙路和盐市口集中布局的商贸服务业板块；在督院街一带集中发展的金融和商务服务业板块；传媒业则主要集中在红星路一带发展。各大服务业板块都显示出明显的集聚发展特征。以金融保险业为例，锦江区现有金融机构 103 家，其中银行机构 60 家，占总数的 58.3%；保险机构 18 家，占 17.4%；证券机构 6 家，占 5.9%；财务公司、信托公司、基金公司、租赁公司等其他金融机构19家，占18.4%。全国4大国有银行中，有2家在锦江区设立了省分行；3家政策性银行中，有2家在此设立了省分行和市分行；股份制商业银行中，有2家在此设立了成都市分行；汇丰、渣打、荷兰银行等外资银行分别在锦江区设立了成都市分行；国内三大上市中资保险公司（中国人寿、中国平安、中国人民财产）中，已有两家在锦江区设立了分支机构；实力雄厚的新华人寿保险公司也在此设立了四川分公司。同时，近年来陆续进入成都市的中英人寿、中宏保险、中德安联、海尔纽约人寿、法国安盟等5家外资保险公司中，已有4家在锦江区设立了分支机构。重点服务行业的集聚发展，为锦江区进一步整合服务资源、扩大服务业规模、提升全区的竞争力和影响力奠定了较好的基础（见图20.3）。

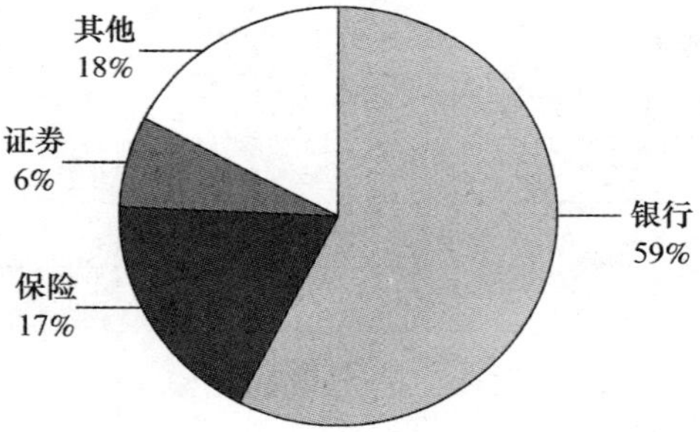

图20.3　锦江区金融机构构成情况

资料来源：成都市锦江区。

（3）服务业开放竞争的格局已经形成。尽管西部地区经济发展水平和开放程度总体上无法与东部地区相比，但成都市的经济开放程度却是西部地区城市中最为突出的。而锦江区作为核心城区，凭借良好的区位优势和服务业基础以及良好的市场环境，吸引了众多外商投资企业和国际机构来此投资。截至2006年，世界500强企业中已有108家进入成都市，进入锦江区的已有47家，占全市外资企业总数的43.5%。其中，既有汇丰银行、渣打银行、荷兰银行、中德安联保险等著名的外资金融、保险机构；也有知名的咨询和商务服务中介机构，如世界四大会计师事务所中，毕马威和安永会计师事务所已经进入锦江区；万宝盛华人力资源（中国）公司、世邦魏理仕、仲量联行、第一太平戴维斯等世界知名中介咨询机构也纷纷入驻锦江区。在商贸行业，繁华的春熙路、盐市口商圈不仅吸引了太平洋、伊藤洋花堂、家乐福、沃尔玛等国际零售业巨头的进驻，还吸引了王府井百货大楼等国内大型商业企业的投资。由此，锦江区服务业的开放和竞争格局已基本形成，成为推动锦江区服务业加快发展的主要市场力量。

（4）锦江区成为国内外服务业进入西部市场的总部基地。引人注目的是，在进入锦江区的国内外服务企业中，有相当部分是这些企业和机构在西部地区的区域经营与管理总部。例如，在47家进入锦江区的500强跨国公司中，在此设立区域分公司的有26家，占55.3%；设立区域办事处的16家，占34%；设立代表处的有5家，占10.6%。世界银行、国际金融公司等国际机构也在锦江区设立了面向中国西部地区服务的分支机构——中国项目中心，这是世界银行和国际金融公司在中国除北京之外的唯一办事机构。可见，锦江区已经成为国内外企业和国际机构进入中国西部地区、并建立企业经营管理中心的总部基地。这种格局也进一步增强了锦江区的影响力和辐射力。

（5）政府对服务业的政策引导和扶持体系初步建立。锦江区现代服务业的迅速发展和合理布局结构的形成，主要得益于政府的积极引导和大力扶持。区委区政府始终对服务业的发展给予高度重视，并初步建立起政策引导和扶持体系。具体包括：对年度纳税总额在50万元以上新办企业的扶持；对已超过享受新办企业扶持政策期限的重点企业的扶持；增加扶持资金，用于服务业企业的技术改造、新产品开发、市场营销、实施品牌战略、配套基础设施建设、人才引进和培训和激励等方面；同时，政府还组织对重大招商项目和科技型、成长型项目进行专题研究，并强化招商引资协调服务等等。这些措施在促进服务业发展中取得了良好的效果。

（三）锦江区服务业发展中存在的主要问题

虽然锦江区服务业实现了持续快速发展，并为全区经济快速发展做出了重要贡献，但客观分析，锦江区服务业发展还存在着诸多问题，距发挥核心城区的服务业带动作用，完善成都中心城市服务功能的要求还有不小的差距。

（1）服务业结构总体上仍处于低度化，服务功能不完善。

一是传统服务业仍占主体地位，现代服务业比重较低。从服务业整体产出水平来看，锦江区以交通运输邮电、批零贸易、住宿餐饮为主体的传统劳动密集型服务业所占比重较大，约占服务业产出的35.7%；而包括金融保险业、信息传输、计算机服务及软件业、租赁和商务服务业等知识密集型、高附加值的现代高端服务业比重相对偏低，仅占锦江区服务业产出的24.5%（见表20.6）。服务业结构总体上仍处于低度化，现代服务业，特别是高端服务业还没有成为锦江区的主导产业。

表20.6　　成都市四城区第三产业增加值内部结构比较

	锦江区	青羊区	金牛区	武侯区
传统服务业	35.7	35.6	40.8	33.2
现代服务业（含房地产）	41.1	32.6	25.1	33.2
现代服务业（不含房地产）	24.5	25.1	16.9	19.6
交通运输、仓储和邮政	2.0	5.1	13.5	7.1
批发和零售	26.3	24.1	18.6	18.0
住宿和餐饮	7.4	6.4	8.7	8.2
信息服务业	7.3	7.0	8.7	8.7
金融	12.0	13.5	5.5	6.3
房地产	16.6	7.4	8.2	13.7
租赁和商务服务	5.3	4.7	2.7	4.5

资料来源：成都市锦江区。

二是服务业内部发展不均衡，有过度依赖房地产业发展的倾向。锦江区近年来的快速发展与房地产的快速发展密切相关，2006年，全区房地产业实现增加值在服务业中居第二位，而提供的税收则居第一位，已占全区总税收的42.2%（见图20.4）。锦江区房地产业在服务业中的比重与其他城区相比高出较多，房地产业畸重的特征非常明显（见表20.6）。这种结构的问题是，由于受土地资源的制约和国家相关土地调控政策的限制，未来锦江区房地产业可持续发展的资源和空间有限，一旦房地产业发展速度回落，锦江区的经济增长和财政收入都将受到较大影响。

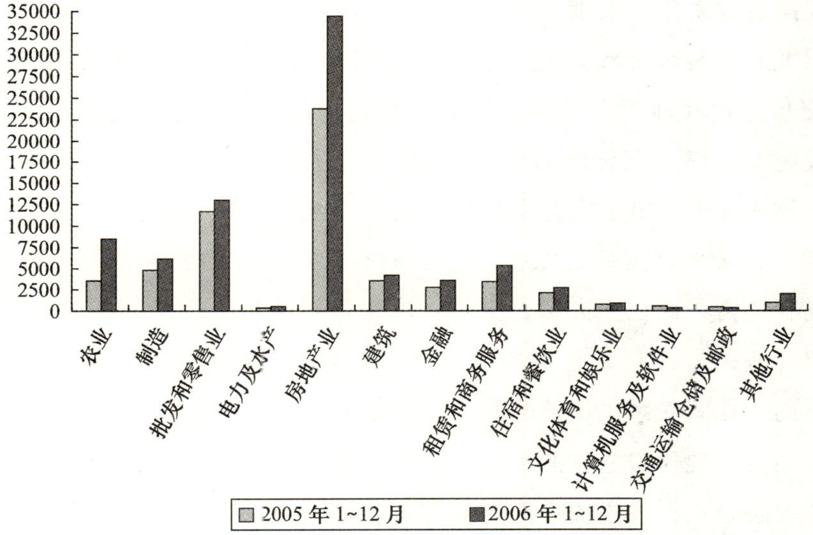

图20.4　2005~2006年锦江区服务业分行业税收情况

资料来源：成都市锦江区。

三是主要服务行业内部存在结构失衡。例如，在全区的金融业中，银行业居于绝对主导地位，而其他金融业务类型规模小、水平较低。从金融机构数目构成来看，银行业所占比重接近于60%，而证券等直接融资金融机构却不足6%。从金融业对财政收入的贡献来看，银行业贡献率为87.3%，有过于依赖银行业的现象。其他金融机构和金融服务业务发展相对较慢，金融业对锦江区经济发展的促进作用受到一定程度的限制。

四是社区服务业发展相对滞后。例如，面向社区和居民家庭服务的餐饮、保洁、家庭病床、敬老院、托儿所、保安等社会急需的服务行业供给明显不足。

（2）商贸流通业态结构相对单一，现代化水平较低。虽然锦江区服务业的产业规模较大，但现代化水平比较低。以锦江区最大规模的服务行业——商贸业为例，拥有两大著名商圈的锦江区，其零售业态基本以大型百货商店和个体店铺为主，传统业态占较大比重。而现代化购物中心、品牌专卖店、大型专业连锁超市等新型业态发展较慢。在批发方面，以九龙服装城为代表的专业批发市场基本上仍然采用传统的“三现”交易方式（即现金结算、现货交易和现场提货的传统交易方式），市场设施基本停留在传统的“退路进厅”的水平上，商品展示、信息服务、物流配送和电子商务交易等现代市场服务功能还没有全面展开。

（3）产业关联度低、综合服务功能有待提升。锦江区虽然服务业资源比较丰富，而且在商贸、金融、传媒等领域资源优势还比较突出，但资源优势并未得到充分发挥，主导产业对其他产业的带动作用也有限，不同产业间联系也比较薄弱，综合服务功能有待提升。

从国内外现代服务业的发展经验看，服务业内部以及服务业与制造业的产业融合正在成为提升服务业发展的基本趋势。如商贸业与设计、研发、会展等行业的融合不仅拓展了商贸业的发展空间，提升了商贸业的附加值，而且也直接带动和促进了设计、研发、会展、商务服务业等新兴服务行业的发展。锦江区内的各类服务业之间处于相对分散的发展状态，相互影响、相互作用的格局尚未形成。例如，商贸业与上游的研发、设计行业，尚未形成紧密的市场联系，商贸业与其他产业的互动、特别是对其他产业的带动作用未充分发挥，迫切需要提升综合性集成服务功能、并增强集聚性。另外，锦江区优势比较突出的传媒业，还尚未真正形成文化创意的产业链条和市场氛围。

（4）与服务业相关的公共基础设施亟待完善。服务业的提升和发展对交通、商务写字楼、会议会展、休闲生活等公共基础设施条件有较高要求。锦江区商贸功能的增强和高档次商务服务需求的大量增加正面临交通拥堵、停车困难等公共基础设施发展滞后的制约，服务业的进一步发展迫切要求改善公共交通等基础设施条件。

（5）行业组织发展滞后，未能发挥政府与企业间的桥梁和纽带作用。随着市场经济的发展和企业改革的深入，行业组织在经济发展中的地位明显提升，行业协会对于整个行业的健康发展，培育长期竞争能力，弥补政府行政工作的不足，构建政府行政退出机制，有重要意义。但现阶段锦江区服务业的行业组织发展还比较滞后。春熙路商会等行业协会尚处于发展的初级阶段，规模小，功能单一，行业协会的代表性不强，在作为区域内产业的代表参与产业政策制定和协调以及行业自律方面，尚未发挥明显的作用。

更为重要的是，锦江区的服务业协会作为行业管理组织，与政府相关部门的沟通较少，不能及时反映行业的情况和信息，也不能及时了解政府的管理和政策精神，未能发挥作为政府与企业之间联系的桥梁和纽带作用。在一定程度上造成政府的政策和规划与行业发展要求不一致、行业发展目标与企业发展要求不一致的问题。目前，尽管锦江区已经明确了发展现代服务业的战略目标，提出了重点发展的行业和领域，但政府的产业目标如何从产业链条、产业相互关联等方面真正落实还需要行业管理组织的全面配合，否则，执行起来问题将会比较突出。

（6）服务业发展缺乏有力的制度和政策保障。虽然近年来锦江区政府对服务业发展的重视程度不断提高，也有一些支持服务业发展的政策，但仍然缺乏强有力的制度和政策保障，其主要表现：一是服务业发展目标、方向不明确，其结果使得锦江区服务业难以得到合理有序的推进；已有的商贸流通服务优势不能得到提升和优化；经济发展所需要的更加多样化的服务功能不能发挥，高水平的服务企业也无法得到快速发展，并造成服务业整体发展水平波动起伏较大。二是统计工作发展滞后，对政府决策的支撑不够。服务业发展目标的确立和各项政策措施的出台需要首先对服务业发展情况做出准确判断，这就对服务业的统计工作提出了较高要求。但受我国原有统计体系等因素制约，现阶段服务业的统计工作还明显滞后，不利于政府对服务业发展做出全面准确判断，急需建立与服务业发展要求相适应的统计体系。

（7）服务业发展缺乏统一的管理机构和有效的协调机制。现阶段，锦江区服务业的管理总体上属于按行政区域划分的管理，但服务业自身发展越来越具有经济区域的特征，在这种情况下，需要从服务业发展的规律和要求出发，转变管理方式，特别是应当加强区域内各个街道办事处的发展规划协调，同时推进与其他区域，尤其是临近区域的共赢合作，使行政区域的管理能够成为推动服务业发展的因素，而要防止出现因一个经济区内存在多个行政主体造成协调困难和恶性竞争等问题。

三、新时期锦江区发展现代服务业的环境与条件分析

（一）优势与有利条件

（1）成都的经济优势为锦江区发展服务业奠定了现实基础。成都市是西部综合实力最强的中心城市之一。2006 年末，全市人口 1103 万人，约占西部地区总人口的 3%；国内生产总值 2750 亿元，约占西南地区的 1/10 强。改革开放以来，成都市发展潜力逐步发挥，特别是“十五”以来，经济增长迅速，经济综合实力和辐射能力增强，其区域性中心城市的地位更加突出。

一是成都市较为雄厚的工业基础为锦江区生产性服务业的发展提供了较大的市场空间。成都是西南地区重要的综合性工业基地，现已形成以电子、机械、食品、冶金、化工、纺织、建筑工业为主的工业体系，电子信息、生物与现代医药、新材料、光机电一体化、环保技术等高技术产业也已成为新的增长点。较为雄厚的工业基础和规模优势有助于形成对研发、设计、金融、商务服务等生产性服务业的规模需求，这就为锦江区相关服务业的发展创造了有利条件。

二是成都市消费市场规模大，消费引领作用突出，为锦江区的商贸、旅游和创意产业的发展创造了市场条件。成都市的消费型、休闲型城市特征非常明显。2005 年，全市社会消费品零售总额达 1006 亿元，排在上海、北京、广州、深圳、重庆、天津、武汉之后，居全国第九位（见表 20.7）。成都不仅消费市场规模大，而且在区域市场中发挥着引领作用，随着商品市场的扩大和完善，资金、技术、信息等要素市场的发展，成都大商贸、大流通、大市场的格局初步形成，辐射能力进一步增强，这又为商贸、时尚设计等创意行业的发展提供了更广阔的空间。

表 20.7　　2005 年直辖市及计划单列市部分指标对比

城　市	年末总人口（万人）	人均地区生产总值（万元）	社会消费品零售总额（万元）
北　京	1180.70	45444	28968163
上　海	1360.26	51474	29729715
天　津	939.31	35783	11900636
重　庆	3169.16	10982	12157584
广　州	750.53	69268	18987358
武　汉	801.36	26238	11286436
哈尔滨	974.84	18852	7881254
沈　阳	698.57	29935	9150855
成　都	1082.03	19627	10058833
南　京	595.80	40887	10049900
西　安	741.73	15940	6664782
长　春	731.50	23060	6000678
济　南	597.44	31606	8078776
杭　州	660.45	44853	9754346
大　连	565.33	38196	7320056
青　岛	740.91	33188	8659065
深　圳	181.93	60801	14376700
厦　门	153.22	44737	2718615
宁　波	556.70	44156	7598315

资料来源：《中国城市统计年鉴》(2006)。

（2）成都的区位优势及基础设施优势为锦江区发展服务业拓展了市场空间。从四川省内来看，成都作为四川省会城市，地处成都平原的中心，其周边扇形地分布有10个地级市和50多个具有一定规模和竞争力的产业集群，其整体经济基础较好，产业积聚程度较高。并与成都市的发展形成了相互拉动之势。

从更大的区域范围来看，成都市处在西部的中心，既是中国东部向西部延伸的前沿，又是联系和辐射包括重庆、贵州、云南、西藏、青海、陕西、甘肃等西部省区的重要枢纽性城市，也是连接中国西南和西北的重要桥梁和纽带，近年来又成为国际产业和东部企业向西部市场进军的重要“桥头堡”，区位优势十分突出。

成都市还是我国西部的交通枢纽和通信枢纽，具有比较完善的现代基础设施。以铁路、民航、公路为骨干的运输网络基本形成；成昆、宝成、成渝、成达四条铁路干线交汇于此；南昆线的开通使其拥有了出海通道，逐步具备了货物大进大出的条件；双流国际机场是全国六大航空港之一和西南地区的枢纽港，客流量居西部第一；成都是全国七大交换中心和九大邮政通信一级处理中心之一。

优越的区位条件和完善的基础设施，为成都市及锦江区服务业的发展和要素聚集提供了基础和先决条件，为服务业发展提供丰富的资金、人才、信息、技术资源准备了必备的外部环境，也极大地提高了成都及锦江区服务业的辐射力和影响力，使服务业的快速发展和功能提升具有更为现实的可能性。

（3）成都的科技教育和人才优势是锦江区现代服务业发展的关键要素。知识密集型、高附加值是现代服务业的典型特征，这也意味着发展现代服务业对科技、教育和高素质人才资源有较高的要求。成都作为四川省会和具有长期文化历史传统的城市，在科技、教育和环境等的优势比较明显，使成都成为全国人力资源最为丰富的城市之一。

科技优势。2006年全市拥有2500多个各级各类科研和技术开发机构，共有各类科技人员约60万人，拥有科技人员总数和每万人拥有科技人员数均居全国大城市前列。而且锦江区在农业研发、建筑设计等方面集中了一些西部知名的科研院所，科研资源和研发实力较为雄厚。

教育优势。成都具有西部地区最好的教育资源，在全国大中型城市中具有较高的地位。2005 年，成都市普通高等学校 38 所，在校生总数达 482692 人；普通中等专业学校 32 所，在校生总数 80666 人；职业中学 36 所，在校生总数 67580 人。2005 年成都市普通高校等研究生培养机构招生 17923 人，毕业生 9736 人，在校研究生 49406 人。

环境优势。成都优越的生活环境和完善的城市功能对人才有很大的吸引力，有助于吸引产业发展所需要的人才，而人才的集聚将进一步推进现代服务业的快速发展和结构升级。

（4）独特的文化与传媒资源使锦江区具备了创意产业发展的优势。在浓郁而独特的历史和文化的熏陶下，锦江区文化底蕴深厚，为文化创意和旅游等产业发展提供了基础。美丽的锦江区是一片闪烁着古代文明富有魅力的城区，悠久的历史带来荆楚文化、秦陇文化、中原文化，使锦江区得以集各地文化的精华而不断丰富发展。锦江区是中国古老的烧酒之乡、商贸之乡、壁画之乡、纸币之乡、藏书印刷之乡、蜀锦之乡、陶瓷之乡、川剧之乡、川菜之乡、书院之乡。这里有世界上第一张纸币的诞生地——交子街、有号称“天线丛林”的著名千年古刹——大慈寺、有展现四川千年酒文化历史的“水井坊”、有号称“中国的左拉”的著名现代作家李吉人的故居，还有“锦城艺术宫”、“川剧艺术中心”、川剧博物馆等全国闻名的文化艺术重地。

锦江区还具有独特的传媒资源，集中了《四川日报》、《成都日报》、四川电视台、成都电视台等多种媒体机构，也吸引了一些国内大型媒体和信息传播机构进入，建立了面向西部地区的新闻采集中心、分印和发行中心等区域性运作机构，并以红星路为核心初现集聚特征，是锦江区进一步发展传媒和信息服务业、吸引新兴媒体、打造西部地区信息中心和传媒中心的重要优势。

（二）锦江区发展现代服务业面临难得的机遇

随着改革开放不断深入和市场经济向纵深推进，以及国家西部大开发战略逐步贯彻落实，涵盖云贵川藏等省（自治区）的西部经济圈进入了快速发展阶段。西部整体经济水平的快速提升，突出了成都作为区域性中心城市的重要性。锦江区作为成都市的核心城区，其服务业发展面临着前所未有的发展机遇。

（1）国家经济结构调整和着力发展现代服务业的战略，为锦江区服务业加快发展提供了政策机遇。经济结构调整和经济增长方式转变是“十一五”期间国家发展规划的主线和战略目标，依靠科技进步、机制创新、劳动者素质提高，以及效率提高来实现经济增长是“十一五”乃至更长时期的战略任务。要实现这样的战略目标和任务，对第三产业和现代服务业的发展，实现集约型增长提出了新的、更高的要求。国家服务业“十一五”规划中提出，“十一五”期间服务业发展的总体目标是：服务业增加值占 GDP 比重进一步提高，内部结构不断优化，产业素质和竞争力不断提升，并明确提出大城市要把发展服务业放在优先位置，有条件的要逐步形成服务业为主的产业结构。

为此，国家采取了多种政策引导服务业健康发展。“十一五”规划中明确提出，国家将加强货币政策与包括财政在内其他政策的协调配合，积极扩大国内消费需求，优化投资结构，加快经济结构调整和增长方式转变，促进产业结构优化。国家扶持服务业发展的主要政策措施有：

一是放宽服务业市场准入。国家进一步放宽外贸、教育、文化、中介服务等行业市场准入的资质条件，鼓励非国有经济在更广泛的领域参与服务业发展。在市场准入、土地使用、信贷、税收、上市融资等方面，对非国有经济实行与国有经济同等的待遇。这将有利于消除锦江区产业结构调整的制度性障碍，为其加快产业调整步伐，大力发展新型服务业提供了历史性契机。

二是多渠道增加服务业投入。中央和地方各级政府安排了一定数量的投资，作为加快发展服务业的引导资金，吸引银行信贷资金和社会投入；加大了银行对服务业的信贷支持；鼓励符合条件的服务业企业进入资本市场融资；创造条件，逐步解决某些服务行业用水、租金、用电价格不合理问题。这些措施对于发展初期投入较高，见效慢、风险大的动漫、信息软件等知识密集型行业具有重要的推动作用。

（2）国内外产业转移为锦江区服务业发展带来新的机遇。随着经济全球化的深入发展和国际产业结构调整的加快，全球范围内的产业分工格局正在发生变化，跨国公司研发全球化和本地化趋势更加明显。除传统的制造业外，其他生产经营环节如研究与开发、设计、中试和公司总部等，也都出现了向其他地区转移的趋势；转移范围和规模不断增加，技术层次不断提升；高附加值的高端制造环节，成为新一轮国际产业调整转移的主要内容。目前，中国已经成为国际产业转移的主要承接地。其主要特点，一是国际产业转移与世界工厂的形成相一致，据调查，全球 1000 家最大的跨国公司之有 1/3 表示把中国作为直接投资首选地；二是国际产业转移与科技的创新转移联系在一起，因为当前的转移是在新技术革命的背景下发生的，电信和 IT 等高科技产业的国际厂商大幅度削减在欧美的生产能力，同时扩大在亚洲地区的生产规模，其中零部件和后端生产线大量向中国转移，初步形成了全球范围内的垂直分工体系。三是与制造业转移相伴随，全球服务业也正在通过项目外包、业务离岸化、外商直接投资等方式向中国加速转移，以更好地服务于在中国的制造业投资。由于在国际产业转移中通常表现为核心产业带动下的服务及配套产业的整体转移，这就为承接地扩大产业发展空间、调整结构提供了难得的机遇。

与此同时，近年来随着市场竞争的加剧和东南沿海地区经营成本的上升，上海、广东、浙江、江苏等发达地区的大量富余资金正在向外寻找投资项目，产业和资本向内地梯度转移的迹象十分明显。其中，以长江为轴线，以成都重庆为据点向西部扩展的“西进”路径是国内产业转移的一个主要方向。

值得注意的是，产业和资本的转移不仅非常重视转出地和承接地的成本差异，而且非常重视承接地的配套条件和综合服务能力。目前全球的经济总量中服务业已占60%以上，外商直接投资总额一半以上流向服务业。根据城市空间布局的理论和中国北京、上海等大城市的发展经验，城市的中心城区将成为金融、保险和信息等高端服务业转移的主要承接地。同国外和东部地区相比，成都不仅成本优势明显，即使与西部其他中心城市相比，成都市在产业配套条件、市场容量、经济综合实力、辐射范围和服务业发展基础和综合服务能力等方面也具有比较优势，对国内外产业转移具有更大的吸引力，这就为成都和锦江区服务业的发展提供了新的机遇。

（3）四川省实施工业强省战略为锦江区现代服务业发展提供了新的市场空间。2006年3月，四川省委省政府颁布了《中共四川省委四川省人民政府关于实施工业强省战略的决定》，明确提出要强力实施工业强省战略，并系统地阐述了实施工业强省战略的目标、方式、途径和政策措施。根据《决定》，四川省将全面加快建设区域特色优势产业带，重点突出成都、川南等五大经济区的各自优势，形成一批优势突出、特色鲜明、功能齐全、配套完善的产业集群或工业集中区（工业园区）。工业强省战略的实施不仅会推动制造业进入快速发展的新阶段，而且对服务业、特别是生产性服务业的规模扩大和功能提升提出了新要求。由于成都之外的其他城市服务业发展水平相对较低，综合服务能力弱，四川工业的快速发展客观上需要成都更好地发挥综合服务功能，特别是需要大力发展为四川省优势产业服务的生产性服务业，这就为锦江区发展现代服务业提供了广阔的市场空间。比如，实施工业强省要求大力发展为生产环节服务的金融、信息、商贸、商务服务等行业，这些行业锦江区都具有较好的发展基础，锦江区可借助工业强省战略的契机，争取资源，快速发展，实现流通业现代化，形成布局合理、结构优化、服务优质、有较强竞争力的大流通、大贸易格局；拓展金融、信息服务业，完善服务功能；促进法律、咨询等商务服务业发展，进一步提高综合服务能力。并成为锦江区加快从传统服务业向现代服务业转变，发展知识密集型现代服务业的一大契机。

（4）西部大开发进入新阶段为锦江区实现服务功能的提升提供了机遇。在基础设施条件显著改善后，从“十一五”开始，西部大开发进入产业发展和生态环境保护并重的新阶段。国务院批复的《西部大开发“十一五”规划》将继续贯彻落实一系列缩小西部与东部的差距的政策和措施，引导资源加工型和劳动密集型的产业向西部地区转移；引导人才向西部流动等等。随着西部地区经济水平和自生能力不断提高，对现代工业产品和服务的需求规模和需求质量持续扩大，西部地区的制造业和相关生产性服务业将进入更高层次的快速发展阶段。

与此同时，随着西部地区市场化程度的不断提高，居民消费规模也会进一步扩大，消费结构升级也将加快，对各种新型生活服务的需求也将显著增加。作为西部地区的中心城市，成都市历来为西部的商贸和物流集散地，交通发达，人口密集、流动频繁，市场容量巨大、消费示范作用突出。在西部地区经济社会发展对服务需求日趋扩大的背景下，成都及锦江区的服务业发展将进入规模扩张和功能提升的新阶段，并有望成为我国西部现代服务业的龙头。

（5）成都成为国家统筹城乡改革试验区为锦江区服务业发展带来新的机遇。2007 年，成都和重庆被国家确定为全国统筹城乡综合配套改革试验区。这是中国首次设立统筹城乡综合配套改革试验区，目的在于加快改变城乡二元结构体制，全面推进各个领域的体制改革，并在重点领域和关键环节率先突破、大胆创新，尽快形成统筹城乡发展的机制。在此背景下，作为成都市的核心城区，锦江区可以充分利用“先行先试”的试点优势，探索区域内外资源优化整合的方式。例如，在综合配套改革试验区的权限内探索区域经济社会发展的新规律、新途径和新措施，实现地方本身的制度创新，从而有效突破制约经济发展的体制束缚，促进资本、产业、技术和人力等资源在区域内的市场化流动，提高资源配置效率。

（三）锦江区发展现代服务业面临的约束和挑战

（1）来自其他中心城区的竞争和挑战。“十五”以来，成都市各中心城区明显加快了服务业发展步伐，并将商贸、商务等行业作为服务业发展的重点。相似的产业定位决定了不同城区之间存在一定的竞争关系，近年来竞争有进一步加剧的趋势，造成了有限的服务业资源的相对分流，这会在一定程度上增大锦江区加快发展服务业、吸引高端服务业资源的难度，并在一定程度上制约锦江区现代服务业的发展空间。

一是商贸业面临来自其他城区的竞争日趋激烈，锦江区的优势在缩小。随着成都城市化进程的加快和城市空间的不断拓展，成都商贸资源近年来出现了分流趋势。2000 年，锦江区的商贸业同金牛区、武侯区和青羊区相比，居于绝对主导地位，其商贸总额甚至相当于金牛和武侯两个城区商贸业的总和。但到 2006 年，锦江、青羊、金牛和武侯的商贸总量基本上已不相上下，锦江区已经不具有绝对优势（见图 20.5）。由于其他城区商贸业的加速发展，成都市的传统商贸格局正在发生变化，商贸活动正在从单极向多极、从单一中心向多中心发展，荷花池商业带、双楠—光华商业带、金沙商业带、城南商业带等开始吸引越来越多的购物者，而春熙路、盐市口商圈的商贸业在成都市商贸业中的领先地位相对弱化。

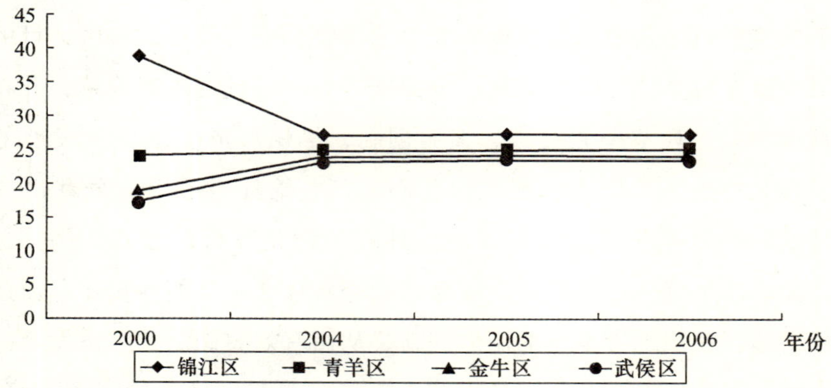

图 20.5　成都市四城区商贸相对权重的时间趋势图

二是金融、商务服务业发展面临其他区域的挑战。由于成都市不同区县呈扇形放射分布，各个辖区内都有自己的核心地段。自从成都市行政规划重新划定后，青羊区、武侯区等都准备发展自己的核心商务、商贸区，大力发展以现代服务业为核心的第三产业。青羊区的核心商务区发展迅速，该区域的规划中明确提出要大力发展现代服务业，充分利用集聚效应发展商贸和酒店。除了建设中央商务区外，青羊区也要发展建设西部区域性金融中心和区域性商务中心。这些都和锦江区的定位如出一辙。相同的定位和同样的区位优势会对锦江区现代服务业发展产生直接的影响。

三是其他区域信息软件产业发展迅速，锦江区则明显处于劣势。2005 年，成都市 210 家重点软件企业主要集中于高新区和武侯区。高新区成立了天府软件园、高新孵化区等产业园区；武侯区成立了武侯科技园区和科技创业服务业中心等高科技企业孕育基地。都江堰则正在建设近 10 万平方米的东软软件园。锦江区则没有一个高科技专业园区。从高科技企业产值来看，锦江区只占到了高新区和武侯区总产值的零头。

高新区和武侯区的产业园区享受国家的政策优惠，经过几年的发展，产业集聚效果正逐步呈现。随着半导体产业的聚集，成都高新区内的集成电路设计企业已超过 50 家，高新区已成为继以上海为中心的长三角地区和以北京、天津为中心的环渤海地区之后的集成电路第三极。锦江区在发展同类产业上与高新区和武侯区存在较大差距。

表 20.8　　成都高科技软件产业跨区比较

	软件企业数比重（%）	产值（亿元）
高新区和武侯区	67.82	131.01
锦江区	4.79	0.02

（2）全国性和其他区域性中心城市服务业快速发展带来的挑战。近年来，国内许多城市，特别是东部沿海经济发达的特大型城市，如上海、北京、广州等，都重点致力于现代服务业，提升城市服务功能，扩

大辐射能力和影响力，并由此形成了针对服务业资源的激烈竞争。例如，在发展 CBD 方面，北京、上海等城市之间各有优势和规模巨大的腹地经济资源，对发展 CBD 资源的争夺非常激烈，尤其是在跨国公司总部、现代服务业的转移等方面的竞争十分激烈。据不完全统计，《2002－2003 年北京投资指南》列举的北京市 100 家著名跨国投资公司有 16 家地区总部设在上海（如三菱商事、通用电气、联合利华、联邦快递、巴斯夫、贝塔斯曼等），拜尔和汉高两个化工巨头已经将投资性公司整体迁往上海。国际化大都市以及经济中心城市服务业领先发展，及其对服务业资源的争夺，会进一步促进服务业发展向东部发达地区的大都市和经济中心城市的集聚，可能在一定程度上影响其他地区，特别是西部地区城市的服务业发展，或者被动地接受经济发达地区或国际化大都市及经济中心城市的服务。

（3）西部地区各中心城市之间的竞争将分流服务业发展资源。进入“十一五”时期后，重庆、西安、昆明、南宁等西部地区的中心城市都加快了服务业发展步伐，对服务业资源、特别是高端服务业资源的竞争将会日趋激烈。由于重庆和成都毗邻，且同处成渝经济圈内，辐射区域和重点发展产业上有诸多相似之处，应特别重视重庆发展现代服务业对成都及锦江区的影响。

重庆作为我国特大城市之一，一直是西南地区和长江上游的经济中心，也是重要的交通枢纽和内河口岸，在中西部经济发展中具有重要的战略地位。2006 年的《全球城市竞争力报告》利用 75 个指标对全球 110 个城市进行了计量与评估。其中唯一入选的两个中西部城市成都和重庆分别排在 94 位、108 位。相近的排名凸显了成都和重庆在中西部区域并驾齐驱的核心地位，也暗示了两个城市在吸引高端服务业资源方面客观存在的竞争。

尤其值得关注的是，重庆成为直辖市后，基础设施条件显著改善，竞争力不断提升，《2005－2006 年中国总部经济发展报告》对重庆和成都发展总部经济能力的排名显示：在全国 36 个重要城市中，重庆的商务设施位于第5位，而成都列于第8位。由于同属西南地区中心城市，重庆在发展总部经济等现代服务业过程中将对成都市构成直接的竞争压力。对锦江区而言，竞争的直接压力将来自重庆市解放碑CBD，甚至包括重庆的江北观音桥等新型服务业聚集区。解放碑CBD是重庆市高端服务业发展的龙头，汇集了重庆多年来的发展成果和现代化元素，共有金融机构近90家，世界500强企业及其他外资办事处70多家，国内企业办事处80多家，中介机构300多家，有2/3的驻渝境外银行和保险机构。锦江发展现代服务业必须要充分认识高端服务业资源在西部地区正面临多种选择，只有进一步完善功能，才能够在吸引高端服务业资源方面取得重大突破。

（4）西部地区经济发展水平不高在短期内将会制约锦江区服务业的发展空间。虽然成都市及周边城市近年来发展速度很快，但总体来看成都经济区乃至整个四川省及西部地区的经济发展水平，仍与长江三角洲地区和珠江三角洲地区有较大差距，人均收入水平整体落后，且与东部当前的差距还在进一步扩大。2005年西部城镇居民人均可支配收入水平仅相当于东部地区66.7%，农村居民纯收入为44.2%。分别比上年下降了1.1个和3个百分点。经济发展滞后，投资需求和消费需求相对较低，在一定程度上制约了服务业市场规模的进一步扩大，对服务业拓展更广阔的市场空间也产生不利影响。

四、锦江区服务业发展的功能定位与发展目标

（一）功能定位与总体目标

根据锦江区服务业发展的比较优势和条件，着眼于成都市成为西部地区经济中心城市的前景，可将未来5~10年锦江区服务业发展的功能定位和总体目标表述为“一个中心，三个聚集区、一个基地”。

（1）立足于西南地区、面向全国的区域性商贸中心。主要是指锦

江区要在已经形成的“商贸大区”的基础上，发展成为在全国具有较强影响力和较强集聚辐射功能的商贸中心区域，实现从“商贸大区”向“商贸强区”的飞跃。目前，锦江区在以春熙路、盐市口商圈为龙头，形成享有一定知名度的商贸流通业发展集聚区的基础上，商贸流通业已进入结构调整升级和功能创新的新阶段，为商贸业提升竞争能力、拓展新的市场空间带来了新的机遇，从而促进锦江区商贸业发展规模再上新台阶，商贸服务功能得到全面提升，区域品牌也将加快形成，使锦江区成为享誉全国乃至国际的商贸中心。

（2）立足于成都经济区、面向西南地区的区域性金融服务业发展聚集区。主要是指锦江区依托成都的区位优势和综合经济实力，着眼于服务西南地区整体经济发展的任务，坚持以完善现代金融市场体系为目标，努力建设地区性的金融交易市场，吸引全国乃至国际性的金融机构入驻本区，大力促进区域金融产业聚集区的形成，通过丰富的金融种类和业务内涵提升服务水平、完善服务功能，逐步形成依托于金融服务体系、金融市场体系、金融调控体系和政府监管体系等四大体系在内的现代金融中心主体架构，以满足区域经济及各种产业日益多样化的金融服务需求，增强锦江区的凝聚力和为周边地区及西南地区的服务能力，进而增强锦江区乃至整个成都市的影响力和凝聚力，成为服务成都及西部地区、辐射范围不断扩大的区域性金融中心。

（3）立足于四川、面向西部的文化创意产业聚集区。是指锦江区要以区域内集中的传媒机构、创意机构及相关服务业为基础，深入挖掘区域内的历史、文化资源，抓住现代信息技术加快发展和文化产业逐步开放的机遇，以打造四川以及西部地区传媒中心、信息中心和创意中心为目标，全力促进传媒产业发展，尽快形成以报刊传媒为主体、以网络传媒为先导，以全面的信息传播和服务为基础的综合性传媒服务功能和产业体系；营造活跃的创意氛围，围绕西部地区经济发展和相关产业的创意需求，促进创意活动的产业化，形成西部地区领先、国内外知名的创意聚集区；依托历史文化资源优势，结合城市风貌打造和景观建设，创新文化休闲服务功能，提供独具特色、高品位的文化休闲服务，打造国内外知名的文化休闲服务品牌，成为成都旅游的新景观。

（4）具有全方位、专业化服务功能的商务服务聚集区。是指锦江区从四川以及西部地区经济发展的需要出发，结合现代服务业发展的方向，围绕企业对信息、技术、人才、管理等要素的服务需求，着重吸引各类专业化的商务服务机构，全面提升商务服务功能，从而促进锦江区及成都市、乃至整个西部地区各类企业的运行效率、增强竞争能力。

（5）承载多样化总部功能、四川及西部地区领先的总部基地。是指利用成都的优势条件和锦江区高端服务功能的集聚效应，发展成为国内外企业进入四川及西部地区的总部栖息地，形成多样化、全方位的总部功能，发展总部经济。随着西部大开发的不断推进，国内外产业向四川及西部地区转移的转移加速，四川以及西部地区经济发展正在快速崛起，已成为国内外企业关注的重要区域市场。成都作为西部地区综合实力最强的城市和最为重要的经济中心城市，正在成为国内外企业进入西部地区市场的重要桥头堡。锦江区作为成都服务业发展的核心功能区，虽然面临成都其他城区的激烈竞争，但锦江区所集聚的现代商贸、金融、商务、文化创意等方面的高端服务功能和健全的服务体系，是其他城区难以取代的，必将成为国内外企业设立区域总部的主要承载地。总部基地的形成，不仅可以增强锦江区对国内外企业高端环节和各种现代服务功能进入这一区域的吸引力，也可以大大提升锦江区对大批高素质人才和要素资源的吸引力和凝聚力，成为促进区域经济发展环境、文化环境、社会环境、人力资源环境的最重要载体，更成为锦江区区域经济竞争力和区域形象的主要标志。

（二）发展目标

按照党的十六大全面建设小康社会的总体战略部署和要求，与国家、四川及成都市国民经济和社会发展的“十一五”总体规划相衔接，在服务业发展中继续推进市场化取向的改革，完善服务领域的市场机制，在更大程度上发挥市场机制配置资源的基础性作用，加快建设和完善以商品交易市场为基础的市场体系，以商贸业为龙头，以金融业和传媒业为支撑，以创意产业、商务服务业、休闲旅游业为增长点，全面推进服务业各行业的发展和创新。在“十一五”期间，积极构建功能完善、结构优化、布局合理、高附加值、广辐射、较强竞争力的现代服务业体系，基本实现“一个中心，三个聚集区、一个基地”的功能定位和总体目标，成为带动成都乃至整个西部地区服务业发展的龙头和先导。

（三）总体思路

以产业升级、产业创新和培育核心竞争力为目标，以提高综合服务能力为重点，遵循“发挥优势、整合资源、重点突破、集聚发展”的原则，加快发展知识密集型和以资源优势为基础的现代服务业，提高服务业的规模化、现代化和国际化水平，明显增强行业素质和竞争力，使锦江区服务业整体水平跃上一个新台阶。

（1）发挥优势：就是依托并充分发挥锦江区地处成都市核心区、服务业资源多、商务环境好等优势，在成都市产业布局和成都经济区发展的大背景下确定服务业发展重点，并在重点产业中形成竞争优势。

（2）整合资源：就是充分认识现有资源的价值，并通过对现有资源的整合和优化配置，将资源基础与产业发展紧密联系起来，使分散的资源能够真正成为产业发展的支撑，并通过产业发展提升资源价值。

（3）重点突破：就是要充分考虑锦江区地处成都核心区的特点和城市规划以及生态环境等方面的要求，在服务业发展中有进有退，有所为有所不为。即服务业发展要抓住重点，优先发展那些优势突出、带动作用强、与产业升级方向相一致的行业，并通过重点行业的发展带动其他行业的发展。

（4）集聚发展：就是在重点发展的服务行业中，通过体制创新、机制创新和规划、政策引导，促进同类和相关企业的相对集聚，并逐步完善服务业产业链，实现生产要素新的组合和优化配置，为产业间的分工合作、提高综合服务能力创造条件。

五、锦江区服务业发展的主要任务和工作重点

（一）以建设现代化商贸中心为核心，促进商贸业结构升级和竞争能力提升

（1）强化商贸功能定位，确立“商贸强区”的服务业发展主导方向。根据锦江区服务业发展的功能定位、总体目标、发展思路和发展原则，结合锦江区的基础和实际，商贸业无疑应成为锦江区未来突出发展的主导产业和促进经济增长的重要动力源，成为带动其他相关服务行业发展、提升城市功能与改善城市面貌的龙头产业。因此，锦江区必须进一步确立“商贸强区”的服务业发展主导方向，在保持规模稳定扩大的前提下，着重促进商贸业的结构调整和升级，加快锦江区整体商贸品牌的建设步伐，引导和促进区域内商贸业资源整合，加大商贸项目开发和引进力度，造就引领时尚的综合消费环境，形成产业发展与城市建设互动，时尚消费区与特色商业街互补，集聚区与聚焦点并存，功能各异、布局合理、配套齐全、文化多元的新锦江商贸业发展格局，建立起层次分明、运作高效的立体式商贸流通市场体系，打造具有强大集聚与辐射能力的现代化商业功能区、圈、带，从整体上提高商贸流通行业的现代化水平和竞争能力，尽快树立起立足于西南地区、面向全国的现代化商贸中心的新形象，在争创商贸业新优势方面取得重要突破。

（2）整合春、盐商圈，全力打造时尚特色的商贸核心区。春、盐商圈是锦江区商贸业发展的标志性区域，也是引领成都、影响四川及整个西部地区商品市场发展的龙头。为此，锦江区应把春、盐商圈的整合和发展，作为商贸业乃至服务业发展的重中之重。

整合春、盐商圈，形成发展合力。以盐市口、春熙路商圈为核心，

统一规划，合理布局，加强资源整合，全力打造三大商贸业板块：一是以精品百货店、国际国内品牌专卖店、购物中心为主体，集聚国际国内知名品牌、引领高端消费的国际时尚购物区；二是以特色商业街、大众百货、时尚品牌专卖店为主体，集聚时尚品牌和创意产品，引领青年群体消费的青春时尚购物区；三是以新型专业市场为载体，集聚国内品牌，形成品牌展示、批发采购、时尚发布、设计创意、营销总部为一体的时尚贸易集聚区。在规划布局方面，要引导春熙路和盐市口两个著名商圈作差异化定位调整。类似上海的南京路和淮海路的定位，一条商圈以大众化消费和旅游购物消费为主，另一商圈可着力向高、精商品经营区域发展。未来3~5年，将春、盐商圈基本建成以时尚为基调，以精品为特色，定位清晰、品牌丰富、层次分明、管理先进，国内外著名商业企业集聚，国内外高端品牌和创新时尚汇集，国内外宾客云集，具有较强国内外影响力的标志性商贸核心区。

引导和鼓励大型百货店的调整升级。锦江区目前的零售商业业态主要以大型百货店为主，特别是在春熙路一带更为集中。这些百货业态主要存在两大突出问题：一是经营结构雷同，缺乏特色经营和差异化竞争；二是经营档次相对较低，品牌商品经营占比不高，对国内外知名品牌的集聚整合能力不强。针对这些问题，锦江区必须尽快明确春、盐商圈的整体定位和规划，大力促进和引导区域内大型百货企业经营定位和经营模式的调整，形成多层次、差异化经营和服务。主要调整和引导的方向，一是向精品百货和购物中心发展，重点集聚和整合国际知名品牌和国内中高档品牌，引领成都及西部地区的高品质商品消费和高质量的商业服务消费；二是面向大众消费的大众百货，以中低档国内外品牌，服务成都本地市场和周边地区市场；三是大型时尚品牌专业卖场，对应年轻消费者，重点是引领时尚潮流。

引导主要商业街区的业态结构调整。根据春、盐商圈的整体规划和各大商贸业板块的定位要求，对区域的主要商业街区进行经营定位调整和服务功能升级，以经营和展示时尚品牌为主，形成特色鲜明、品牌多样、餐饮、娱乐、休闲等相关服务功能齐全的特色商业街区。

内引外联，继续强化商贸业的招商引资和对外开放。积极引进国际上具有较强品牌整合能力的大型零售企业、购物中心管理公司以及国内外知名的快速时尚品牌销售企业（如 ZARA），进一步增强商贸核心区的品牌积聚能力和影响力。

稳步提升餐饮等相关服务行业和服务设施的发展水平。通过挖掘文化内涵、发展特色服务，提升餐饮业经营档次，提高知名度和市场占有率。进一步修订餐饮业服务规范，加强依法监管力度，发挥行业自律作用。积极打造各具特色的美食街区，加强内涵挖掘和宣传推介，发挥集聚效应，增进商旅互动。

加快业态形式创新，促进各种新型零售经营形式发展。在合理规划和布局的基础上，核心商业区及锦江区其他地区，加快发展包括超级市场、便利店、仓储式商场、大型专业连锁在内的各种新型现代零售商业的经营形式；重视特色商业街建设，积极发展多样化的社区商业，以形成贴近城市居民生活并能够发挥社区综合服务功能的密集型零售终端。

（3）改造提升传统批发交易市场，加快形成具有创新服务功能的时尚贸易集聚区。合理规划，加快专业市场的布局调整和设施升级。根据时尚锦江和区域性商贸区中心发展要求，对锦江区内专业批发市场发展进行科学规划，合理调整布局，按照专业化原则进行功能分区、形成合理布局的专业市场发展新格局。同时加快市场设施的升级改造，改善专业批发市场的经营环境，形成新城市景观，为吸引更多的品牌企业和时尚产品的集散提供良好的展示、交易场所。

提档升级，促进专业批发市场功能拓展和转型。引导和促进九龙、尚都等服装专业批发市场进行功能创新，适度引进国内外知名的市场品牌及市场经营主体，增强锦江区时尚品牌的集聚和整合能力，以时尚为特色，以品牌为核心调整经营服务方式，开拓展览展示、时尚信息、设计创意、品牌代理、物流配送等多种交易服务功能，使其逐步向服装、饰品等时尚产品的主题购物中心、品牌展示中心、创意设计中心、时尚信息中心、订货中心、批发采购中心、电子商务中心、商品配送中心等新型批发市场形态转变。

引导市场主体经营管理升级。在强化市场主体的经营责任的基础上，引导市场主体提升经营管理水平。对入驻的商户进行清理、分类与筛选，提高市场的经营档次。以提供优良的配套服务和优惠政策，重点吸引国内外著名品牌产品的经销、代理企业进驻；建立健全市场管理制度，规范经营商户的经营行为，提高其诚信经商的经营素质。鼓励市场定期开展大型展示、宣传、推介活动，树立市场品牌，宣传入驻企业品牌，完善客户服务体系，提高综合配套服务能力，为入驻产品企业提升品牌形象、获得进一步发展创造最佳条件。

（4）大力发展以跨国采购中心、电子商务和大型零售企业总部为主体的现代商品流通服务业。锦江区应紧紧抓住流通领域深化对外开放和国内大型流通企业加速扩张的机遇，重点吸引跨国采购中心、电子商务网站、外资批发企业、大型零售企业区域总部、国内外品牌企业区域销售总部等流通企业进入，使锦江区成为辐射西南、连接国际市场的区域性贸易中心和流通业总部基地。

一是利用流通业全面开放，国际领先龙头企业加快进入中国市场，实现规模扩张的机遇，重点吸引国际知名零售企业、电子商务企业的地区总部、跨国公司的采购中心进入锦江区；

二是吸引国内知名或中外合资国际贸易企业、大型批发企业和电子商务企业进入锦江区；

三是在锦江区建立跨国采购服务中心，以建立采购信息平台为基础、利用锦江区的会展、广告等商务服务资源，吸引国内供应商和各种国际采购组织与机构参与，形成具有较强竞争能力和影响力的跨国采购服务平台。

（5）加快发展和培育大型商贸龙头企业。按照市场经济规则和世贸组织原则，积极培育一批有著名品牌和自主知识产权、主业突出、核心竞争力强的大型流通企业。打破产业、地域和所有制界限，支持和鼓励优势企业通过上市、收购兼并和输出管理等方式实现规模扩张、做强做大。

针对锦江区乃至成都市商贸业组织化程度有待进一步提高的实际，要突出发展连锁经营，积极引导产业资本、金融资本与商品经营相结合，加快连锁企业的结构调整，推动企业的联合、兼并和重组。推动连锁企业的信息化建设，大力发展集中配送，努力做到连锁经营与构建食品安全体系相结合。重点发展社区服务型连锁超市，促进超市连锁经营的规模扩张。推动连锁经营沿产业链向生产领域、服务领域发展。

（二）以强化金融总部功能和提升投融资功能为核心，促进金融业聚集区加快发展

（1）锦江区金融业发展的基本思路。金融业作为现代服务业的重要组成部分和关键领域，被形象地誉为促进经济发展的发动机和血液系统。重点发展区域性金融中心，完善和提升金融业服务功能，已经成为实施西部大开发战略的重中之重。成都作为西南地区的重要经济中心城市的战略地位，决定了它应该也必然会成为西部地区金融中心。而锦江区作为成都的核心区，理应成为成都市金融业重点集聚的区域。

目前，锦江区已经初步形成了金融业集聚发展的格局。在成都市加快金融业发展、提升金融服务功能、争创区域金融中心的过程中，锦江区必须抓住机遇，从金融产业集聚发展的客观规律出发，从成都及四川、乃至整个西南地区经济发展对金融服务的需求出发，明确本区金融业发展的功能定位——立足成都、服务四川、面向西南的金融总部功能与资本市场服务平台，采取有效措施，促进金融业加快发展，实现新突破，率先成为立足成都经济区、面向西部地区的区域性金融服务业发展聚集区，促进成都率先成为中国西部地区的区域金融中心。

为了实现上述定位，锦江区促进金融业加快积聚发展的基本思路是：内外兼修、双管齐下，努力实现“三个结合”。

对内：引导加强本区内金融资源的整合，金融机构加速集聚发展，

构建多层次，宽覆盖，多领域的金融市场体系；拓展多种金融服务形式，形成业务门类齐全的金融服务体系。

对外：进一步解放思想，拓宽思路，打破壁垒，努力吸引各类金融机构来区内实现跨域经营。“三个整合”是将内部整合和金融开放相结合，完善功能和金融创新相结合，投融实力与形象宣传相结合。以三个结合为出发点，通过一个金融资源集聚和资本收益集聚的正反馈链条，逐步把成都市打造成西南地区的区域性金融中心城市。

执行方略：以东大街为核心区，加强政府的规划引导，强化政策支持，推动本地区金融资源加速整合优化，引导外部金融机构进入，拓展金融服务领域，提升金融服务功能，全力打造锦江区金融业集聚发展的区域品牌，注重完善金融业发展的生态环境和基础设施，增强锦江区对金融机构的吸引力和凝聚力，尽快使锦江区率先成为立足成都经济区、面向西部地区的区域性金融服务业发展聚集区，促进成都西部地区金融中心的加快形成，成为西部地区金融中心的核心功能区和金融业发展高地。

（2）着力强化锦江区金融总部功能，进一步扩大金融业集聚规模。锦江区应继续加大力度吸引和集聚四类具有总部功能的金融机构，一是国有商业银行、股份制商业银行、保险公司、证券公司等全国性金融机构的区域总部；二是四川及西部各地的城市商业银行、证券公司及各类基金公司的总部；三是多样化的金融营运机构，如大型企业的财务公司及其分支机构、各种信用卡发行机构的区域总部等；四是按照国家开放服务业的统一部署，积极争取引进具有先进管理经验、运行机制和金融技术领先的外资银行、外资财务公司和外资担保公司等国际金融服务企业。通过吸引和集聚这些具有总部功能的金融机构，扩大锦江区的金融业集聚规模，使锦江区成为西部地区最重要的决策中心、结算中心、营销中心和管理中心，增强锦江区金融业发展的影响力和凝聚力。

（3）以提升投融资功能为核心，加快建设面向西南地区的资本市场服务平台。随着中国资本市场的快速发展及其对经济增长带动效应的显现，中国企业，特别是民营企业通过上市进入资本市场，谋求进一步成长的要求十分迫切。为了适应四川以及西部地区工业化加快发展、产业集群加速形成与升级、中小企业快速成长对进入资本市场和直接融资的迫切需要，锦江区应围绕资本市场的发展，重点建设投融资服务体系，使锦江区成为四川以及西部地区对接国内外资本市场、整合区域内外资本的枢纽和平台。为此，锦江区需重点引入和支持三类投融资服务机构的发展：

一是吸引和引导境内外证券交易所的区域办事机构进入锦江区，特别是中国香港、新加坡、日本以及欧美等主要境外证券交易所的代表处或办事机构，为四川及西部地区企业提供多种进入国内外资本市场的通道。

二是重点支持和吸引投资银行、投资公司、创投基金、私募基金等中外投资机构或其区域分支机构进入锦江区，针对四川及西部地区企业的融资要求，提供多样化的直接投资和风险投资服务，增加锦江区乃至成都的资本集聚能力和服务功能。

三是积极吸引四川以及西部地区的上市公司进入锦江区，促进其更好利用锦江区的资本市场服务平台和其他商务服务资源，发挥示范和引导作用，增强锦江区的集聚效应。

（4）积极发展多样化金融服务功能，促进金融中介服务机构集聚。四川以及西部地区存在大量民营中小企业及由中小企业组成的产业集群。中小企业在发展过程中，缺乏自身积累、资产并不充足，难以从银行获得融资，需要创新金融服务，发展适应中小企业发展需要的金融中介服务。主要的发展方向是：

一是鼓励四川和西部地区的融资租赁、典当、担保、中小型财务公司等融资服务机构进入锦江区，加强规范管理，鼓励提高经营水平，进行业务开拓和业务创新。

二是大力吸引和支持信用评级机构、咨询公司、资产和项目评估机构等专业服务机构进入锦江区，采取政府引导、社会多元化投资、市场化运作的方式积极培育各种金融中介服务机构。

三是积极发展中小企业融资平台和中小金融机构。在监管框架允许的范围内，积极发展针对中小企业需求的金融机构，鼓励民间金融和私人金融发展，促进中小企业快速成长。

（5）积极争取和吸引各类要素和金融产品交易平台进入锦江区。随着我国社会主义市场经济体制的不断完善，要素市场的发展步伐不断加快，各种资源、要素的流通和配置更需要借助市场来完成。因此，各地对要素交易平台的形成和发展都十分重视。从四川乃至西部地区要素市场的发育情况和未来要求来看，锦江区吸引加强与四川省及国家有关主管部门的协调和沟通，积极争取和促成围绕产权、土地、知识产权、排污权的流转和交易的相关交易平台和服务机构进入锦江区发展，并探索新型依托四川及西部地区独特资源的相关交易平台、新型金融产品交易平台的发展可能性，积极争取落户锦江区，以加快锦江区集聚和整合金融及要素资源的能力。

（6）加强规划引导，完善公共服务，为金融业集聚发展提供良好的发展环境。

一是加强规划和合理布局，促进区域内资源优化重组。合理规划金融业集聚发展的布局，将东大街确定为锦江区和成都市金融业集聚发展的核心区域。金融机构的集聚分为新建和转移两个层面。首先，将成都市拟建设的产权交易市场，拟组建的金融机构落户到东大街。其次，通过政策吸引和行政指导，引导总部型和创新型金融机构向锦江区转移。

二是加强组织协调，进一步强化政府在金融业发展中的组织协调作用。在区级政府层面，要形成金融工作领导小组，强化与金融管理部门和各类金融机构的交流沟通，建立协同管理、共促发展的协调机制。引导和支持成立金融行业协会或同业公会，在信息交流、行业自律、提升人力资源水平、加强与政府沟通和参与锦江区金融业发展规划和政策制定等方面发挥积极作用。

三是设立金融机构引进服务部门和金融业发展基金，吸引金融总部和高端金融服务企业进入本地。主要职能包括两方面。其一，为外引机构提供信息，构建一个内外交流平台，把本地的优秀企业推向资本市场，拓宽金融企业在本地的市场空间；其二，通过发展基金为企业提供补贴，优惠，后勤等直接激励措施。

四是设立中小型金融机构发展的创业基金，扶持中小金融机构发展。中小型金融机构主要是以本地中小企业和本地居民作为金融服务对象，虽然以盈利为目标，但由于其肩负了一定的社会责任，因而在其发展初期应给予一定的扶持性政策，例如可以规定一个期限（如3年）采取免税，补贴等优惠政策，提高其竞争的能力和经营水平。

五是完善政府公共服务，有关部门要根据市场发展的要求，建立和完善有关信息的采集、处理和发布等方面服务功能，建立完善的信息网络系统，推进交易、清算、管理和监控的电子化进程。

六是加强宣传推广，打造锦江区金融发展集聚区的品牌形象。政府部门要加大对锦江区金融业发展集聚区的宣传和推广力度，通过主办和参与金融业的专业展会、项目推广、高层论坛等活动，提高锦江区金融业集聚区的知名度，树立区域品牌形象，让国内外金融业了解锦江区金融业发展规划、产业导向和支持政策，逐步树立起锦汇区作为成都核心金融区域的标志性地位。

七是积极争取省市政府的支持，加强与相关省区的沟通和合作。锦江区金融业的发展是关乎锦江区经济全局的战略性任务，也是成都打造西部地区金融中心的重要组成部分，因此锦江区金融业集聚区的发展离不开四川省和成都市政府，乃至中央政府及有关部门的支持和鼓励。把锦江区金融业纳入成都市及四川省金融业发展的整体规划框架中，并在政策上取得省、市政府的支持，并与西部其他省区的金融业发展进行协调。例如，锦江区可以定期举办西南金融发展论坛，为区域内金融业探索合作发展提供对话机制和交流协调的平台。

（三）大力发展具有区域特色和较强竞争力的文化创意产业

（1）充分发挥传媒资源优势，打造区域性传媒业总部基地。基于传媒产业未来良好的发展前景和锦江区已形成的传媒产业发展的基础和优势，锦江区需要确立以打造区域性传媒中心和信息中心为目标，全力促进传媒产业的集聚和发展，尽快形成以报刊传媒为主体、以网络传媒为先导，以全面的信息传播和服务为基础的综合性传媒服务功能和产业体系。为实现上述目标，一个可行的思路是通过进一步发挥传媒资源优势，打造区域性传媒业总部基地。近期重点应放在三个方面。

第一，继续扩大传媒业的集聚规模，加快形成区域性传媒业总部基地。作为西部地区最具活力和影响力的城市之一，成都在全国的传媒业布局中具有重要地位，成都既是全国平面媒体发展最快、竞争最为激烈的城市之一，也是对外来媒体最有吸引力的城市之一。因此，锦江区应充分利用现有传媒业的集聚优势，抓住全国传媒业加速整合和快速发展的经验，积极吸引在蓉的各种传媒集团、全国性传媒集团和部分扩张快速的地方传媒集团的分支机构进入锦江区，形成包括多种媒体形式的传媒业总部基地，成为四川及西部地区的传媒业的决策中心和运作中心。

基于锦江区传媒资源优势主要集中在平面媒体的特点，建议近期以促进平面媒体机构的加速集聚和功能整合为重点，同时着力吸引其他媒体形式的机构拓展和新机构的进入，特别是着力促进电视、互联网等新型传媒形式的发展，争取在较短时间内快速提升锦江区传媒机构的集聚程度，形成传媒业集聚发展的领先优势，增强传媒总部基地在成都及整个西部地区的影响力。

第二，积极引进和发展新型媒体和信息服务业。

一是高度重视发展网络传媒。目前，互联网已进入了网络应用阶段，除了必要的网络技术服务、研发与网站运营设施仍然需要高科技的支持外，网络应用更多的是开发信息与市场，这就涉及到信息采集、广告、营销以及信息增值服务等一系列网站商务活动，而且这些商务活动正在成为门户网站的主要业务领域。正因为如此，以往以高技术园区为基地的许多互联网站，目前已经开始走向商务活动更加密集的城市中心区或 CBD，例如新浪、TOM、千龙网等已经进入了北京 CBD 及其周边区域。特别值得关注的是，随着互联网应用的普及，依托互联网的信息服务业已进入快速发展期，一些行业性的专业信息服务提供商正在进入规模扩张期，区域中心城市开始成为这些信息服务提供商进行战略布点的重要选择。锦江区应把握这样的机遇，利用锦江区浓厚的商业氛围和良好的服务设施，吸引一些大型综合性门户网站和行业性、专业性、区域性的门户网站，使锦江区成为成都乃至西部地区的网络传媒中心。

二是高度重视发展多样化的信息和数据服务企业。传媒产业的发展，不仅需要依靠自身的能力来采集、生产和传播各种信息，也需要各种专业化、第三方和更具权威性的信息和数据提供服务，因此，包括新闻通讯社、数据服务公司、数据库企业等专业化的信息和数据服务企业就成为传媒产业的一个主要组成部分。作为未来的西部传媒中心和信息中心，锦江区需要大量的信息和数据服务企业，特别是国内外著名信息和数据服务企业，为传媒机构和社会提供丰富的信息来源和多样化的信息产品。

第三，以报刊传媒为核心，积极引进和发展与传媒相关的各种服务行业。传媒产业的运行和发展，涉及到信息采集、编辑制作、排版印刷、发行播出、广告等多个产业环节和服务部门的复杂产业链条，直接和间接涉及的企业非常多。以电视媒体为例，围绕中央电视台的节目提供与后期制作行业，直接关联有 1000 多家企业和机构，间接相关联的公司有 3800 多家。因此，锦江区需要根据传媒业发展运行的规律，围绕传媒核心企业，特别是围绕锦江区目前积聚程度较高的报刊传媒行业，重点引进和鼓励与报纸杂志相关的各类企业的发展。近期的工作重点：一是鼓励平面设计、广告、发行等相关服务行业进入锦江区发展；二是打造锦江区印务产业园，提高印务产业的集聚度；三是考虑建设区域性图书报刊物流中心，吸引全国图书、杂志等出版机构进入，形成集展示、交易和出版物分拨配送为一体的区域性出版物物流中心，为报刊传媒业的发展提供相关配套服务。

专栏1 **传媒业的发展前景**

传媒业是与国民经济发展状况高度相关的一个行业，报刊发行量、广告收入等传媒业发展的关键指标都与经济发展水平高度正相关。以报业发展为例，衡量一个国家的报业发展水平，国际上比较公认的指标是千人日报拥有量。2004年的数据显示，北欧地区千人日报拥有量超过500份，发达国家达到250份，世界平均水平为96份，发展中国家的平均水平是60份，我国63份。经过两年的努力，我国目前的千人拥有日报量已经超过了70份，但仍然低于世界平均水平。根据新闻出版总署制订的《全国报纸出版业十一五发展规划纲要》，我国在“十一五”期间的目标是“日报拥有量力争达到平均千人90份”。不论是从世界报业发展的经验看，还是从我国自身的发展目标看，报刊业的发展空间都很大。

近年来，我国新闻出版行业的改革已经起步，各种传媒机构正在从国有事业单位转向自主经营的市场主体，与此同时，传媒产业的部分产业环节，如影视节目制作、图书与报刊发行、门户网站、广告等，已经开始对国内资本开放；2001年以来，我国也逐步履行加入WTO的相关承诺，在图书和包括发行、影视节目制作和广告经营等方面对外国资本和传媒企业开放。我国的传媒产业目前已初步形成了包括多种媒体形式、多元化经营主体、多样化信息传播服务的传媒产业体系。

中国传媒产业基本情况

传媒机构	总户数
电视台	2901
电台	710
报社	2235

续表

传媒机构	总户数
杂志社	3874
有线广播	252
影视节目制作和经营企业	1300
其他（包括网络、户外广告等媒体）	10645

资料来源：根据中国新闻网相关资料整理。

（2）以创意产业园为载体，促进创意产业集聚发展。虽然锦江区具备了发展创意产业的基础条件，创意产业发展已开始起步，但发展目标尚不清晰，产业重点尚未确定，已有的创意产业尚未形成规模，创意服务水平还不能满足成都、乃至西南地区市场和产业发展的要求。为此，锦江区可借鉴上海、北京、杭州等地创意产业的发展经验，以建设有区域特点的创意产业园，来推动创意产业发展，加快形成锦江区创意产业的影响力。

基于锦江区的创意资源，在发展目标上建议锦江区可考虑设立 10 家左右的创意产业园。从现有资源看，近期已具备设立条件的就有 3 ~ 5 家。例如，依托已有建筑设计的优势，建立建筑设计创意产业园；以当地历史文化资源的保护、传承和再开发为重点，以成都艺术中心、锦城艺术宫、川剧艺术中心等重要文化场所为核心的演艺产业园；围绕“五朵金花”，以体验、创意和娱乐为特色的“五朵金花”创意产业园，从服务于锦江区经济发展、服务成都及西部地区优势产业的要求来看，锦江区还应拓宽创意产业发展的思路，在工业设计、时尚设计、动漫等方面培育创意产业发展的园区。再如，在春熙路、盐市口商圈内建立集设计、展示、交易为一体的时尚创意产业园，促进春熙路、盐市口商圈整体功能提升和产业升级。

建立创意产业园不仅有利于整合创意资源，尽快形成产业的整体形象，而且有助于政府对创意产业实施一系列支持政策，并将相关政策落到实处。现阶段锦江区创意产业的发展要把握如下关键工作。

第一，明确现阶段创意产业的定位。创意产业涉及行业门类较多，一个城市和地区创意产业的发展，必须以当地的产业发展和优势资源为基础和依托。创意产业规模能否做大，一方面取决于创意产业的定位是否准确，同时，关键还在于是否能够实现产业化，而实现产业化的出路就在于找到与所服务产业紧密结合的载体。现阶段，锦江区创意产业的发展要通过对现有资源要素的整合，以商贸业、制造业、建筑业、城市文化旅游业和传媒业为主要服务对象和载体，推进创意产业与这些重点行业的合作，实现创意活动的产业化。如利用建筑设计单位相对集中的优势，加快以建筑设计为核心的创意机构的积聚；利用传媒业、时尚商贸业的平台，依托四川优势制造业（如食品酿造、家具建材、医药、电子信息技术等），注重发展以广告、形象、品牌、设计、研发为核心的创意服务。

第二，营造创意氛围。依托锦江区内的建设设计机构和引入成都市相关院校的文化和设计资源，来营造更为浓厚的文化和创意氛围，并加快适应创意机构使用要求的商务空间和展览展示设施的开发，以吸引和集聚设计和创意企业及人员的前提。

第三，有针对性地吸引和邀请国内外知名的创意研发机构，如国际、国内著名建筑师事务所、装饰及工业设计机构、品牌和形象设计机构、国际知名品牌的展示中心等进入锦江区，促进和带动锦江区创意机构的积聚发展。

第四，邀请国内外创意机构采用锦江区创意产业发展的规划设计工作。在锦江区规划、建设和环境完善的过程中，为国内外设计和创意机构的参与创造条件和机遇，不仅有利于锦江区设计和创意环境的改善，也有利于设计和创意机构在锦江区展示形象寻求发展空间。

第五，加强规划和宣传。一方面政府的规划和引导，有利于建设和形成创意集聚区注重以地区独特的人文、生活环境及优厚的条件保障吸引创意人才，吸引创意企业的相对集聚；另一方面要通过各种方式宣传创意集聚区，注重以地区独特的人文、生活环境及优厚的条件保障吸引创意人才及机构，打造创意集聚区的整体形象，增强锦江区在西部地区乃至全国创意市场中的影响力。

专栏2

创意产业及其发展条件

“创意产业”，又称创造性产业、创意经济，是源自个人创意、技巧及才华，通过运用知识产权创造财富和就业潜力，并促进整体生活环境提升的行业。创意产业是知识经济体系中的重要环节，是文化艺术创意和商品生产的结合。通常包括广告、建筑、艺术及古董、动漫、影视、音乐、表演艺术、出版和资讯科技服务、时装及产品设计等行业。

“创意产业”引起广泛关注与国际大都市的功能转型和产业结构调整密切相关。原因在于“创意产业”处于产业链的高端，与大都市高端人才密集、文化氛围浓厚、信息充分、交往便利等特征相吻合。发展“创意产业”可以在既有的产业格局基础上，通过再创造和再生产，将产品和服务的附加值提升至最大化从而全面重塑产业链。因此，国际大都市目前非常重视“创意产业”的发展，许多发达国家和地区相继推出创意产业发展的政策，创意产业在大都市经济中所占比重呈明显增加趋势。例如，英国是最早提出并发展创意产业的国际大都市，据统计其首都伦敦15%的经济收入来自创意产业。

国内外中心城市创意产业的发展与四个因素密切相关。

一是市场需求因素。创意本身并不是一个新生事物，但创意产业成为一个相对独立的产业并引起广泛关注却是在经济发展达到一定水平后的产物，即随着生活水平提高和消费群体扩大，对创意形成了持续地规模化需求，由此使创意产业作为一个独立的产业能够形成并不断发展。

二是产业分工的深化。创意产业本身并不是孤立存在的，创意产业的形成和不断发展一直建立在其他产业快速发展基础上，即创意产业属于特定产业产业链的高端环节，在产业链的专业化分工日益深化后，创意产业与下游产业相对分离，成为相对独立的产业。

三是人才因素和科技因素。创意产业同其他产业的显著差异在于创意产业的核心竞争力在于创意人才的能力，同时，创意产业也是与现代信息技术等结合较为紧密的行业。因此，创意产业的发展需要有相关人才的集聚和科教的支撑。

四是文化积淀和文化氛围。创意产业是与文化结合较为紧密的行业，区域独特的文化积淀和氛围有利于创意人群的集聚和创意活动的开展。

（3）加快发展具有文化风貌与城市景观特色的都市文化休闲服务。锦江区作为成都市的核心区，既有大量文化和历史资源，也有高品质的住宿、餐饮及购物等旅游设施资源，更有处于城乡连接区域的乡村旅游资源，且已形成以“五朵金花”代表的乡村旅游品牌。面对日益激烈的旅游市场竞争和休闲消费的快速增长，锦江区需要从自身的优势和资源特点出发，从锦江区服务业发展的要求出发，结合城市风貌打造景观建设，通过增强文化、娱乐、休闲、旅游等服务功能和配套设施，为城市居民提供独具特色、高品位休闲娱乐服务和新体验；为区内入驻企业及人员提供完善的办公、休闲服务；加快形成具有区域特色的城市景观，体现有特色、高素质的城市风貌，带动相关服务业的发展；加快区域内以城带乡、城乡统筹发展的探索，体现人文锦江的发展理念。

第一，以当地历史文化资源打造特色文化品牌和城市风貌。围绕大慈寺、水井坊遗址、李劼人故居等历史人文资源的保护和开发，打造特色的城市景观和街区，改善城市的文化风貌；以成都艺术中心、锦城艺术宫、川剧艺术中心等重要文化场所为核心，注重整体宣传和文化演出市场的培育，推动演出产业的发展，形成名人、名团、名剧的品牌效应，打造演艺品牌；围绕“五朵金花”乡村旅游的发展，继续完善、发掘农业文化、传统技艺等文化内涵，发展特色手工体验创意和艺术作品展览展示、娱乐演出等活动，形成以体验、创意和娱乐为特色的乡村旅游品牌。

第二，进一步拓展旅游项目和假日消费市场。以市场需求为导向，发挥历史、人文、自然景观优势，加快旅游产品和项目开发步伐，重点推出河岸旅游、会展旅游、服装旅游、精品购物旅游、休闲度假旅游、生态旅游等旅游产品，重点打造春熙路、盐市口商圈购物旅游知名品牌，大力开发以大慈寺、锦官驿、水井坊、花卉基地等为代表的自然景观和人文景观旅游项目，积极开展与有丰富旅游项目开发经验和较强旅游市场经营能力的国内外企业合作，加大招商引资工作力度，开发一批集观光、游览和休闲度假于一体的新景区。

第三，着力把“三圣花乡”建成国内国际知名的乡村旅游中心。围绕花乡农居、幸福梅林、江家菜地、东篱菊园、荷塘月色“五朵金花”，按照产业村的发展模式，利用特色资源和位于大城市近郊的优势，发展现代乡村旅游。以科学规划为先导不断完善提升“五朵金花”建设水平。紧扣“坚持、提升、超越”，更加注重景区错位互补与协同发展，更加注重文化与旅游结合，更加注重生态与人的和谐，进一步完善景区规划建设方案。促进“五朵金花”与绘画、摄影、雕塑等艺术和创意有效结合，加快“观光 + 休闲”向“文化 + 休闲 + 商务”的多元化产业方式转变，形成艺术加工厂、艺术大卖场和艺术大堂会，并以此带动农民融入文化产业链。按照政府引导、市场运作的方式，进一步延伸产业链条，加快发展乡村旅游业，发展乡村休闲客栈、乡村酒店等，打造高品质绿色商务休闲项目，满足国际国内旅游需求。坚持“以节兴游、以会兴游、以赛兴游、以文兴游”，聚集人气，不断提高“五朵金花”的国际知名度和影响力。

第四，大力推进“游购结合”，实现文化休闲服务业与商贸业等服务业的联动发展。依托成都作为西部地区的交通枢纽城市和全国最重要的旅游集散地之一的旅游资源优势，依托锦江区内酒店业、商贸业集聚的市场优势，着力促进锦江区文化休闲产业与相关服务业的联动发展，是锦江区文化休闲服务业加快发展的重要途径。为此锦江区需注重以下环节的统筹发展：一是围绕商贸中心建设加快休闲商业发展。主要是服务于中央商务区企业和商务、休闲旅游人员的休闲生活需要的大型零售商业、特色餐饮及游乐设施与服务。二是加快发展商住休闲设施。开发中高档商务宾馆、公寓和住宅，以满足中央商务区和商务、旅游人员的不同居住和休闲需要。三是稳步提升餐饮业的发展水平。通过挖掘文化内涵、发展特色服务，提升餐饮业经营档次，提高知名度和市场占有率。进一步修订餐饮业服务规范，加强依法监管力度，发挥行业自律作用。积极打造各具特色的美食街区，加强内涵挖掘和宣传推介，发挥集聚效应，增进商旅互动。四是加强与旅游管理部门和旅行社的联络和协调，推广锦江区的文化休闲品牌和旅游休闲资源，增加围绕锦江区的旅游产品和线路，扩大游客资源。

第五，继续加强城市综合环境和配套设施建设。提高城市生态水平，创建国家环境保护模范城区。建设齐全的旅游交通网络，不断巩固和提高新成仁路、成龙路（二环路至三环路段）出入城通道的形象品味，突出坡地建设特点，精心规划设计、逐步把成龙路打造成具有浅丘台地特色的城市景观大道；继续实施水环境综合整治、扬尘整治和环境整治；突出重点区域城市绿化，全面完成三环路（锦江段）两侧 140 公顷绿化任务和中小河道建绿工作，提高绿化覆盖率；设置规范的信息标识系统，大型的旅游广告牌，完善旅游接待设施，设立旅游咨询服务中心；依托省花博会主体场馆等会展场所，积极发展会展业，开发建设会展设施，不断完善城市旅游功能。

应当加快旅游管理体制改革，加强监管，建立健全预测预警机制、人才培养机制、专业化服务机制、游客投诉反馈机制等四大运作机制。建立旅游、公安、工商、物价、卫生、质监等部门的联席会议制度，定期开展联合执法，加大旅游市场管理与治理力度。发挥好旅游行业协会在行业管理中的媒介、自律、服务和监督作用。规范旅行社行为，树立锦江旅游市场诚信形象。完善旅游基础设施，提高旅游服务质量。加快旅游运输服务中心、旅游集散服务中心、旅游信息服务中心三大系统建设，积极推进高星级酒店和经济型酒店协调发展。完善旅游景区和旅游城镇的交通、通讯、电力、供水、环保和信息化建设，推进旅游景区（点）上档升级。

（四）以提升商务服务功能、完善服务业发展配套条件为重点，加快商务服务业发展

（1）明确锦江区商务服务业①发展的方向和基本点。着重发展锦江区商务服务业具有重要的现实意义。一是商务服务业的发展将改善服务业的内部结构，提升高附加值产业的比重，从而促进锦江区和成都市的产业升级；二是商务服务业的发展将优化区域合作环境，打开锦江区、乃至成都市与其他区域相互合作的新模式，增强锦江区的服务功能，实现锦江发展与区域发展的和谐统一；三是通过制度变迁、政策调整和商务设施、商务功能的完善，商务服务业的发展将加速成都市建设现代大都市的步伐。

相对于所处的区位优势和资源优势来说，锦江区的商务服务业的整体发展水平还比较低，服务功能还不完善。但从发展前景来看，随着经济持续快速发展、产业升级和产业分工的深化，特别是四川以及西部地区工业化进程的加快，大型企业以及众多产业集群的快速发展，对商务服务的需求已进入快速增长期，为锦江区发展商务服务业带来巨大发展空间。

锦江区商务服务业的发展要把握两个基本点。一是依托中央商务核心区的发展，促进高端商务服务企业的集聚和资源整合。商务服务业形

---

① 商务服务业主要是指企业管理组织、市场管理组织、市场中介组织所从事的经营性事务活动。按照我国 2002 年颁布的国民经济行业分类标准（GB/T4754 - 2002），商务服务业主要包括五大门类：企业管理服务、法律服务、咨询与调查、广告业、会展服务等其他商务服务。

成和发展过程也是社会分工不断深化的过程，是城市经济高度发展的产物。随着城市空间扩大、商务成本提高和自身功能定位调整，商务服务业的集聚特征也逐步显现。以北京为例，东城、西城、朝阳、海淀四区的商务服务业增加值占全市商务服务业增加值的79%，远高于其他区县。即便在四个城区内部，商务服务业也呈现出集聚的特征。如朝阳区CBD的发展，为北京市商务服务业的发展提供了更为优越的聚集载体。锦江区地处成都市的核心地带，应通过对中央商务区进行整体规划，不断完善商务设施，健全政府服务体系并提高效率，以增强对商务服务业核心企业的吸引力，增强集聚性，促进商务资源的整合。

二是要与其他产业的发展对接，不断提高商务服务业的综合服务功能，增强辐射效应。商务服务业是在社会分工日益深化的背景下发展起来的，商务服务业发展空间与发展规模不仅取决于商务服务业自身素质与服务能力，还与其所服务的产业发展情况直接相关。因此，锦江区商务服务业发展必须从两方面着手。一方面，要通过区域内商务服务业的资源整合，不断提升商务服务业的综合服务功能，增强辐射效应；另一方面锦江区商务服务业的发展要与其他产业的发展对接，特别是要重视与重点辐射区域内的优势产业、增长最快的产业和高端产业紧密结合，为这些产业的发展提供综合服务。在与其他产业对接中，要抓住两个重点：一是与四川省产业集群的发展对接。“十五”以来，四川产业集群发展速度明显加快，特别是四川主要产业集群以成都为中心，呈扇形分布。虽然大多数产业集群的制造环节并不在成都市，但许多产业集群的研发、营销等环节都需要来自成都相关单位的支撑，即这些产业集群的服务体系有相当部分是在成都完成的。锦江区应抓住四川产业集群快速发展的有利时机，主动为当地及周边城市产业集群发展提供服务，在促进产业集群发展同时，实现锦江区商务服务业较快发展；二是要与国内外产业转移对接。“十五”以来，西部地区发展环境的改善使这一地区逐渐成为国内外产业转移的热点地区，国内外产业转移对承接地的综合配套和服务能力有较高要求，这种综合配套和服务能力即包括为特定产业配套的相关产业，也包括法律、会计、咨询等商务服务，特别是跨国产业转移，由于中国与国外法律制度等方面的差异，对商务服务业的综合服务能力就提出了更高要求。锦江区应利用商务基础相对较好和地处成都核心区的优势，进一步整合资源，更好地服务于国内外产业转移，并以此带动商务服务业的升级。

（2）以完善商务服务功能为重点，积极推进商务服务业加快发展。

首先，积极发展以会计、法律、管理咨询服务为主体的专业服务。抓住地区服务业开放和国内专业服务领域结构调整的机遇，重点积极吸引和鼓励国际知名的专业服务企业，如国际知名的五大会计师事务所、著名咨询公司等进入锦江区，以提升锦江区的专业服务品牌，而且可以对专业服务领域中的其他企业和不同服务领域的国际企业起到引导和积聚的作用。此外还要鼓励和吸引专业服务领域中的大型国内企业和中外合资企业进入锦江区，特别是一些有一定规模的综合型会计师事务所、管理咨询机构和市场调研机构，形成锦江区专业服务领域的市场主体。

其次，以高端人力资源服务为重点，加快人力资源服务业发展。针对成都以及西部地区经济发展中对高级人才的需求，锦江区应将人力资源服务业作为加快发展的商务服务领域，其发展重点可以考虑：一是有选择地吸引和集聚国内外大型、综合性人力资源服务企业和国内外知名的专业化人力资源服务企业；二是引导和支持高端人力资源服务功能的形成，包括人力资源测评、招聘、培训、人力资源管理，以成为成都和西部地区人力资源服务的高端市场。

第三，重点促进广告业加快积聚，为锦江区时尚商贸和传媒产业提供支撑。锦江区广告及相关服务业的发展必须以总部经济、知名消费品品牌企业进驻和传媒业的快速发展为依托，重点吸引国内大型广告企业和国际知名广告企业的进入，以大型广告公司为龙头，带动广告行业及其相关服务业的发展。

第四，积极吸引会展服务企业，加快会展服务功能形成。近年来，在我国境内举办的各种展览和会议活动出现了快速发展的趋势，各种服务于会议和展览活动的企业和商业设施得到了迅速的发展。成都是中国会展市场比较发达的城市之一，在全国会展市场中占有比较重要的地位。对于锦江区而言，由于锦江区空间范围有限，区域内不宜建设大型的展馆设施和举办规模巨大的会议活动。但锦江区集中了许多国内外大型知名企业，具有浓厚的商业氛围、丰富的知识和信息来源、畅通的传媒渠道，这就决定了锦江区更适宜围绕企业和品牌形象的树立、产品与信息的展示和发布、新技术和新知识的创造与应用推广，来营造会展服务功能和发展相关的服务企业。因此，锦江区在会展服务方面的产业导向，一是要在锦江区商务楼宇的开发建设中，注意配套一些商用会议会谈的会所设施和用于国际知名品牌及产品的展示中心，这不仅可以服务于锦江区内企业的需要，也有利于锦江区基础设施和城市景观的形成。二是要鼓励专业会展服务企业和具有会展服务功能的服务企业入区发展，特别是那些大型的公共关系公司、广告公司、品牌代理企业和咨询公司，它们往往是会展活动中最为重要的组织者和承办者；三是重点吸引和邀请国际知名或国内成长性强的品牌企业进入锦江区建立品牌展示中心。

（五）大力发展总部经济，打造四川及西部地区的总部基地

随着城市化的推进和城市土地的快速增值，地处成都核心区的锦江区的商务成本明显高于其他城区，要实现锦江经济的可持续发展，不断增强锦江区的竞争力，需要将发展重点放在集聚高端经济资源、拓展高端经营领域，促进高附加值产业的发展等方面。现阶段，能够在较短时间内实现集聚高端经济资源的一种有效方式应是发展总部经济，在锦江区形成区域性的总部基地。

从锦江区的现有资源看，发展总部经济、建设总部基地的主要途径：一是充分发挥优势产业和龙头企业的集聚性和带动性，吸引四川及西部地区大型企业及行业领先企业的企业总部、营销总部、研发中心进

入锦江区。需要强调的是，这里的企业不仅仅是服务企业，可以将视野扩展到制造业和大型农产品加工、贸易企业。二是大力吸引国内其他地区的大型企业集团、上市公司的区域总部、分销中心、区域结算中心等进入锦江区，提升锦江区的总部服务功能，扩大锦江区的知名度和吸引国内企业区域总部的竞争力。三是着力吸引国外跨国公司在锦江区设立地区总部、研发中心、结算中心、采购中心和分销中心等机构，享受锦江区相关鼓励和支持政策。四是探索锦江区现有工业开发区向总部基地模式转型，依托园区内的相关产业和锦江区重点服务行业发展要求，吸引制造企业的研发、营销、结算等环节进入，发展外包服务基地，促进锦江区工业开发区内相关产业高端服务环节的发展，提高园区的服务功能和服务业比重。

六、锦江区发展现代服务业的保障措施

（一）提高加快服务业发展的思想认识

锦江区政府和有关部门要切实提高对产业结构调整、促进现代服务业加快发展重要性的认识，将发展现代服务业提高到落实科学发展观、加强驾驭社会主义市场经济能力建设的高度来认识，并将现代服务业发展作为当前和未来相当长的时期内，锦江区经济发展的主要工作内容和头等大事来抓，加强对现代服务业发展规律的动态研究。在制定政策、完善调控、深化改革、机构设置、干部配备、资金落实等方面支持现代服务业发展，为服务业营造良好的发展环境。

（二）合理规划和布局，引导全区服务业实现科学发展

（1）尽快制订锦江区服务业发展总体规划。总体规划既要体现锦江区服务业发展的总体方向，引导区内产业合理布局，也要符合成都市产业布局的总体思路，将锦江区服务业的发展纳入成都市乃至四川省经

济与社会发展总体规划、服务业发展规划和地方经济发展战略之中，特别是要与成都市经济社会发展“十一五”规划、服务业发展“十一五”规划、城市总体规划、土地利用规划相衔接。

（2）尽快制订并出台锦江区现代服务业发展的纲要和指导意见。锦江区政府及有关主管部门应根据区域内服务业发展的现状与存在的主要问题、发展的条件与可能，借鉴其他经济中心城市或国际化大都市核心城区促进服务业发展的有益经验和做法，尽快出台促进锦江区服务业发展的纲要或指导性意见，明确全区服务业发展的指导思想、基本原则、发展目标与重点，推进途径与措施，以此来统一各方面的认识，为政府各部门、各类行业组织和服务企业提供发展导向和行动指引，充分调动各方面参与锦江区服务业发展和经济建设的积极性。

（3）尽快组织编制服务业重点行业的发展规划。由于锦江区内各街道、不同服务行业的发展水平、发展条件差异较大，因此，需要区政府组织各有关部门和行业协会，围绕区内商贸业、金融业、文化创意产业、商务服务业、城市文化等重点服务行业的实际，编制各行业详细的发展专项规划，以确定各区块、各行业发展方向与重点，确保重点服务行业发展和推进的科学合理性和可操作性。

（三）争取省市及国家的政策支持，促进锦江区服务业的加速发展

（1）积极争取锦江区成为全市服务业发展的核心功能区。在成都市加快服务业发展、力争成为西南地区经济中心城市的过程中，确立了服务业集聚发展的思路，正在规划相关的服务业发展集聚区和功能区域。锦江区作为成都的核心城区，服务业发展已形成较大规模，且已具备了服务业领先发展的条件。因此，成都市在制订服务业发展规划，特别是布局商务中心区（CBD）、金融区等核心功能区的过程中，应将锦江区列为全市服务业发展的核心功能区和产业聚集区，将锦江区服务业重点行业作为全市重点支持项目，列入相关规划并给予大力度的政策支

持。

（2）积极争取省市及国家的政策支持。争取省市政府支持的政策主要有：一是争取西部大开发的相关支持和优惠政策，特别是在土地、融资等方面争取中央政府对西部地区的支持政策，并积极争取其他针对西部地区发展的专项支持。二是争取国家有关部门的政策支持，如商务部“万商西进”工程、国家发改委服务业发展、中小企业培育等方面的政策支持；三是争取国际援助计划和国际组织对欠发达地区在城市化建设、基础设施完善、民营企业发展等方面的项目援助。

（四）制订和完善锦江区服务业发展的支持政策

（1）加强对服务业发展的财政和金融支持。

一是区里应安排服务业发展的财政专项资金，并建立逐步增长机制，对区内重点服务行业企业在技术改造、新产品开发、实施品牌战略、配套基础设施建设、人才引进和培训等方面给予必要的资金支持，以促进重点服务业的发展。

二是积极调整政府预算投资结构。区政府主要安排服务业发展引导资金，并逐步扩大规模，以引导社会资金加大对区内重点发展的服务业的投入。

三是引导和鼓励金融机构对符合国家产业政策的服务企业予以信贷支持，在控制风险的前提下，加快开发适应服务企业需要的金融产品；积极支持符合条件的服务业企业进入境内外资本市场融资，通过股票上市、发行企业债券等多渠道筹措资金。鼓励各类创业风险投资机构和信用担保机构对发展前景好、吸纳就业多以及运用新技术、新业态的中小服务企业开展业务。

四是在税收方面，除了切实落实四川省税务局出台的相关税收优惠外，在锦江区服务业发展过程中，特别是在需要大力发展的一些现代服务业的培育期，为了吸引更多的企业和社会资本来此投资，应考虑给予一定的税收优惠。

（2）落实价格政策和土地政策，优化服务业发展环境。在价格政策方面，对列入国家鼓励类的服务业逐步实现与工业用电、用水、用气、用热基本同价。

调整城市用地结构，合理确定服务业用地的比例，对列入国家鼓励类的服务业在供地安排上给予倾斜。

（3）完善准入机制，促进服务业加快集聚。要根据实际情况，对一般性服务行业在注册资本、工商登记等方面降低门槛，对采用连锁经营的服务企业实行企业总部统一办理工商注册登记和经营审批手续。

（五）建立现代服务业发展的激励和评价机制

一是在重点发展的服务业行业中，对重点引进的龙头企业、总部机构新建或购置办公用房给予补贴和税收优惠。如在锦江区规划的发展区域中，购地新建自用办公用房的，对其自用部分缴纳的土地出让金给予一定补助；购置办公用房的，按自用部分建筑面积，一次性给予一定的购房补助。对租赁办公用房的，可给予一定的房租补贴。

二是对重点引入的国内外知名的大型龙头企业和总部型金融企业、新设立或迁入的金融机构地区总部、新设立的市级机构，可根据注册资本的情况，一次性给予一定金额的奖励或补助。

三是建立经济贡献评价制度，对支持本区经济发展贡献较大的服务企业和相关机构，由锦江区政府按照相关的评价办法进行评价，并根据贡献情况给予奖励或表彰。奖励资金由区级财政统筹安排。

（六）增强服务功能，营造良好的市场环境

提升政府在信息服务、行政服务、政策服务等方面的公共服务水平，并在道路、环保、人才培养、信息服务等公共产品或准公共产品的提供上，为服务业发展提供有效保障。

一是加强服务业统计和信息服务工作。服务业各主管部门要建立健全各行业发展的监测、预测和信息发布制度，发挥信息导向作用。尽快

建立科学、统一、全面、协调的服务业统计调查制度和信息管理制度，完善服务业统计调查方法和指标体系，充实服务业统计力量，增加经费投入。充分发挥各部门和行业协会的作用，促进服务行业统计信息交流，建立健全共享机制。

二是创造良好的行政服务环境。深化行政审批制度改革，对服务业领域可以由市场和社会自我管理的事项，逐步取消行政审批；对确需保留的审批事项，要简化手续。规范对服务业企业的检查制度，执法部门必须依法执行公务，禁止随意性检查。禁止向服务业企业乱收费、乱罚款和各种摊派，切实减轻企业负担。

三是加大投入力度，为服务业发展提供良好的基础设施平台。将投入用于区域内道路、市政配套设施和大型绿地等建设，减轻企业对市政基础设施建设的投资压力，降低开发成本。

四是支持发展服务业行业协会。在重点发展的服务行业中，加强行业组织的建设，引导和支持龙头企业和领先企业参与行业协会的组织工作；鼓励和支持行业协会参与服务业发展规划、行业标准、发展政策的研究和制定工作，为各级政府及有关政府部门提出政策建议。

（七）加强组织协调，确保各项政策措施落到实处

建立区级服务业发展协调机制。促进现代服务业发展是一项复杂的系统工程，需要各级政府及有关部门形成合力。为此，锦江区应在区政府的统一领导下，由区发改局、商务局、统计局、文化局、工商管理局、科技厅等相关部门组成联系会议，以组织制定促进服务业发展的相关规划、政策措施，协调有关部门的政策，整合各方面的政策资源，形成促进服务业发展的合力。

加快建立服务业发展的区域合作联系机制。从锦江区层面上，建立与成都其他城区、东部发达地区经济中心城市和国际化大都市核心功能区的合作联系机制，逐步拓展与发达国家相关城市或服务行业组织之间的国际交流与合作联系，提高锦江区服务业发展的外向度和开放程度。

（八）加快人才引进与培养，创造和谐的就业环境

（1）大力引进旅游、教育培训、商贸流通、文化传媒、金融、商业服务等领域急需的高层次策划、管理、经纪人才。主要的鼓励和支持政策包括：

一是对于引入锦江区服务业的高层次人才，可以股权、期权等形式给予奖励，在股权、期权兑现前暂不征收个人所得税，兑现时按国家有关规定办理。

二是在锦江区服务业工作的高层次人员和有突出贡献人员，在锦江区域内购买商品房，给予一定的购房税费减免。

三是帮助服务业高层次人才解决子女读书问题。引入的市级金融机构高级管理人员和突出贡献人员的子女需在中小学入学的，由教委负责协调就近安排进入条件较好的学校就读。

（2）建立公开、平等、竞争的育人、选人、用人机制，重视培养人才，积极引进人才，充分发挥人才的作用。

（3）加快服务业人才培养。积极创造条件，依托高等院校和职业学校，引进国内外相关专业培训机构，加快服务业各层次人才的培养培训工作，将锦江区建设成为西部服务业的人才培训基地。重点加快培育服务业紧缺的专业人才和实用人才，加强对下岗失业人员从事服务业的再就业培训。全面推行职业资格证书制度，加强在职人员岗位培训，提高服务业从业人员的职业素质。

（九）高度重视锦江区服务业发展的区域品牌建设工作

锦江区政府要高度重视区域品牌建设工作，为服务业发展提供良好环境，实现企业品牌、服务品牌与区域品牌互动发展，提高锦江区服务业发展的竞争力和国内外影响力。

一是要加大宣传力度，利用各种媒体传播锦江区加快服务业发展的政策及产业导向，增加锦江区服务业集聚区的知名度；

二是重视服务业发展项目的推广与招商引资，特别是要面向发达国

家和地区、国内经济中心城市和国际化大都市、重点服务行业的领先企业和行业组织进行项目推广与宣传，吸引国内外服务机构进入锦江区；

三是利用会展平台，通过组织和参与专业展览、高层论坛等形式，为锦江区服务业发展提供与国内外同行、各地政府交流互动的平台与机制；

四是设立服务业推广与区域品牌发展基金。专项用于加大区域品牌的宣传力度，支持和鼓励街道办事处、行业协会和企业参加国内外各种专业会展活动，集中展示和宣传锦江区服务业发展的品牌形象。鼓励和支持开展争创服务品牌活动，对获得国家级和省级名牌的企业给予奖励和相应支持政策。

课题负责人：任兴洲
执行负责人：王　微
报 告 执 笔：任兴洲　王　微　邓郁松　李绍华
　　　　　　廖英敏　漆云兰　徐　爽　李敏波

DRC
国务院发展研究中心
研究丛书
DEVELOPMENT RESEARCH CENTER OF THE STATE COUNCIL

国务院发展研究中心研究丛书(2011)

书　　名	作　　者	定价(元)
人民币区域化:条件与路径	国务院发展研究中心课题组/著	30.00
服务业发展:制度、政策与实践	任兴洲　王　微/主编	48.00
农民工市民化:制度创新与顶层政策设计	国务院发展研究中心课题组/著	62.00
国民收入分配:困境与出路	余　斌　陈昌盛/著	38.00
温室气体减排:国际经验与政策选择	陈健鹏/编著	30.00
危中有机:后危机时期对外开放的战略机遇	隆国强/主编	30.00
物联网:影响未来	国务院发展研究中心技术经济研究部/著	30.00
中国的互联网治理	马　骏 等/著	45.00
中国农业补贴制度设计	程国强/著	30.00
社会组织建设:现实、挑战与前景	国务院发展研究中心社会研究部课题组/著	35.00
资产泡沫:国际经验和我国现状	国务院发展研究中心课题组/著	35.00
低碳贸易:适应节能减排目标的贸易结构研究	国务院发展研究中心课题组/著	35.00